6 シリーズ〈都市地震工学〉
東京工業大学都市地震工学センター 編

都市構造物の損害低減技術

竹内　徹……編

竹内　徹　笠井和彦　三木千壽……著

朝倉書店

シリーズ〈都市地震工学〉

東京工業大学都市地震工学センター
(編集代表:大町達夫,翠川三郎,盛川 仁)
編集

編集者 (第6巻)

竹内　徹　　東京工業大学大学院理工学研究科建築学専攻・教授

執筆者 (執筆順)

竹内（たけうち）　徹（とおる）　　東京工業大学大学院理工学研究科建築学専攻・教授

笠井（かさい）　和彦（かずひこ）　　東京工業大学大学院総合理工学研究科人間環境システム専攻・教授

三木（みき）　千壽（ちとし）　　東京工業大学大学院理工学研究科土木工学専攻・教授

シリーズ〈都市地震工学〉刊行にあたって

　日本は，世界有数の地震国として知られています．日本のような地震国に住み，安心・安全で質の高い文化生活を営むためには，地震に強い社会環境づくりが欠かせません．とりわけ人口や社会資本の集積が著しい現代都市を震災から守ることの重要性は明らかで，それを実現するための知識や技術が地震被害に苦しむ世界中の国や地域から日本に期待されています．近年，特に1995年阪神淡路大震災以降，都市の地震防災に関する学術研究や技術開発は大幅に進展しました．そこで都市震災軽減のための地震工学を新たに都市地震工学と呼び，この分野の学問と技術の体系化を試みることにしました．

　現代都市を，モノ（都市施設），ヒト（市民），社会（都市システム）の3要素に分けてみると，各要素が，老朽化，高齢化，複雑化などの問題点を内蔵しています．ひとたび大地震に直撃されると，それらを弱点として発生したさまざまな被害が連鎖的に悪循環を形成して，都市全体を巻き込む大震災にまで拡大し，やがて世界中に波及して未曾有の大災害を招く危険性があります．従来の地震防災対策では，モノの耐震性に主力が注がれてきましたが，地震被害の発生を抑え，悪循環の連鎖を断って，都市震災の軽減をはかるためには，ヒトや社会も含めた都市全体の総合防災力を学問と技術の有機的連携によって高めることが必要です．

　上記のような考えから，この都市地震工学シリーズは，地震ハザードや耐震性能の評価あるいは耐震補強技術だけでなく，地震時火災や防災教育，さらに防災投資などの分野を広く取り入れた構成にしています．本シリーズの出版は，文部科学省が支援する21世紀COEプログラム「都市地震工学の展開と体系化」の活動の一環として当初から目標にしていたもので，本プログラムの事業推進担当者と協力者とで執筆しました．都市地震工学の体系化という大きな課題に対して漸く出版にまで漕ぎつけましたが，もとよりこれは最初の一歩であり今後も研鑽を積みながら内容を一層充実させて参りたいと考えています．読者の皆さまの率直なご批判やご叱正をお願いする次第です．

　このシリーズの出版に関して，さまざまなご協力を賜った朝倉書店編集部をはじめ，関係各位には，末筆ながら，厚くお礼申し上げます．

東京工業大学都市地震工学センター

前センター長　大町達夫

序

　シリーズ〈都市地震工学〉6巻は「都市構造物の損害低減技術」と題し，都市を構成する建築物や橋梁等が大地震時に遭遇した際にもその損害を最小限に留めるための「備え」の最新技術について概説する．その中には1980年代より実用化され，急速に普及が進む免震構造，制振構造等の技術も含まれている．

　2005年度の中央防災会議首都直下地震対策専門調査会報告によると，2040年頃までに首都圏で発生するマグニチュード7程度以上の地震の発生確率は70%以上とされており，この際に首都圏のかなりの範囲で震度6強以上の揺れが発生する危険性があるとされている．揺れによる全壊建物の予想値は約20万棟，死傷者も最大20万人程度となる．損壊構造物により発生するがれき類の量は約9000万t（9000万m^3）と平成10年度の東京都の年間発生量の20年分に達する．地震発生1ヵ月後の避難所生活者は270万人，仮設住宅数は約65万棟と阪神淡路大震災の10倍以上必要とされるが，これを建設するのに要する期間は最長2年以上とされていることから，多くの避難生活者が困難な状況に陥ることは想像に難くない．これを防止するためには主要な建物を新築する際に大地震後も継続使用しうる構法を採用するのみならず，既に大都市に多く存在する耐震性能の不足した建物を耐震化・無損傷化することが急務といえる．その際にはできる限り環境に配慮した建設・改修を行うべきであるのはもちろんである．

　本巻の第1章では近年急速に普及が進む免震構造について概説している．これらの構造は多層骨組の弾塑性振動に立脚した従来の耐震構造より振動性状が単純であり，振動理論の教材に適しているといえる．本章では各種の減衰機構（ダンパー）を付加した振動系の等価線形化理論等，実務設計に応用可能な多くの基礎理論を紹介し，これを応用した設計手法および構成部材について概説している．また，時刻歴応答解析および告示設計法を用いた設計事例について紹介し，さらに近年の応用例や今後の可能性について言及している．

　第2章では高層建物を中心に普及が進む制振構造について，その基礎理論，設計手法および構成部材について概説している．制振構造は時刻歴応答解析により設計されることが一般的であるが，各制振部材のモデル化手法や，第1章で概説した等価線形化手法に基づく構造計画手法や簡便な応答予測手法等についても概説する．また，制振部材を用いた耐震改修の事例や近年の応用例，今後の可能性について言及している．これらの構造形式は従来の耐震構造と比較し，大地震時の損傷が少なく復旧が容易となることが期待されているものである．

　第3章では，都市のインフラストラクチャーを構成する橋梁，高架構造物のメンテナンスおよび改修手法について概説している．1970年代以降建設されたこれらの構造物には現在の要求耐震性能を満足していないものも多く劣化も進んでいることから，改修・補強を早急に進めていくことが大地震時の都市部損害を抑えるために必須となる．本章ではこれらの構造物を構成する素材の破壊特性から，具体的な改修・補強の事例，今後の可能性

について紹介している．

　近年発生した1995年の兵庫県南部地震，2008年の四川大地震，2010年のハイチ地震の例を見るまでもなく，脆弱な構造物が多く存在する都市が大地震に遭遇した際の人的，社会的，経済的損失は莫大であり，事前の対策費の数倍以上に達する．有効な構法の普及や改修を迅速に進めるためには技術の高度化と同時にこれらの一般化，低廉化，適用範囲の拡大が求められる．本書がそのような技術の普及の一助になれば幸いである．

　2011年2月

竹内　徹

目　次

1　免震構造　――――――――――――――――――――［竹内　徹］－1
   1.1　免震構造の構成とモデル化　1
   1.2　地震入力と応答スペクトル法による応答評価　6
   1.3　等価線形化法による応答評価　10
   1.4　エネルギーの釣合いに基づく応答評価　16
   1.5　免震装置の種類と特性　19
   1.6　免震構造の計画　22
   1.7　時刻歴応答解析による免震構造の設計　24
   1.8　告示設計法による免震構造の設計　27
   1.9　建築設計上の留意点と維持管理　31
   1.10　高層免震構造の実施例（東京工業大学総合研究棟）　32
   1.11　免震構造の可能性　38

2　制振構造　――――――――――――――――――――［笠井和彦］－45
   2.1　制振構造の原理と多質点振動　45
   2.2　制振部材の種類　48
   2.3　制振部材のモデル化　51
   2.4　等価線形化法による一質点系応答の評価　56
   2.5　設計上の留意点　60
   2.6　制振部材を用いた耐震改修（東京工業大学緑ヶ丘1号館）　61
   2.7　制振構造の応用と可能性　68

3　耐震メンテナンス　――――――――――――――――［三木千壽］－75
   3.1　はじめに　75
   3.2　鋼材の性能　77
   3.3　鋼製橋脚隅角部の疲労補修が耐震性能に及ぼす影響　83
   3.4　非破壊検査　97
   3.5　橋梁の健全度評価のためのモニタリング　107

   索　　引　――――――――――――――――――――――――――117

記号の定義

a：ダンパーの効果係数（エネルギー法）
c_d：ダンパーの粘性減衰係数
$[C]$：減衰マトリクス
F_h：減衰による応答低減効果係数（等価線形化法）
E：地震入力エネルギー総量（エネルギー法）
g：重力加速度
H：上部構造の高さ
H_i：i層の高さ
H_{eq}：上部構造の等価高さ
h_0：上部構造の構造減衰定数
h_{eq}：上部構造の等価減衰定数（等価線形化法）
k_f：免震構造における免震層の弾性要素（アイソレーター）の水平剛性
k_{fi}：制振構造におけるi層の弾性要素（弾性フレーム）の水平剛性
k_d：免震構造における免震層のダンパーの水平初期剛性
k_{di}：制振構造におけるi層のダンパーの水平初期剛性
k_{eq}：免震構造における免震層の弾塑性等価剛性（等価線形化法）
k_{eqi}：制振構造におけるi層の弾塑性等価剛性（等価線形化法）
$[K]$：剛性マトリクス

m：上部構造の全質量
m_i：上部構造のi層の質量
m_{eq}：上部構造の等価質量
$[M]$：質量マトリクス
T_i：弾性要素のみの一次固有周期
T_{eq}：弾塑性時の等価固有周期（等価線形化法）
Q_{dy}：免震構造におけるダンパーの降伏せん断力
Q_m：免震層または最下層の最大応答せん断力
u：免震構造における免震層の応答変位
u_m：免震構造における免震層の応答変位最大値
u_{dy}：免震構造におけるダンパーの降伏変位
u_i：制振構造におけるi層の応答変位
Δu_i：制振構造におけるi層の層間変位
Δu_{diy}：制振構造におけるi層ダンパーの降伏変位
$\{u\}$：変位ベクトル
V_E：地震入力エネルギー総量の速度換算値（エネルギー法）
V_D：損傷に寄与するエネルギー入力速度換算値（エネルギー法）
α_0：基準せん断力係数（エネルギー法）
α_d：ダンパー群の降伏せん断力係数（エネルギー法）
α_f：アイソレーター群の最大せん断力係数（エネルギー法）

1 免震構造

1.1 免震構造の構成とモデル化

建物の基部に車輪や「ころ」を付けておけば，地震の水平動を受けてもごろごろ転がって倒壊に至らないことは容易に想像できる．しかしそれだけでは揺れる度にどんどん移動していってしまうし，風に対しても移動していってしまう．そこで車輪の代わりに水平方向に柔らかい「ばね支承」などで建物を支えることによって，同様の効果を得ようとするものが「免震構造（Base Isolation）」である．図 1.1 に従来構造と免震構造の概念を並べて示す．従来構造では地面の揺れは建物に伝わって増幅し，建物内の家具や人間を揺らすとともに，建物を破壊するエネルギーとなる．これに対し，免震構造ではばね支承（以降，免震支承と呼ぶ）の部分は大きく変形するものの，上部建物は変形せずゆっくりと揺れるために，内部の家具や人間は大きな揺れを受けず，建物自身も損傷しない．地震が収まると建物は免震支承のばね効果によって元の位置に戻る．一般的に免震支承には，水平方向に柔らかく，鉛直方向には硬いばねが用いられる．鉛直方向にも柔らかいばねだ

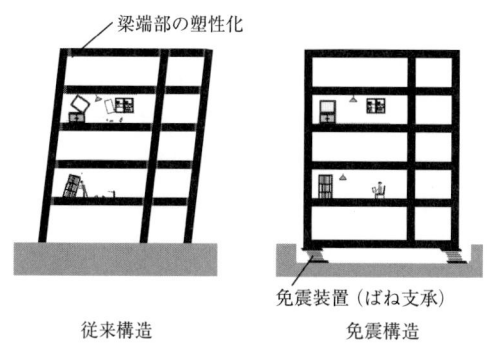

図 1.1 従来構造と免震構造

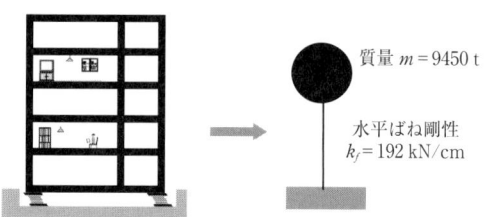

図 1.2 免震構造の 1 質点系へのモデル化

と建物が傾いたり，ロッキングを生じたりして具合が悪い．1980 年代に板状鋼板とゴムを積層して作った「積層ゴム支承」が実用化され，免震構造は一気に実用化への道筋が開かれた．

免震構造において上部建物はある程度以上の水平剛性を有していれば一体となって移動するため，免震構造の最も単純なモデルは上部建物を巨大な一つの質点とし，免震支承の水平ばねで支えた図 1.2 に示すような 1 質点系（SDOF＝Single Degree of Freedom）モデルで表現することができる．したがって免震構造は一般的に多層の耐震構造より挙動が単純であり，初歩の振動力学を学ぶ教材として恰好の対象となる．次頁からは，この免震 1 質点系モデルを用いて，基礎的な振動理論に沿い免震構造の応答低減の原理や免振部材の機能を見ていくこととする．

今，上部建物の質量を 9450 t，水平ばね剛性を 192 kN/cm とする．これは 1.7 節で紹介するような，幅 63 m，奥行き 36 m，2 階建ての鉄筋コンクリート造の建物が径 700 mm の積層ゴム支承 20 個で支持されている状態にあたる．この建物を 1 cm 動かすには約 200 kN の力が必要となる．

このモデルに水平地震動が働いたときの様子を図 1.3 に示す．地面が u_0 移動したとき，その加速度は u_0 を時間で 2 回微分した $\ddot{u}_0$ となり，質点はその加

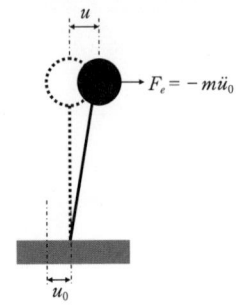

図 1.3 地震動を受ける 1 質点系

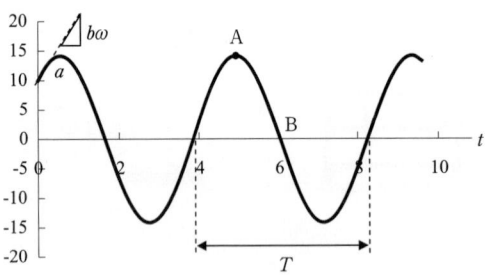

図 1.4 1 質点系の自由振動

速度と質量を乗じた力 F_e を受ける．質点の慣性力と水平ばね剛性がこれに抵抗するので，釣合い式は

$$m\ddot{u} + k_f u = F_e \quad (1.1)$$

となる．地震が終わった後は F_e がなくなるので，式 (1.1) は次のようになる．

$$m\ddot{u} + k_f u = 0 \quad (1.2)$$

上式は，$\omega^2 = k_f/m$ とおけば，以下のように表現できる．

$$\ddot{u} + \omega^2 u = 0 \quad (1.3)$$

上式の解は，一般的に以下の式で表現できる．

$$u = a\cos\omega t + b\sin\omega t \quad (1.4)$$

式 (1.4) を 2 回微分すれば，$-\omega^2 u$ となって，式 (1.3) が成り立つことが理解できるであろう．式 (1.4) をグラフで表現すると，図 1.4 のようになる．すなわち建物は地震終了後，周期性をもって揺れ続けることがわかる．式 (1.4) 中，a は $t=0$ のときの初期変位，$b\omega$ は $t=0$ のときの初速度にあたる．同じ位置に戻ってくるまでの時間は固有周期といわれ，下式で定義される．

$$T = \frac{2\pi}{\omega} = 2\pi\sqrt{\frac{m}{k_f}} \quad (1.5)$$

今，与えられた数値を用いて，図 1.2 の建物の固有周期を求めてみよう．SI 単位系においては，質量は kg，長さは m，力は N を規準とすることに注意して計算すると，

$$T = 2\pi\sqrt{\frac{m}{k_f}} = 2\pi\sqrt{\frac{9500 \times 10^3 \text{ kg}}{192 \times 10^5 \text{ N/m}}} = 4.4 \text{ sec} \quad (1.6)$$

となる．従来の 2 階建の建物の周期を階高を 4 m として高さより計算すると，$T = 0.03H = 0.24$ sec 程度であるから，従来の建物よりかなり固有周期は長くなっていることがわかる．後に述べるように，地震によって建物に入ってくる力は，よほど剛な建物でなければ，一般的に周期が長くなればなるほど小さくなることが知られている．もし，完全に抵抗のない車輪で建物が支えられているならば，水平剛性は限りなく小さくなり，固有周期は限りなく長くなって，地震によって受ける力は限りなく 0 に近づくことになる（ただし，免震支承部の変形も，限りなく大きくなるが）．

こうして，免震効果が得られるわけであるが，一つ困ったことがある．それは地震が終わった後，いつまでも揺れが収まらないという点である．式 (1.4) からわかるように，変位の最大値は

$$u_m = \sqrt{a^2 + b^2} \quad (1.7)$$

であるから，質点が最も振れた A 点の免震ばね支承に蓄えられたポテンシャル・エネルギーは

$$W_e = \frac{1}{2}k_f u_m^2 = \frac{1}{2}k_f(a^2 + b^2) \quad (1.8)$$

このとき，速度は 0 になっている．速度は原点を通過する B 点で最大となり，

$$\dot{u}_m = \omega\sqrt{a^2 + b^2} \quad (1.9)$$

であるから，このときの運動エネルギーは

$$W_{ev} = \frac{1}{2}m\dot{u}_m^2 = \frac{1}{2}m\omega^2(a^2+b^2)$$
$$= \frac{1}{2}m\left(\frac{k_f}{m}\right)(a^2+b^2) = \frac{1}{2}k_f(a^2+b^2) \quad (1.10)$$

となってばねに蓄えられたポテンシャル・エネルギーと等しい．すなわち，この系は，ポテンシャル・エネルギーと運動エネルギーが入れ替わりながら永遠に振動している系となる．両者のエネルギー和は常に一定であり，エネルギーを吸収する「減衰」機構がなければ揺れを減少させることはできない．そこで，揺れを早く収めるために，ダンパー（付加減衰機構）を免震層に付加する．1.5 節で紹介するように，ダンパーにはさまざまなタイプが存在する

が，ここでは最もモデル化の簡単な，図1.5に示すような速度依存型のダンパーを想定する．これは免震層の相対速度$\dot{u}$に比例して，抵抗力$c_d\dot{u}$が発生するダンパーであり，粘性減衰と呼びc_dを減衰係数（damping coefficient）と呼ぶ．粘性減衰は，図1.6に示すように，オイルダンパーなどのモデル化によく用いられる．これに対し，鋼材や鉛のダンパーは履歴減衰と呼ばれる．

粘性減衰が存在するとき，式（1.2）は以下のように表現できる．

$$m\ddot{u} + c_d\dot{u} + k_f u = 0 \quad (1.11)$$

ここで，$k_f/m = \omega^2$，$c/m = 2h\omega$とおくと，

$$\ddot{u} + 2h\omega\dot{u} + \omega^2 u = 0 \quad (1.12)$$

hは減衰定数（damping factor）と呼ばれる．この解を$u = Ae^{\lambda t}$とおくと，

$$\dot{u} = \lambda Ae^{\lambda t}, \quad \ddot{u} = \lambda^2 Ae^{\lambda t} \quad (1.13)$$

なので，これらを式（1.12）に代入すると式（1.15）のような2次方程式が得られる．

$$\lambda^2 Ae^{\lambda t} + 2h\omega\lambda Ae^{\lambda t} + \omega^2 Ae^{\lambda t} = 0 \quad (1.14)$$

$$\lambda^2 + 2h\omega\lambda + \omega^2 = 0 \quad (1.15)$$

$$\lambda = -h\omega \pm \sqrt{h^2\omega^2 - \omega^2} \quad (1.16)$$

$$= -h\omega \pm \omega\sqrt{h^2 - 1} \quad (1.17)$$

$$\begin{cases} \lambda_1 = -h\omega + \omega\sqrt{h^2 - 1} \\ \lambda_2 = -h\omega - \omega\sqrt{h^2 - 1} \end{cases} \quad (1.18)$$

以上のλ_1，λ_2を用いて，式（1.12）の一般解は下式で表現できる．

$$u = Ae^{\lambda_1 t} + Be^{\lambda_2 t} \quad (1.19)$$

具体的な式（1.19）の振動の様子を，減衰定数hの大小により以下のように分類して見ていこう．

1) $h \geq 1$のとき

$$u = e^{-h\omega t}(Ae^{\omega t\sqrt{h^2-1}} + Be^{-\omega t\sqrt{h^2-1}}) \quad (1.20)$$

これは図1.7のように，時間をかけてゆっくり$u=0$に近づく関数である．これを過減衰という．図1.7は$h=2.0$のときの曲線であり，通常の建物はこれ

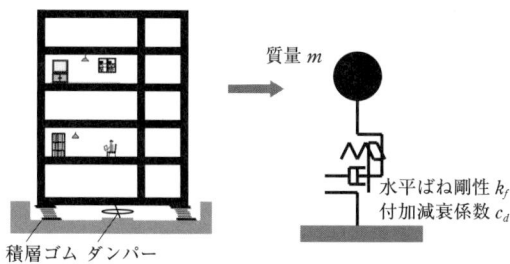

図1.5 ダンパー付き免震構造のモデル化

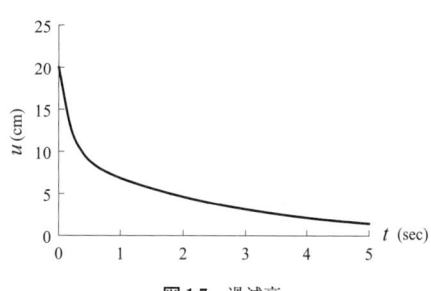

図1.7 過減衰

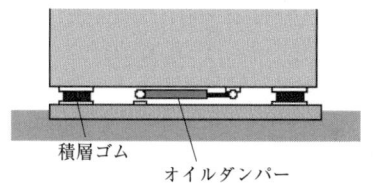

RSLシステム
・天然積層ゴム＋鋼材ダンパー
　（＋鉛ダンパー）
・ダンパーの点検交換が容易

モデル化

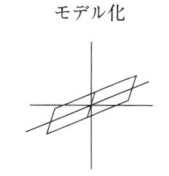

線形ばね＋弾塑性履歴

LRBシステム
・鉛ダンパープラグ入り積層ゴム
・場所を取らない
・LRBの代わりに鋼減衰積層ゴムを使用する方式もある

粘性系ダンパー
・天然積層ゴム＋オイルダンパー
・加速度低減に効果あり
　風荷重時の応答低減にも効果

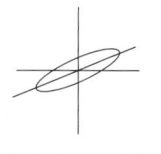

線形ばね＋粘性減衰

図1.6 ダンパーのタイプとモデル化

1.1 免震構造の構成とモデル化

程の減衰は有していない．

2) $h<1$ のとき

$$u = e^{-h\omega t}(Ae^{\omega t i\sqrt{1-h^2}} + Be^{-\omega t i\sqrt{1-h^2}}) \qquad (1.21)$$

ここで，$A=(a-bi)/2$，$B=(a+bi)/2$ とおくと，

$$\begin{aligned}u &= e^{-h\omega t}\left(\frac{a-bi}{2}e^{\omega t i\sqrt{1-h^2}} + \frac{a+bi}{2}e^{-\omega t i\sqrt{1-h^2}}\right) \\ &= e^{-h\omega t}\left[\frac{a}{2}(e^{\omega t i\sqrt{1-h^2}} + e^{-\omega t i\sqrt{1-h^2}}) \right. \\ &\quad \left. -\frac{bi}{2}(e^{\omega t i\sqrt{1-h^2}} - e^{-\omega t i\sqrt{1-h^2}})\right]\end{aligned} \qquad (1.22)$$

Euler の定理より
$e^{ix}+e^{-ix}=2\cos x$, $e^{ix}-e^{-ix}=2i\sin x$ であるから結局，

$$u = e^{-h\omega t}(a\cos\omega t\sqrt{1-h^2} + b\sin\omega t\sqrt{1-h^2}) \qquad (1.23)$$

となる．これは図 1.8 のように，$u=\pm ce^{-h\omega t}$ に挟まれた領域で，振幅が減少しながら減少する振動となる．ただし，$c=\sqrt{(a^2+b^2)/a}$ である．

上図は $h=0.1$（10%）の減衰の様子であり，ダンパーを有する免震構造はこの程度以上の減衰を有している．式（1.23）より，見かけ上の固有周期 T' は元の固有周期より $1/\sqrt{1-h^2}$ 分短くなっていることがわかる．ただし $h=0.1$（10%）のときその比は 0.5% 程度であり見かけ上はほとんど変わらない．

ところで，自由振動測定など，得られた減衰波形から減衰定数が求められると便利である．図 1.8 の隣り合う山の高さを u_1, u_2 とすると，式（1.20）より，$u_1/u_2 = e^{h\omega T'}$ であるから，

$$\ln\frac{u_1}{u_2} = h\omega T' = \frac{2\pi h}{\sqrt{1-h^2}} \approx 2\pi h \qquad (1.24)$$

したがって，

$$h \approx \frac{\ln(u_1/u_2)}{2\pi} \qquad (1.25)$$

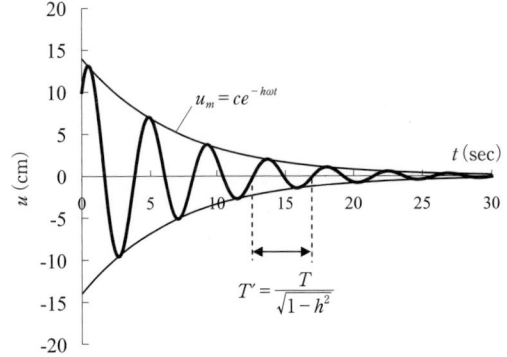

図 1.8 減衰振動

通常の鉄骨造建物の減衰 $h=0.02$（2%）では振幅の山の高さは 0.88 倍ずつしか下がっていかないことから，1% 以下に収まるためには 40 回近く振動する必要があり，振動がなかなか収まらないことがわかる．これに対し，$h=0.1$（10%）の免震構造では山の高さは 0.53 倍ずつ下がっていくので，8 回振動すれば振幅は 1% 以下に収まる．

次に図 1.5 の 1 質点免震構造モデルに，図 1.9 に示すような一定の水平力 F（ステップ外力）が働いたとき，どのように揺れるかを考えてみよう．

振動方程式は式（1.1）と式（1.11）を組み合わせて下式のようになる．

$$m\ddot{u} + c_d\dot{u} + k_f u = F \qquad (1.26)$$

式（1.8）と同様に置き換えて，

$$\ddot{u} + 2h\omega\dot{u} + \omega^2 u = \alpha \qquad (1.27)$$

ただし，$\alpha = F/m$ であり，この量の地動加速度がかかり続けている状態ともいえる．

微分方程式（1.27）を解くにはまず特解を求めればよい．すぐに思いつくのは，$\ddot{u}=\dot{u}=0$ すなわち

$$u_s = \alpha/\omega^2 \qquad (1.28)$$

の状態である．これは水平力 F に対し，上部建物が $u_s = \alpha/\omega^2$ だけずれて止まっている状態を示す．一般解は式（1.23）に式（1.28）を加えることによって得られる．$\omega' = \omega\sqrt{1-h^2}$ とおくと，

$$u = e^{-h\omega t}(a\cos\omega' t + b\sin\omega' t) + \alpha/\omega^2 \qquad (1.29)$$

$$\begin{aligned}\dot{u} &= -h\omega e^{-h\omega t}(a\cos\omega' t + b\sin\omega' t) \\ &\quad + e^{-h\omega t}(-a\sin\omega' t + b\cos\omega' t)\omega'\end{aligned} \qquad (1.30)$$

$t=0$ のとき，$u=\dot{u}=0$ なので

$$a = -\frac{\alpha}{\omega^2}, \quad b = h\frac{\omega}{\omega'}a = -\frac{h}{\sqrt{1-h^2}}\frac{\alpha}{\omega^2}$$

となるので結局，

$$u = \alpha/\omega^2\left[1 - e^{-h\omega t}\left(\cos\omega' t + \frac{h}{\sqrt{1-h^2}}\sin\omega' t\right)\right] \qquad (1.31)$$

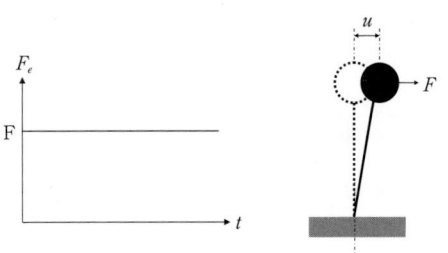

図 1.9 ステップ外力

この式はどのような振動を示すのであろうか．減衰のないとき，$h=0$ より，

$$u = \frac{\alpha}{\omega^2}(1-\cos \omega' t) = u_s(1-\cos \omega t) \quad (1.32)$$

これは，図1.10 点線に見るような，u_s を中心とし，$0 \sim 2u_s$ の範囲で振動する状態を示し，式（1.31）は同図実線に見るように，この振動が u_s に向かって収束していく振動を示す．無減衰では地動加速度に対応した変位 u_s に対し，2倍の最大応答変位を生ずるが，減衰が加わると最大応答変位は減少していく．

では，図1.11 に示すように，水平荷重が $T_0/2$ の時間しか継続しない場合，どうなるであろうか．このような外力を，パルス外力という．無減衰の場合について考えてみる．$t \leq T_0/2$ の範囲では，ステップ外力応答（1.32）より，

$$u = u_s\left(1-\cos \frac{2\pi}{T} t\right) \quad (1.33)$$

$t > T_0/2$ の範囲では，初速度付きの自由振動となる．初期変位は

$$u|_{t=T_0/2} = u_s\left(1-\cos \frac{\pi T_0}{T}\right)$$

初速度は

$$\dot{u}|_{t=T_0/2} = u_s \frac{2\pi}{T} \sin \frac{\pi T_0}{T}$$

であるから式（1.4）より，

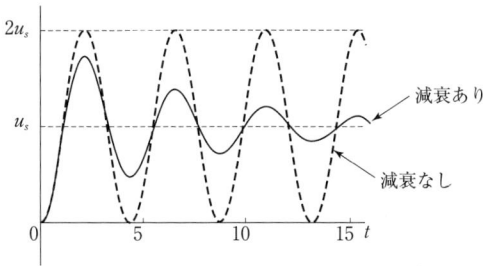

図1.10 ステップ荷重に対する振動

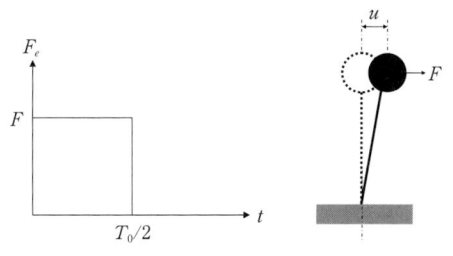

図1.11 パルス外力

$$u = u_s\left\{\left(1-\cos \frac{\pi T_0}{T}\right)\cos\left[\frac{2\pi}{T}\left(t-\frac{T_0}{2}\right)\right]\right.$$
$$\left.+ \sin \frac{\pi T_0}{T} \sin\left[\frac{2\pi}{T}\left(t-\frac{T_0}{2}\right)\right]\right\}$$
$$= 2u_s \sin \frac{\pi T_0}{2T} \sin\left(\frac{2\pi t}{T} - \frac{\pi T_0}{2T}\right) \quad (1.34)$$

となる．この式が，どのような振動を表しているのか見てみよう．$T_0/2 > T/2$，すなわち建物の固有周期 T が外力継続時間の倍 T_0 より短い場合，図1.12に示すように最大値は外力入力中に生ずる．最大応答変位は式（1.34）より

$$u_m = 2u_s = 2\frac{\alpha}{\omega^2} = 2\left(\frac{F}{m}\right)\left(\frac{T}{2\pi}\right)^2 \quad (1.35)$$

一方，建物の固有周期 T が外力継続時間の倍 T_0 より長い場合，最大値は入力終了後に生ずる．最大応答値は，

$$u_m = 2u_s \sin\left(\frac{\pi T_0}{2T}\right)$$
$$= 2\left(\frac{F}{m}\right)\left(\frac{T}{2\pi}\right)^2 \sin\left(\frac{\pi T_0}{2T}\right) \quad (1.36)$$

式（1.35），（1.36）を眺めていると，入力時間が一定のとき最大応答変位量は建物の固有周期に依存し変化することがわかる．$T < T_0$ の場合には T に対し2次関数，$T > T_0$ の範囲では $T \to \infty$ のとき

$$\sin\left(\frac{\pi T_0}{2T}\right) \to \left(\frac{\pi T_0}{2T}\right)$$

であるから，

$$u_m \to \left(\frac{F}{m}\right)\left(\frac{T T_0}{4\pi}\right)$$

に漸近する曲線となる．図1.13に最大応答変位と固有周期の関係を示す．このようにある入力に対する最大応答を構造物の固有周期との関係で表現したものを，応答スペクトルという．式（1.35），（1.36）で表現される変位応答スペクトルを図1.13に示す．

一方，加速度に関する応答スペクトルも下式のよ

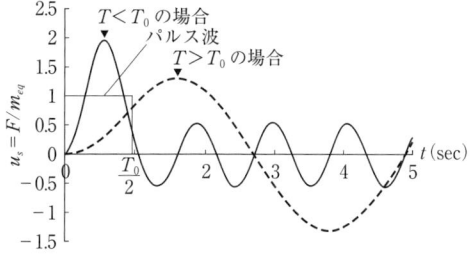

図1.12 パルス波に対する応答

1.1 免震構造の構成とモデル化

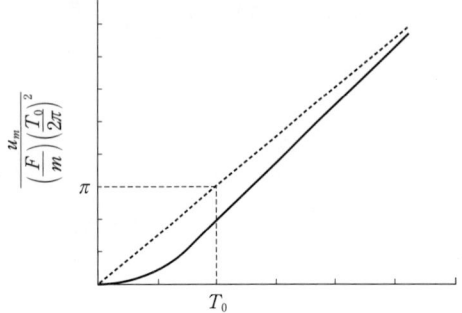

図 1.13 パルス波に対する変位応答スペクトル

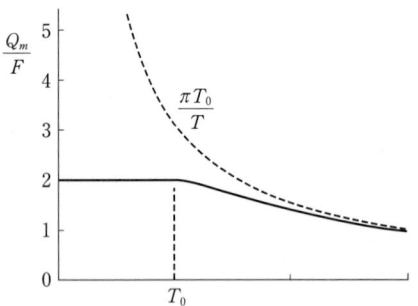

図 1.14 パルス波に対する加速度応答スペクトル

うに誘導することができる．最大応答加速度は

$$\frac{Q_m}{m} = \omega^2 u_m = 2\frac{F}{m} \quad (T<T_0 \text{ の場合}) \quad (1.37)$$

$$\frac{Q_m}{m} = 2\frac{F}{m}\sin\left(\frac{\pi T_0}{2T}\right) \quad (T \geqq T_0 \text{ の場合}) \quad (1.38)$$

式(1.37)，(1.38)で表される加速度応答スペクトルを図1.14に示す．地動に対する加速度応答倍率は$T<T_0$の範囲では2.0で一定，T_0を超えると$\pi T_0/T$に漸近しながら徐々に減少していく．

1.2 地震入力と応答スペクトル法による応答評価

今まで比較的単純な入力に対する1質点系の応答

を見てきた．では地震動に対する応答はどうなるであろうか．地震波は図1.15に示すように振幅の異なる波が組み合わされた複雑な形状をしている．このような波をランダム波という．

これを単純化するために，地震波をきわめて短いパルス波の連続と考える．次から次へと加わる大きさの異なるパルス波に対する応答は，先ほど求めたパルス波に対する応答を，時間をずらしながら重ね合わせることによって得ることができる．この計算過程をデュアメル積分(Duhamel's integral)という．具体的な式に表現すると以下のようになる．

$$\text{変位}：u(t) = \int_0^t \ddot{u}_0(\tau)\xi(t-\tau)d\tau \quad (1.39)$$

$$\text{速度}：\dot{u}(t) = \int_0^t \ddot{u}_0(\tau)\dot{\xi}(t-\tau)d\tau \quad (1.40)$$

$$\text{加速度}：\ddot{u}(t)+\ddot{u}_0(t) = \int_0^t \ddot{u}_0(\tau)\ddot{\xi}(t-\tau)d\tau \quad (1.41)$$

ここで，$\xi(t)$は短いパルス波に対する応答関数である．

減衰が小さい場合には$\ddot{\xi}(t)=\omega\dot{\xi}(t)=\omega^2\xi(t)$の関係があることから，応答に関しても同様の関係が成り立つ．いずれも正確な評価には，コンピュータ等を利用した数値解析が必要となる．

図1.16に示すように数値解析を用いて，ある地震波に対するさまざまな固有周期を持つ1質点系の最大応答をプロットしていったものを応答スペクトル図という．一旦，対象とする構造物の固有周期がわかれば，その地震波の最大応答値を求めることができる便利な図である．図1.17は，さまざまな地震波を，その最大速度が同じになるように大きさを揃えてそのスペクトルを示したものであるが，同図中に見るように，応答スペクトルの分布形状は地震波により異なっていることがわかる．そこで，これらを大まかに包絡することにより，設計用の応答スペクトルを設定することが行われている．図1.17

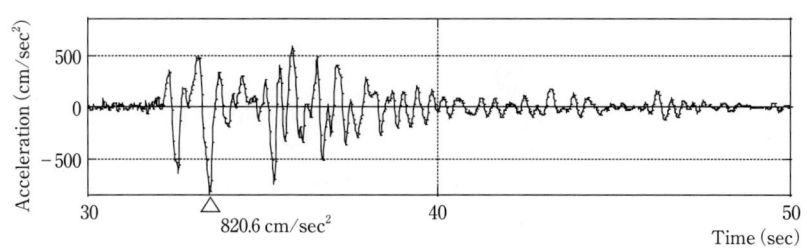

図 1.15 阪神淡路大震災の加速度時刻歴

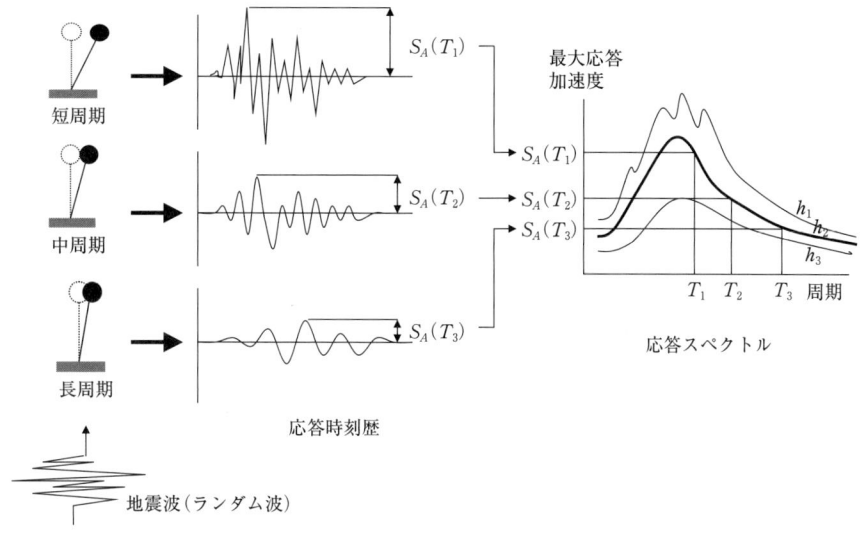

図 1.16 応答スペクトルの概念

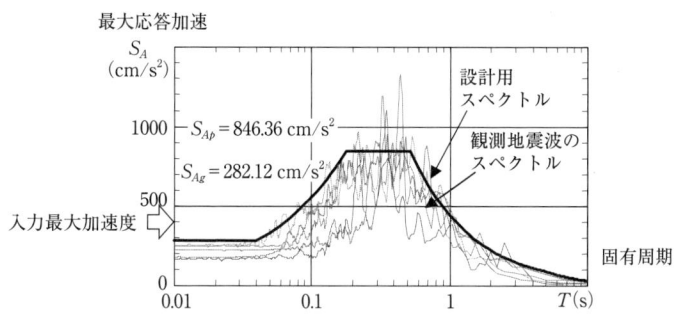

図 1.17 設計用加速度応答スペクトルの例 ($h=0.05$)

に見るように，地震波に対する加速度応答は，構造物の固有周期が 0.2～0.6 秒のときには入力に対して 2～3 倍に増幅し，0.6 秒以上では徐々に減少していくことがわかる．わが国の建築基準法許容応力度設計における R_t 曲線は，この設計用加速度応答スペクトルの一つである．

一方，地震波は地表の地層によりさまざまに変化し，増幅されることが知られている（図 1.18）．一般的に，軟弱な地盤ほどその増幅率は大きい．そこで，設計用の応答スペクトルを地下の十分に硬い地盤面（工学的基盤面と呼ぶ）に与え，構造物の建つ敷地の地盤の増幅を個別に計算して設計用の地震波を設定することも多く行われている．

図 1.19 はわが国の建築基準法，限界耐力計算法[6]で定義された，レベル 2（極めて稀に遭遇する地震動），2 種地盤（標準的な地盤）の設計用応答スペクトル図であり，下式で地域係数 $Z=1.0$ とおくこ

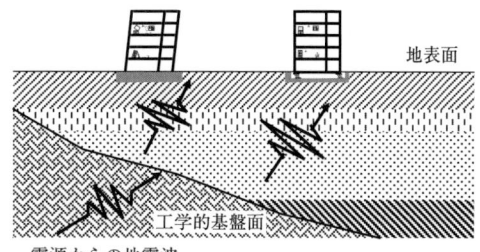

図 1.18 表面地層による地震波の増幅

とで求められる．ただし減衰定数は 5% を仮定している．

$$S_{A0} \atop (\text{m/sec}^2) = \begin{cases} (3.2+30T)Z & (T<0.16) \\ 8.0Z & (0.16 \leq T < 0.64) \\ (5.12/T)Z & (0.64 \leq T) \end{cases} \quad (1.42)$$

また，表層地盤による増幅率 G_S は，2 種地盤に対し以下の式が与えられている．

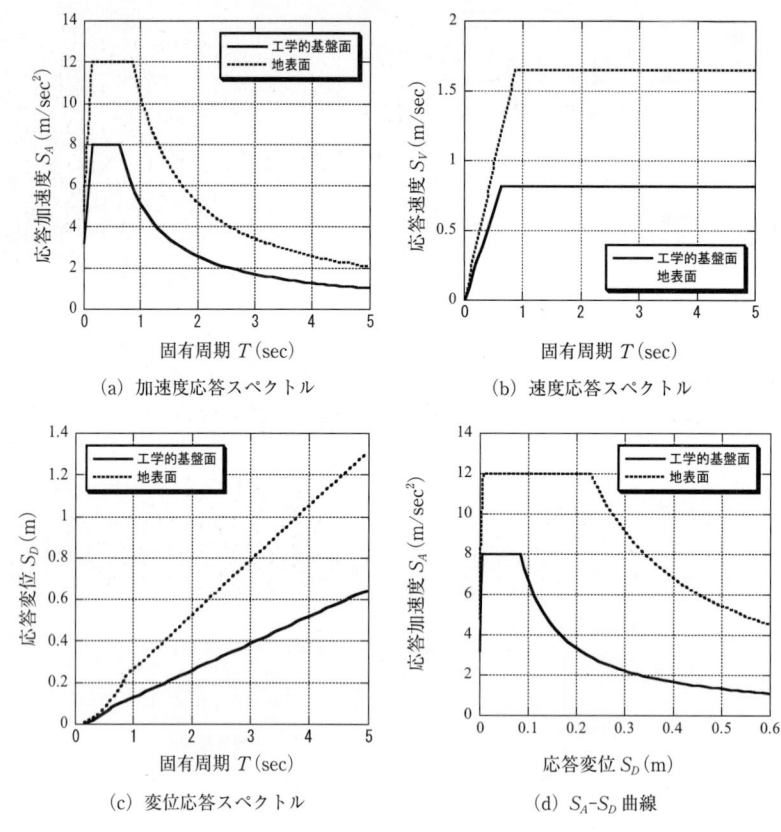

図 1.19 表面地層による地震波の増幅

$$G_S = \begin{cases} 1.5 & (T<0.16) \\ 1.5(T/0.64) & (0.64 \leq T < 0.864) \\ 2.025 & (0.864 \leq T) \end{cases} \quad (1.43)$$

設計用加速度応答スペクトルは，$S_A = S_{A0} \times G_S$ で求まる．

図 1.19 各図中にこれらの値を点線で示す．(a)の加速度応答スペクトルを見ると，工学的基盤面の分布に対し，地表面の分布は1.5～2倍程度増幅していることがわかる．また，応答の落ち始める固有周期も 0.6 秒から 0.9 秒程度に延びている．速度応答スペクトル，変位応答スペクトルは，減衰が小さいときには加速度応答スペクトルを $\omega = 2\pi/T$ および $\omega^2 = (2\pi/T)^2$ で除すことにより擬似的に求めることができる．

$$S_V = S_A/\omega = S_A(T/2\pi) \quad (1.44)$$
$$S_D = S_V/\omega = S_A(T/2\pi)^2 \quad (1.45)$$

同様に図 1.19(d) に示すようなスペクトル表現も多く使用される．S_A-S_D 曲線と呼ばれるもので同図上に構造物の荷重-変形関係を重ね書きすることで，

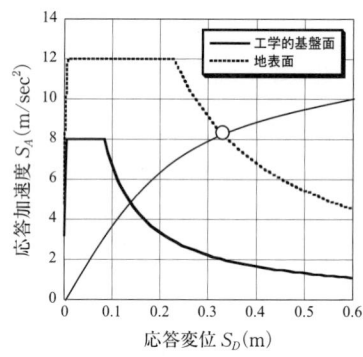

図 1.20 S_A-S_D 曲線を用いた応答評価

その交点より加速度応答と変位応答を求めることができる（図 1.20）．

式 (1.42) の応答スペクトルに一致するよう作成した人工地震波を，標準的な2種地盤を対象に重複反射理論を用いて増幅させ，作成した人工地震波の応答スペクトルを図 1.21 に示す．同図中太線が減衰定数 5% に対応したスペクトルである．式(1.42)，(1.43) による設計用応答スペクトルを合わせて同図中に示している．設計用応答スペクトルは減衰

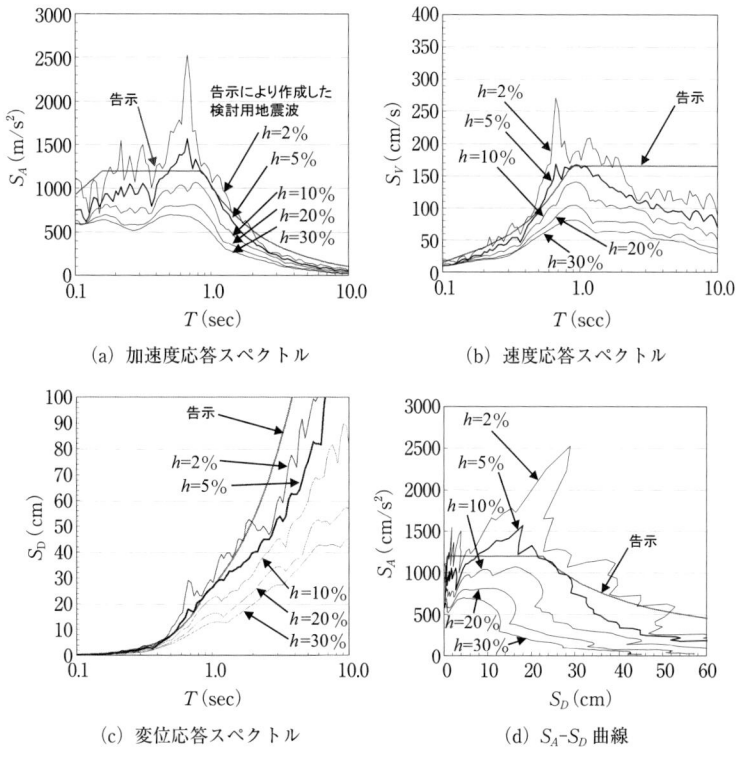

(a) 加速度応答スペクトル　(b) 速度応答スペクトル

(c) 変位応答スペクトル　(d) S_A-S_D 曲線

図1.21 設計用応答スペクトルと検討用人工地震波の応答スペクトル

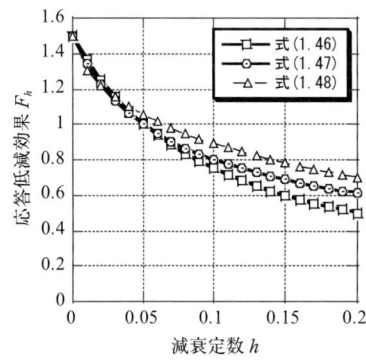

図1.22 減衰による応答低減効果

5%の太線とおおむね対応している．同図を見ると，スペクトルの種類を問わず，構造物の減衰定数が小さくなると応答が大きく，大きくなると応答が小さくなることがわかる．このような減衰定数による応答の低減比率を表現する関数としては，以下のような式が提案されている[4,6,8,9]．ダンパーの付加減衰による応答低減効果も，同様に下式で表現できる．なお h_0 は元の減衰定数，h はダンパー付加後の減衰定数である．

$$F_h = \frac{1+10h_0}{1+10h} \tag{1.46}$$

$$F_h = \sqrt{\frac{1+ah_0}{1+ah}} \tag{1.47}$$

（観測地震波：$a=25$, 人工地震波：$a=75$）

$$F_h = \frac{1.5}{1+3h+1.2\sqrt{h}} \qquad (h_0=0.05) \tag{1.48}$$

基準とする減衰を $h_0=0.05$ としたときの各式による減衰の応答低減効果係数の比較を図1.22に示す．

■**例題 1.1**■

図1.19の応答スペクトルを用いてまず図1.5に示した免震構造物のダンパー付加前の応答を求めてみよう．図1.19中の2%の応答スペクトルより，周期2.0秒程度以上の設計用のスペクトルを以下のように近似する．

$S_A = 3\pi/T \,(\mathrm{m/s^2})$, $S_V = 1.5 \,(\mathrm{m/s})$, $S_D = 0.75T/\pi \,(\mathrm{m})$

既に計算したように，構造物の固有周期は $T=4.4\,\mathrm{sec}$ であるから，最大応答加速度 $S_A = 3\pi/4.4 = 2.14\,\mathrm{m/sec^2} = 214\,\mathrm{cm/sec^2}$，最大応答変位 $S_D = 0.75T/\pi = 0.75\times4.4/\pi = 1.05\,\mathrm{m} = 105\,\mathrm{cm}$ となる．

応答せん断力係数は $214/980 = 0.22$ と1次設計並みに抑えられているが，免震層の変形量が1 m以

上あったのではピットが大きくなりすぎて具合が悪い．また，積層ゴム支承の許容変形量は直径の約半分程度であるので，仮定した支承径 70 cm×0.5＝35 cm 程度となるが，これも大幅に超過している．そこで，付加減衰（ダンパー）を付加して応答低減を図ることとする．仮に 35% 程度のダンパーが付加できれば，減衰による応答低減効果は式（1.46）より，

$$F_h = \frac{1+10\times 0.02}{1+10\times 0.37} = 0.26$$

式（1.47）より，

$$F_h = \sqrt{\frac{1+25\times 0.02}{1+25\times 0.37}} = 0.38$$

最大応答加速度 $S_A = 214\times 0.26\sim 0.38 = 56\sim 81$ cm/sec^2，最大応答変位 $S_D = 105\times 0.26\sim 0.38 = 27\sim 40$ cm 程度となり，変形をほぼ目標に抑えることが可能となる．

以上のように，免震構造は大まかに 1 質点の振動系でモデル化できること，固有周期と減衰定数を求めることにより，応答スペクトルより最大応答を概算できることがわかった．これより免震構造の構造計画を図 1.23 のような過程で進めることができる．

現実には弾塑性ダンパー，オイルダンパーなどダンパーにはいろいろな種類のものがあり，これらのダンパーを用いたときの③の等価減衰定数の計算，および④の最大応答評価方法について，次節で学んでいくことにする．

1.3 等価線形化法による応答評価

免震支承と各種のダンパーで支持された上部建物を 1 質点系と考え，1.1，1.2 節で学んだ応答スペクトルの考え方を応用してその応答を予測することを考える．免震支承を弾性ばねと考えると，ダンパーのない免震建物の応答は，応答スペクトル図より容易に求めることができる．では，ダンパーが付加された効果をどのように評価すればよいだろうか．ダンパーのモデルは図 1.6 で見たように，大きく粘性ダンパー・粘弾性ダンパーと弾塑性ダンパーに分類することができる．これらの免震支承＋ダンパーの等価剛性，等価減衰を評価し，応答スペクトルよりその最大応答を求める考え方が等価線形化法である．

▶ 1.3.1 粘性ダンパー

粘性ダンパーを用いた免震構造の応答は，基本的に 1.2 節で学んだ応答スペクトル法を用いて評価することができる．

図 1.24 に示すように，積層ゴムの水平剛性を k_f，粘性ダンパーの単位速度あたりの抵抗力，すなわち粘性係数 c_d をとすると，その運動方程式は，

$$m\ddot{u} + c_d\dot{u} + k_f u = F_e = -m\ddot{u}_0 \quad (1.49)$$

となる．ここに，$\ddot{u}_0$ 地動の加速度である．1.2 節で学んだように，この系の最大応答は，応答スペクトルより簡単に求めることができる．必要な固有周期および減衰定数は，以下の式により求めることができる．

$$\text{固有周期}：T = 2\pi\sqrt{\frac{m}{k_f}}, \quad \text{円振動数}：\omega = \sqrt{\frac{k_f}{m}} \quad (1.50)$$

$$\text{減衰定数}：h_d = \frac{c_d}{2\omega m} = \frac{c_d\omega}{2k_f} = \frac{c_d}{2\sqrt{mk_f}} \quad (1.51)$$

粘性ダンパー付きの免震装置の履歴モデルは図 1.24 に示すようになる．粘性ダンパーの履歴曲線の楕円に囲われた面積 E_d は一振幅でダンパーが吸収する地震エネルギーを表しており，減衰定数は次の形でも求められる．

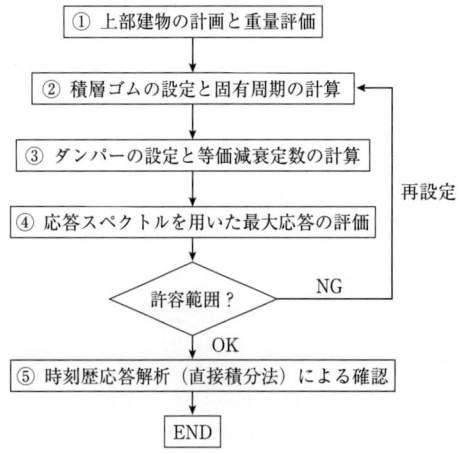

図 1.23　免震構造の構造計画過程

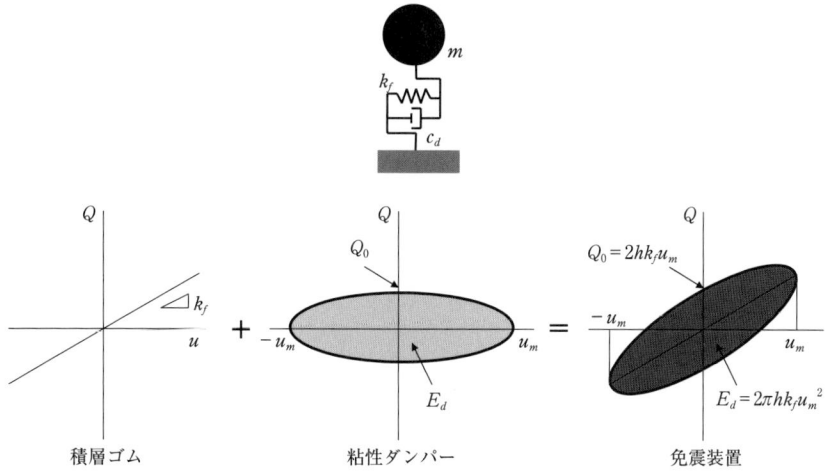

図 1.24 粘性ダンパー付き免震構造の履歴モデル

$$h_d = \frac{E_d}{2\pi k_f u_m^2} \quad (1.52)$$

■ **例題 1.2** ■

図 1.5 で示した免震構造物に必要なオイルダンパー量を求めてみよう．例題 1.1 で示した結果に従って，減衰定数 35% を満足する必要ダンパー容量を求めてみると，式 (1.51) より，

$$c_d = \frac{2h_d k_f}{\omega} = \frac{2 \times 0.35 \times 1.92 \times 10^7 \text{ N/m} \times 4.4 \text{ sec}}{2\pi}$$

$$= 94 \text{ kN} \cdot \text{sec/cm}$$

となる．これより，付表 1.6 に示すオイルダンパー（250 kN タイプ：$c_{d1} = 37.5$ kN・sec/cm）を各方向に 3 台ずつ設置すればよい（ただし実際のオイルダンパーは荷重が一定以上で減衰係数が頭打ちになるため，約 3 倍，各方向 8〜10 台必要となる）．

▶ **1.3.2 弾塑性ダンパー（減衰モデル）**

鋼材ダンパーや鉛ダンパーなどの弾塑性ダンパー（履歴ダンパーともいう）は，最初は高い剛性を有するが，ある水平力（降伏耐力）Q_y で剛性が低下し，除荷時には最初の剛性で下がるという特性を有している．したがって，繰返しの荷重-変形関係は単純化すると図 1.25 のように平行四辺形状にモデル化できる．ダンパーに降伏が生ずる変位を降伏変位 u_{dy} と呼び，最大変位 u_m を u_{dy} で除した値を塑性率 μ と呼ぶ．この平行四辺形で囲われた部分で地震エネルギーを吸収し応答が減少することから，これを等価な粘性減衰として評価することができる．具体的には囲われた面積 E_d より，図 1.25 における同じ履歴ループの面積をもつ粘性ダンパーに置き換え，式 (1.52) を用いて減衰定数を求めることができる．このようにして弾塑性履歴を粘性減衰に置き

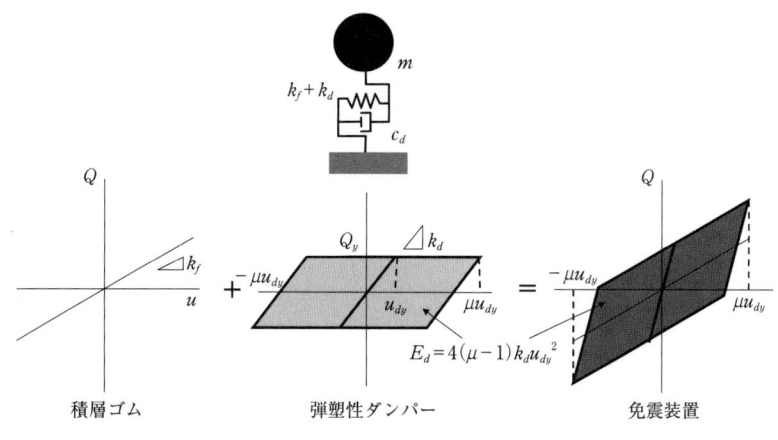

図 1.25 弾塑性ダンパーの履歴モデル

1.3 等価線形化法による応答評価

換え,等価な減衰で表現したものを履歴減衰と呼んでいる.ただし,履歴減衰の等価減衰定数は一般的に塑性率μの関数として表現されることが多く,塑性率μの最大値をとって計算することについては問題が残る.というのは実際の地震応答は最大値振幅でいつも振動しているわけではなく,0～最大変位の間をランダムに変動しているので,最大値振幅のE_dを用いて減衰を評価すると過大評価となる.このため,一例として最大変位より求めた減衰を0.8倍に低減して評価することが行われている.

$$E_d = 4Q_{dy}(\mu-1)u_{dy} = 4Q_{dy}(u_m - u_{dy}) \quad (1.53)$$

$$h_{eq} = \frac{E_d}{2\pi k_f(u_m)^2} \times 0.8 = \frac{2Q_{dy}(u_m - u_{dy})}{\pi k_f(u_m)^2} \times 0.8$$

$$= \frac{2}{\pi}\left(1 - \frac{1}{\mu}\right)\frac{Q_{dy}}{Q_f} \times 0.8 \quad (1.54)$$

こうして計算された等価減衰定数を用いて,粘性ダンパーと同様に応答スペクトルより最大応答を求めることができる.また,要求される減衰定数より弾塑性ダンパー量を概算することができる.

$$Q_{dy} = \frac{\pi h_{eq} k_f(u_m)^2}{1.6(u_m - u_y)} \quad (1.55)$$

■**例題 1.3**■

図1.5の免震構造において,等価減衰35%にあたる履歴ダンパー量を求めてみよう.付表1にあるような鋼棒ダンパーを想定し,降伏変位$u_y = 3.0$ cm,目標最大変形を35 cmとすると,式(1.55)より必要ダンパー耐力Q_yは

$$Q_{dy} = \frac{\pi \times 0.35 \times 192 \times (35)^2}{1.6(35 - 3.0)} = 5048 \text{ kN}$$

したがって,付表1.4に示す降伏耐力 456 kN の鋼棒ダンパーを 11 台設置すればよい.同様に,降伏変位$u_y = 0.73$ cm の鉛ダンパーを使用すると,

$$Q_{dy} = 4714 \text{ kN}$$

したがって,付表1.5に示す降伏耐力 220 kN の鉛ダンパーを 22 台設置すればよい.

▶ **1.3.3 粘弾性ダンパー**

粘性と弾性を併せもっているダンパーを粘弾性ダンパーと呼ぶ.粘性ダンパーと比べて,ダンパーを加えることによって減衰係数c_dと水平剛性k_dが同時に系に加わるため,振動モデルは図1.26のようになる.粘弾性ダンパーの荷重-変形関係は,図1.26(b)に示すように,粘性ダンパーに弾性剛性が足し合わされた特性を有している.最大変形時u_mの反力$k_d u_m$に対する楕円の膨らみの比率を損失係数η_dとして定義している場合も多い.損失係数と減衰定数,粘性係数との関係は以下のようになる.

$$\eta_d = 2h_d = \frac{2c_d\omega}{k_d} \quad (1.56)$$

現在,実用化されている粘弾性体のη_dはおおむね0.8～1.2程度の間に分布している.

粘性だけでなく剛性が加わることによって,応答には二つの効果が加わる.まず図1.27の加速度応答スペクトルに見るように,積層ゴムの挿入によっ

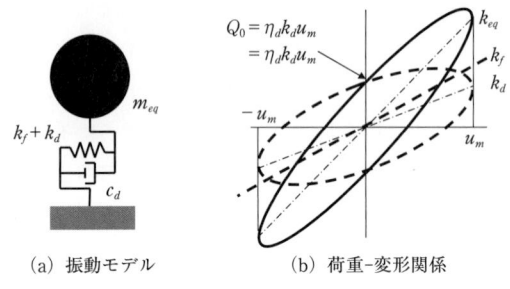

(a) 振動モデル　　(b) 荷重-変形関係

図 1.26 粘弾性ダンパー付き免震構造のモデル

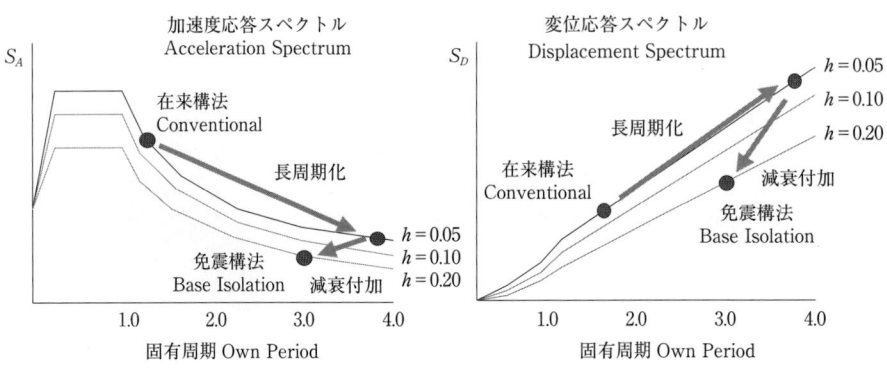

図 1.27 剛性付きダンパーを用いた免震構造の応答低減効果

て長周期化し低減した応答加速度が，ダンパーの減衰付加によってさらに下がるものの，ダンパーの剛性付加によりやや長周期化が犠牲になる．一方，変位応答スペクトルに見るように，剛性付きのダンパーは減衰と剛性の2重の効果により変形を抑える効果が期待できる．これらの効果を評価するためには，等価周期を算定するための等価剛性と，等価減衰定数を算定すればよい．積層ゴムの水平剛性を k_f，ダンパーの水平剛性を k_d とすると等価剛性および剛性・固有周期の変化率は以下のように表現できる．

$$\text{等価剛性}: k_{eq} = k_f + k_d \quad (1.57)$$

$$\text{剛性変化率}: \frac{k_{eq}}{k_f} = 1 + \frac{k_d}{k_f}$$

$$\text{固有周期変化率}: \frac{T_{eq}}{T_f} = \frac{1}{\sqrt{1+k_d/k_f}} \quad (1.58)$$

また，粘弾性体の損失係数 η_d をとすると，等価減衰定数は図1.26の楕円の囲む面積 E_d より，

等価減衰：

$$h_{eq} = \frac{E_d}{2\pi k_{eq} u_m^2} = \frac{\pi \eta_d k_d u_m^2}{2\pi k_{eq} u_m^2} = \frac{\eta_d}{2(1+k_f/k_d)} \quad (1.59)$$

式(1.58), (1.59)より等価周期と等価減衰を求めれば，応答スペクトルより同様に応答を求めることができる．前節で学んだ応答スペクトルの性質より，周期が1秒以上の速度応答スペクトル一定領域ではダンパーを付加することにより，質点の最大応答は以下の影響を受ける．

① ダンパーによる剛性増加により固有周期が減少し，加速度応答が周期に比例して増加し，また変位応答は周期に反比例して減少する．すなわち，

$$a_{eq}/a_f \propto \sqrt{k_{eq}/k_f}, \quad u_{eq}/u_f \propto \sqrt{k_f/k_{eq}} \quad (1.60)$$

② ダンパー付加により減衰が増加し，加速度，変位応答共に減少する．減衰付加による応答低減効果 F_h は既に紹介したように式(1.47)～(1.49)式が提案されている．

①②の効果を合成し，ダンパー付加後の，付加前に対する応答変化率は，次式で表現できる．

$$\text{加速度応答低減率}: \frac{a_{eq}}{a_f} = F_h \sqrt{\frac{k_{eq}}{k_f}} \quad (1.61)$$

$$\text{変位応答低減率}: \frac{u_{eq}}{u_f} = F_h \sqrt{\frac{k_f}{k_{eq}}} \quad (1.62)$$

式(1.61), (1.62)は免震構造の固有周期が速度応答スペクトル一定の領域にあり，加速度応答スペクトルが固有周期に反比例し，変位応答スペクトルが固有周期に比例する特性を利用したものである．式(1.61), (1.62)を利用して，図1.28(b)のような応答低減グラフを作成することができる．ダンパー量を増やすほど応答変位は低減されるが，応答加速度はダンパー量を増やしすぎるとかえって増加してしまうことがわかる．

同様の考え方により，加速度一定領域では，式(1.61), (1.62)を下式に置き換えることができる．

$$\text{加速度応答低減率}: \frac{a_{eq}}{a_f} = F_h \quad (1.63)$$

$$\text{変位応答低減率}: \frac{u_{eq}}{u_f} = F_h \frac{k_f}{k_{eq}} \quad (1.64)$$

式(1.63), (1.64)を用いて作成した低減グラフを図1.28(a)に示す．これらの評価式はやや過大な低

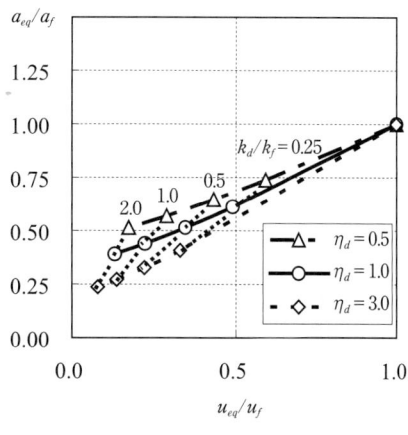

(a) 加速度一定領域

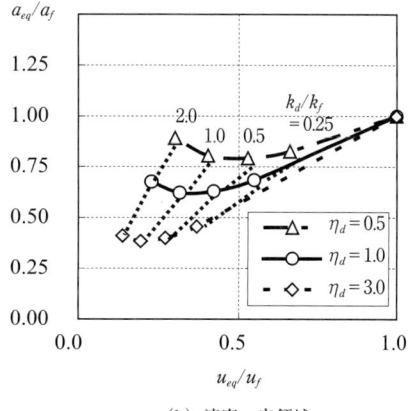

(b) 速度一定領域

図1.28 粘弾性ダンパーによる応答低減効果

減率を与えるため，文献8)にはさらに修正した式が紹介されている．

■**例題 1.4**■

例題1.3と同じように，図1.2の免震構造において，変形を4割程度に低減する粘弾性ダンパー量を求めてみよう．$\eta_d=1.0$ の粘弾性ダンパーを想定し $k_d/k_f=0.5$ 程度の粘弾性ダンパーを投入すると，図1.28または式（1.61），（1.62）より加速度応答低減率は約0.7，変位応答低減率は約0.4であるから，例題1.1の結果を利用して，最大応答加速度 $S_A=214\times0.7=150\,\text{cm/sec}^2$，最大応答変位 $S_D=105\times0.4=42\,\text{cm}$ となる．

▶ **1.3.4 弾塑性ダンパー（剛性考慮）**

粘弾性ダンパーで見られたダンパー付加による剛性の変化は，実は弾塑性ダンパーにも存在する．弾塑性ダンパーを用いた免震装置の履歴モデルを図1.29に示す．原点と最大変形，最大せん断力を結ぶ点を等価剛性と定義すると，等価剛性は塑性率 μ を用いて以下のように定義できる．

$$\text{等価剛性：} k_{eq}=\frac{k_d u_{dy}+k_f\mu u_{dy}}{\mu u_{dy}}=k_f+\frac{k_d}{\mu} \quad (1.65)$$

したがって，ダンパーを付加することによる剛性増加率は

$$\text{剛性増加率：} \frac{k_{eq}}{k_f}=1+\frac{k_d}{\mu k_f} \quad (1.66)$$

となる．一方，等価減衰は，剛性変化を考慮すると，

$$h_{eq}'=\frac{E_d}{2\pi k_{eq}(\mu u_{dy})^2}=\frac{4(\mu-1)k_d}{2\pi(k_f+k_d/\mu)\mu^2}$$

$$=\frac{2(\mu-1)k_d/k_f}{\pi\mu(\mu+k_d/k_f)} \quad (1.67)$$

ただし，先述したように地震応答はいつも最大振幅で振動しているわけではなく，小振幅から最大振幅の間で変化しているため，式（1.67）で減衰を評価することは過大評価となる．この影響を含めて減衰を評価する手法としては，前回使用したように一定比率で低減する方法が考えられる．

$$h_{eq}=h_0+\alpha h_{eq}' \quad (1.68)$$

α には，0.8 などが使用される．h_0 は構造減衰（0.02 など）である．この方法を，ここでは減衰低減法と呼ぶこととする．$1<\mu<\mu_m$ の間で式（1.67）を積分する考え方もある[8,9]．$k=k_d/k_f$ とおくと，

$$h_{eq}=h_0+\int_1^{\mu_m}\frac{h_{eq}'}{\mu_m}d\mu=h_0+\frac{2}{\pi\mu_m}\int_1^{\mu_m}\left[\frac{k}{\mu+k}+\frac{1}{\mu+k}-\frac{1}{\mu}\right]d\mu$$

$$=h_0+\frac{2}{\pi\mu_m}\Bigl[(k+1)\ln(\mu+k)-\ln\mu\Bigr]_1^{\mu_m}$$

$$=h_0+\frac{2(1+k_d/k_f)}{\pi\mu_m}\ln\frac{\mu_m+k_d/k_f}{(1+k_d/k_f)\mu_m^{\frac{1}{1+k_d/k_f}}} \quad (1.69)$$

上式をここでは減衰平均法と呼ぶこととする．減衰低減法と減衰平均法を μ に対してプロットしたものを図1.30に示す．両者は μ に対し，やや異なる値を示すことがわかる．

加えて，式（1.69）を次式で近似する方法を減衰近似法と呼ぶことにする[10]．

$$h_{eq}=a\left(1-\frac{1}{\mu}\right)\left(\frac{k_d}{k_f}\right)^b \quad (1.70)$$

$a=0.115$，$b=0.55$ としたときの式（1.70）の値を図1.30中に合わせて示す．この値は $\mu<10$ の範囲で減衰平均法をよく模擬でき，鋼材ダンパーや第2章で述べる制振ダンパーに有効である．鉛ダンパーのように $\mu>20$ の範囲では $a=0.07$ 程度を使用する．

ダンパー付加による効果は，粘弾性体同様に，剛性および減衰の影響を式（1.65）〜（1.70）で求め，

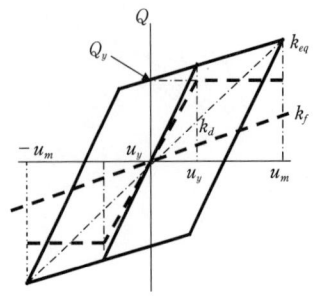

図 **1.29** 弾塑性ダンパーの履歴モデル

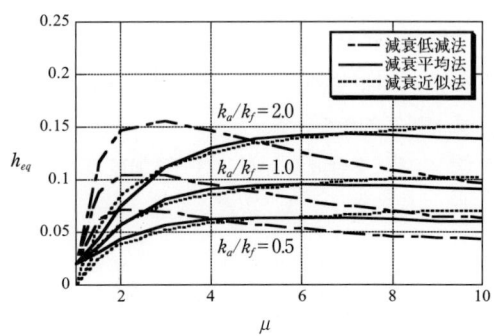

図 **1.30** 等価減衰モデル

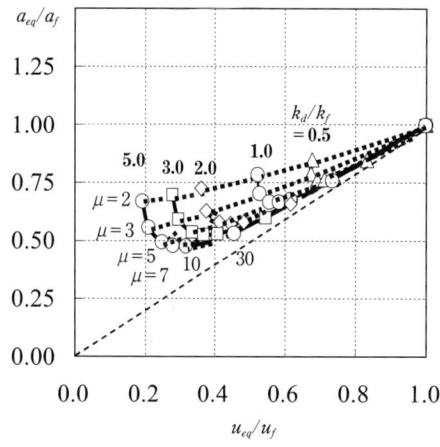

(a) 加速度一定領域

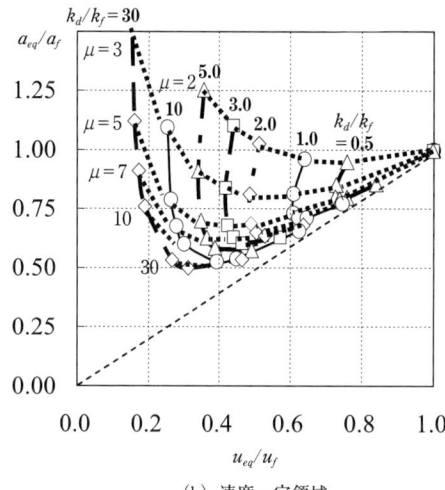

(b) 速度一定領域

図1.31 弾塑性ダンパーによる応答低減効果

式（1.61）〜（1.64）に代入することにより評価することができる．ただし，式（1.65）〜（1.70）は μ の関数となっているため，最終の μ の値を得なければ低減値を確定することはできない．この値を求める方法としては図1.31のような応答低減グラフを用いたり，最初にダンパーのない応答変位より最初の μ を求め，そこから式（1.64）により u_{eq} を求めて次ステップの μ を求め，値が安定するまで収斂計算を行う方法がある．

速度一定領域では，減衰および低減効果の評価に式（1.47）および式（1.70）を用いることで，

$$u_{eq} = \mu u_{dy} = u_f F_h \sqrt{\frac{k_f}{k_{eq}}} \quad (1.71)$$

にこれらを代入すると，

$$\left(\mu \frac{u_{dy}}{u_f}\right)^2 = F_h^2 \frac{k_f}{k_{eq}} = \frac{1+\alpha h_0}{1+\alpha a(1-1/\mu)(k_d/k_f)^b} \\ \times \frac{1}{1+(1/\mu)(k_d/k_f)} \quad (1.72)$$

上式を解くことにより μ を直接 k_d/k_f, u_f/u_{dy} の関数として陽に表現することができる．

$\kappa = k_d/k_f$, $\mu_f = u_f/u_{dy}$ とおき，整理すると次式を得る．

$$\mu = \frac{F_1(\kappa) + F_2(\kappa, \mu_f)}{F_3(\kappa)} \quad (1.73)$$

ただし，

$F_1(\kappa) = \alpha a \kappa^b (1-\kappa) - \kappa$

$F_2(\kappa, \mu_f) = \sqrt{\begin{array}{c}\alpha^2 a^2 \kappa^{2b}(\kappa+1)^2 + 2\alpha a \kappa^{b+1}(\kappa+1) \\ + \kappa^2 + 4(1+\alpha a \kappa^b)(1+\alpha h_0)\mu_f^2\end{array}}$

$F_3(\kappa) = 2(1+\alpha a \kappa^b)$

式（1.73）を用いることにより，収斂計算を用いることなく μ を直接求め，応答低減率を得ることができる．

■**例題 1.5**■

図1.2の免震構造において，220 kN の鉛ダンパーを22台投入したときの応答を求めよ．

$$\frac{k_d}{k_f} = \frac{300 \text{ kN/cm} \times 22}{192 \text{ kN/cm}} = 34$$

$$\mu^{(0)} = \frac{105 \text{ cm}}{0.73 \text{ cm}} = 143$$

免震構造は速度応答一定領域であるから，式（1.47），(1.62)，(1.66)，(1.69) より

$$h_{eq}^{(1)} = 0.02 + \frac{2(1+34)}{143\pi} \ln \frac{143+34}{(1+34)143^{1/(1+34)}} = 0.25$$

$$F_h^{(1)} = \sqrt{\frac{1+25 \times 0.02}{1+25 \times 0.25}} = 0.45$$

$$\frac{k_{eq}^{(1)}}{k_f} = 1 + \frac{34}{143} = 1.24$$

$$\mu^{(1)} = \mu^{(0)} F_h \sqrt{\frac{k_f}{k_{eq}}} = 143 \times 0.45 \times \sqrt{\frac{1}{1.24}} = 58$$

得られた $\mu^{(1)}$ を用いてさらに $h^{(2)}$, $F_h^{(2)}$, $k_{eq}/k_f^{(2)}$, $\mu^{(2)}$ を求め，μ の値が一定になるまで繰り返す．

$h^{(2)} = 0.35$, $F_h^{(2)} = 0.39$, $k_{eq}/k_f^{(2)} = 1.59$, $\mu^{(2)} = 45$

$h^{(3)} = 0.37$, $F_h^{(3)} = 0.38$, $k_{eq}/k_f^{(3)} = 1.77$, $\mu^{(3)} = 41$

$h^{(4)} = 0.38$, $F_h^{(4)} = 0.38$, $k_{eq}/k_f^{(4)} = 1.84$, $\mu^{(4)} = 40$

$h^{(5)} = 0.38$, $F_h^{(5)} = 0.38$, $k_{eq}/k_f^{(5)} = 1.86$, $\mu^{(5)} = 40$

これより，最大応答変位 $u_{dy} \times \mu^{(5)} = 0.73 \times 40 =$

29 cm となり，式 (1.60) より，最大応答加速度 S_A = 214 cm/sec^2 × 0.38 × $\sqrt{1.86}$ = 111 cm/sec^2 を得る．式 (1.70) を用いると，収斂計算を用いず，直接 μ = 42 を得ることもできる．

また，図 1.31(b) において k_d/k_f = 30, μ = 30 より変位低減率 0.3，せん断力低減率 0.5 程度となっているため，これより最大応答変位 S_D = 105 cm × 0.3 = 32 cm, 最大応答加速度 S_A = 214 cm/sec^2 × 0.5 = 107 cm/sec^2 を得ることもできる．

今まで，免震構造を1質点系にモデル化するにあたり，各種のダンパーと地面および建物を接続する部材については，剛性が無限大で変形がないものとしてきた．しかしながら，現実には接合部材には固有の剛性があり，ダンパーの反力を伝達する際には微小であっても変形が生ずる．この変形が生ずることにより，ダンパーの等価減衰定数は一般的に低下する．図 1.32(a) に示す粘性ダンパー付き1質点系モデルに対し，この影響は同図 (b) のようにダンパーに直列ばねを接続したモデルで表現できる．このようにダッシュポットと弾性ばねを直列したモデルを Maxwell モデルという．図 (b) における系の等価減衰定数を直列ばね剛性 k_b の影響を含めて表現すると下式のようになる．

$$h_{eq} = \frac{1}{2} \frac{c_d \omega}{\frac{c_d^2 \omega^2}{k_b} + k_f \left[1 + \left(\frac{c_d \omega}{k_b}\right)^2\right]} \quad (1.74)$$

例題 1.2 で取り扱った建物において，粘性ダンパーの接続部剛性が仮に k_b = 1000 kN/cm であった場合の影響を図 1.33 に示す．このように，ダンパー容量に対し接続部剛性が十分でない場合は，得られる等価減衰は低下する．逆に接続剛性が一定である場合は，いくらダンパー容量を向上させても，得られ

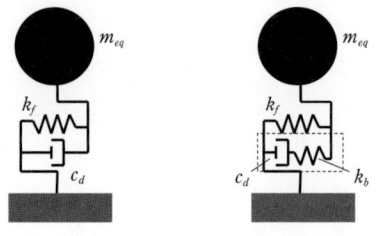

(a) ダンパー単純モデル　(b) ダンパー Maxwell モデル
図 1.32　ダンパー接続部剛性を考慮した1質点系モデル

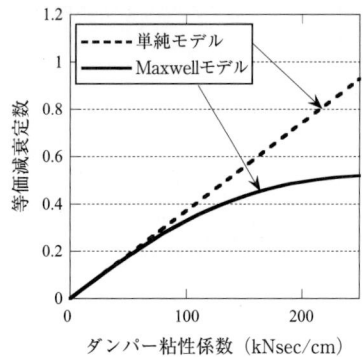

図 1.33　等価減衰定数に対するダンパー接続部剛性の影響例

る減衰量および応答低減効果には上限値があるので注意が必要である．

1.4　エネルギーの釣合いに基づく応答評価

等価線形化法と同様に，建物に入力されるエネルギーより最大応答を求めることができる[4]．免震構造のように一定以上の長周期建物においては，地震の継続時間中に建物に投入されるエネルギー量は周期によらずほぼ一定であることが知られており，これが免震装置の弾性エネルギー，減衰エネルギー，塑性エネルギーに変換されると考える．

既に 1.1 節で学んだように，地動を受ける1質点系の瞬間的な力の釣合い式は，

$$m\ddot{u} + c\dot{u} + F(u) = F_e \quad (1.75)$$

ただし，c：減衰係数，$F(u)$：復元力，F_e：地震力 = $-m\ddot{u}_0$ である．

上式に $du = \dot{u}dt$ を乗じ時間 0〜t 間の積分を行うことで，この間のエネルギーの釣合い式が得られる．

$$m\int_0^t \ddot{u}\dot{u}dt + c\int_0^t \dot{u}^2 dt + \int_0^t F(u)\dot{u}dt = \int_0^t F_e\dot{u}dt \quad (1.76)$$

置き換えると，

$$W_e(t) + W_h(t) + W_p(t) = E(t) \quad (1.77)$$

地震終了時には，

$$W_e + W_h + W_p = E \quad (1.78)$$

それぞれ，W_e：弾性振動エネルギー，W_h：減衰エネルギー，W_p：履歴吸収エネルギー，E：総入力エネルギーである．

さまざまな固有周期をもつ1質点系の構造物に，

地震波が入力されたときの総入力エネルギー量 E を固有周期 T に対してプロットしたものをエネルギースペクトルという．1.2 節で使用した人工地震波のエネルギースペクトルを図 1.34 に示す．図においては，E を下式で V_E に変換することで，質量の影響を排除しエネルギーを速度換算値の形で表現している．

$$E = \frac{mV_E^2}{2} \tag{1.79}$$

同図（a）に見るように，減衰がある程度以上の場合ある周期以上で外部より投入されたエネルギー量 E はほぼ一定となる．これより，V_E より構造減衰による吸収エネルギーを差し引いた損傷に寄与する入力エネルギーとして，同図（b）に見るような設計用エネルギースペクトル V_D を設定することが一般的に行われている．

今，免震ゴム（弾性部）に働く最大せん断力を Q_f，弾塑性ダンパーの降伏せん断力を Q_{dy} とおき，免震ゴム（弾性部）およびダンパーに働く最大せん断力係数をそれぞれ，

$$\text{免震ゴム}: \alpha_f = \frac{Q_f}{mg}, \quad \text{弾塑性ダンパー}: \alpha_f = \frac{Q_{dy}}{mg} \tag{1.80}$$

とおくと，系の弾性振動エネルギーは，最大変形時の弾性エネルギーと一致するため，

$$W_e = \frac{Q_f u_m}{2} = \frac{Q_f^2}{2k_f} = \frac{\alpha_f^2 (mg)^2}{2k_f} \tag{1.81}$$

となる．したがって，ダンパーのない弾性系のせん断力係数は，

$$\frac{\alpha_0^2 (mg)^2}{2k_f} = \frac{mV_D^2}{2} \tag{1.82}$$

の釣合いより，

$$\alpha_0^2 = \frac{k_f}{mg^2} V_D^2 = \frac{4\pi^2}{T_f^2 g^2} V_D^2 \tag{1.83}$$

$$\therefore \alpha_0 = \frac{2\pi V_D}{T_f g}$$

となる．次に式（1.78）の各項目について定式化を試みる．

まず，弾性振動エネルギーは，図 1.35(a) の最大変形時の弾性エネルギーを評価して，次式となる．

$$W_e = \frac{Q_f u_m}{2} = \frac{Q_f^2}{2k_f} = \frac{\alpha_f^2 (mg)^2}{2k_f} \tag{1.84}$$

次に，減衰エネルギーは図 1.35(b) のような履歴ループが n 回繰り返されると考えると，減衰定数 h を用いて次式で評価できる．

また，最大変形 u_m，弾性剛性 k_f は，a_f, T_f を用

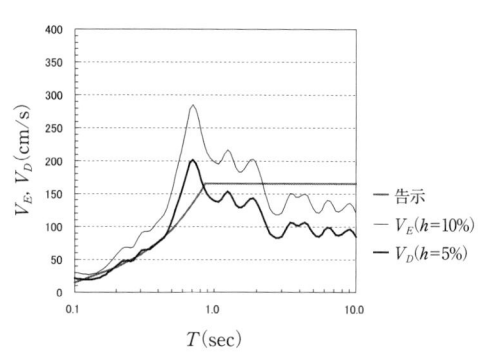

(a) 人工地震波のエネルギースペクトル

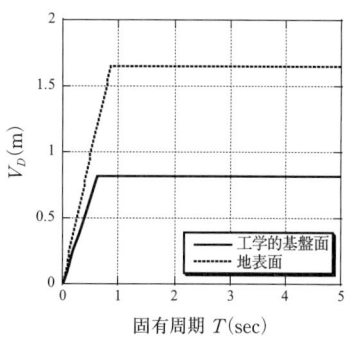

(b) 設計用エネルギースペクトル

図 1.34　エネルギースペクトル

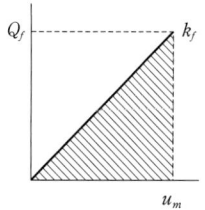

(a) 弾性エネルギー

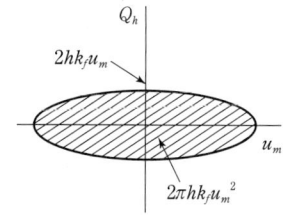

(b) 減衰エネルギー

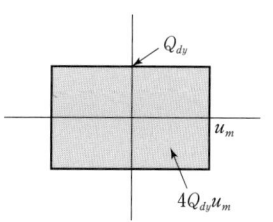

(c) 弾塑性エネルギー

図 1.35　各要素のモデル

1.4　エネルギーの釣合いに基づく応答評価

いて以下のように表現できるので，

$$u_m = \frac{Q_f}{k_f} = \frac{\alpha_f mg}{k_f} \quad (1.85)$$

$$W_h = 2n\pi h \frac{\alpha_f^2 (mg)^2}{k_f} \quad (1.86)$$

弾塑性ダンパーによる履歴吸収エネルギーは，図1.35(c) のように，弾性剛性が十分に大きく，剛塑性であると仮定し，この履歴が n 回繰り返されると考えると，次式となる．

$$W_p = 4nQ_{dy}u_m = 4n\alpha_d \frac{\alpha_f}{k_f}(mg)^2 \quad (1.87)$$

以上より，エネルギー釣合い式は，式 (1.84)，(1.86)，(1.87) の各式を式 (1.78) に代入して，

$$\frac{\alpha_f^2(mg)^2}{2k_f} + 2n\pi h \frac{\alpha_f^2(mg)^2}{k_f} + 4n\alpha_d\alpha_f \frac{(mg)^2}{k_f} = \frac{mV_D^2}{2} \quad (1.88)$$

整理すると

$$(1 + 4n\pi h)\alpha_f^2 + 8n\alpha_d\alpha_f = mV_D^2 \frac{k_f}{(mg)^2} = \alpha_0^2 \quad (1.89)$$

ここで，弾塑性ダンパーの履歴ループが何回繰り返されるかの評価値 n について，多くの数値的検討により，$n = 2$ とおくと，

$$(1 + 8\pi h)\alpha_f^2 + 16\alpha_d\alpha_f - \alpha_0^2 = 0 \quad (1.90)$$

ここで，$a = 8(\alpha_d/\alpha_0)$ とおくと，$8\alpha_d = a\alpha_0$ となるので，

$$(1 + 8\pi h)\alpha_f^2 + 2a\alpha_0\alpha_f - \alpha_0^2 = 0 \quad (1.91)$$

$$(1 + 8\pi h)\left(\frac{\alpha_f}{\alpha_0}\right)^2 + 2a\left(\frac{\alpha_f}{\alpha_0}\right) - 1 = 0$$

上式を解くことにより，弾性応答せん断力に対するダンパー付加時の免震ゴム最大せん断力比 α_f/α_0 は次式となる．

$$\frac{\alpha_f}{\alpha_0} = \frac{-a + \sqrt{a^2 + 1 + 8\pi h}}{1 + 8\pi h} \quad (1.92)$$

構造減衰 $h = 0$ のとき，

$$\frac{\alpha_f}{\alpha_0} = -a + \sqrt{a^2 + 1} \quad (1.93)$$

一方，ダンパー部のせん断力係数は，定義より

$$\frac{\alpha_d}{\alpha_0} = \frac{a}{8} \quad (1.94)$$

となり，免震層のせん断力係数は，式 (1.93)，(1.94) の和として得られる．

$$\frac{\alpha}{\alpha_0} = \frac{\alpha_f + \alpha_d}{\alpha_0} = -\frac{7}{8}a + \sqrt{a^2 + 1} \quad (1.95)$$

上式は図1.36のような曲線をもち，最小値を有する．

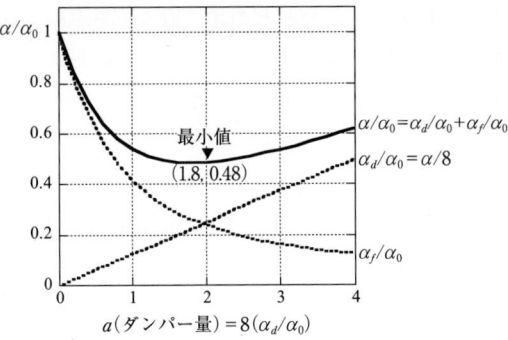

図1.36 ダンパー量と応答低減効果

式 (1.95) を a で微分し極値を求めると，

$$-\frac{7}{8} + \frac{a}{\sqrt{a^2 + 1}} = 0 \quad (1.96)$$

$$a = \frac{7}{\sqrt{15}} \fallingdotseq 1.8$$

このとき，α/α_0 は約 0.5 の値をとる．

■例題1.6■

同じように，図1.2の免震構造において，220 kNの鉛ダンパーを22台投入（$Q_y = 4840$ kN）したときの応答をエネルギー法により評価する．図1.34(b) より，設計用 $V_D = 165$ cm/s $= 1.65$ m/s とすると，

$$E = \frac{mV_D^2}{2} = \frac{9450 \times 1.65^2}{2} = 12864 \text{ kNm}$$

$$\alpha_0 = \frac{2\pi V_D}{T_f g} = \frac{2 \times 3.14 \times 1.65}{4.4 \times 9.8} = 0.240$$

$$\alpha_d = \frac{Q_{dy}}{mg} = \frac{4840}{9450 \times 9.8} = 0.052$$

ダンパー比は

$$a = 8\left(\frac{\alpha_d}{\alpha_0}\right) = 8\left(\frac{0.052}{0.240}\right) = 1.73$$

この値は図1.36の最小値1.8に近い．

このときの応答値は，

$$\frac{\alpha}{\alpha_0} = -\frac{7}{8}a + \sqrt{a^2 + 1} = 0.48$$

$$\alpha = 0.24 \times 0.48 = 0.115$$

$$\alpha_f = 0.115 - 0.052 = 0.063$$

最適設計を行ったとき，レベル2地震動に対する免震構造のベースシア係数は0.1程度となり，このときの弾塑性ダンパーの負担せん断力係数 α_d と積層ゴム（弾性部）の負担せん断力係数 α_f は図1.36からも明らかなようにほぼ半分ずつとなる．

このときの最大変形は，

$$u_m = \frac{Q_f}{k_f} = \frac{\alpha_f mg}{k_f} = \frac{0.063 \times 9450 \times 10^3 \times 9.8}{1.92 \times 10^7}$$
$$= 0.30 \, (\mathrm{m}) = 30 \, (\mathrm{cm})$$

となる.

1.5 免震装置の種類と特性

▶ 1.5.1 免震部材の種類と特性

前節までで単純化されたモデルにおける免震構造の応答特性について学んできた．本項以降ではより具体的な免震構造の構成とその設計について記述する[2)]．

免震層が備えている機能をもう一度整理してみると，下記のような3つの機構に分解することができる．

① 鉛直荷重を支持する機能
② 水平方向に復元する剛性を与える機能
③ エネルギーを吸収する（付加減衰を与える）機能

②の機能を与える部材が積層ゴムなどの免震支承，③の機能を与える部材がダンパーとなる．現在一般的に使用されている免震支承およびダンパーを表1.1に示す．転がり支承のように，それ自身は①の機能のみを有しており，②の機能を他の部材に依存する形式の免震支承も存在する．

以下にそれぞれの免震部材について概説する．

▶ 1.5.2 免震支承

a. 積層ゴム支承

免震支承として最も多く使用されているのが積層ゴム支承である．本支承はゴムシートと鋼板をサンドウィッチ状に多層に重ね合わせて接着した構造をもつ（図1.37）．

免震支承は水平方向に低い剛性を与えるだけでなく，鉛直方向には高い剛性および鉛直支持能力を有する必要がある．これは上部構造の傾斜やロッキング振動を防止するためである．単純にゴムブロックを支承に用いた場合，水平剛性は低くなるが，鉛直荷重に対しても水平方向へのはらみだしが生じて剛性は低下してしまう（図1.39）．積層された鋼板は鉛直荷重下のゴムのはらみだしを防止し，水平変形を拘束することなく鉛直剛性を向上させる役割をもつ．この機構により，一般的な積層ゴムは水平剛性の2000倍程度の鉛直剛性を有している．積層ゴム支承が本格的に実用化されたのは1980年代に入ってからであり，この支承の実用化が免震構造の発展・普及に与えた影響は大きい．

積層ゴム支承には，天然ゴム系積層ゴム支承，高減衰ゴム系積層ゴム支承，鉛プラグ入り積層ゴム支承の3種類が多く使用されている．天然ゴム系積層ゴム支承は最も基本的なもので，先述の①②の機能をもち，引張り強さや伸び，耐クリープ性に優れ，温度依存性の少ない天然ゴムを主体とした積層ゴム支承である．履歴特性は軸力変動や変位履歴の影響を受けにくく，微小変形から大変形まで安定したばね特性を有する（図1.38）．常時面圧は 15 N/mm²,

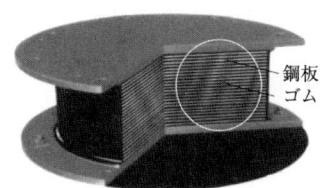

図1.37 積層ゴムの基本的構造

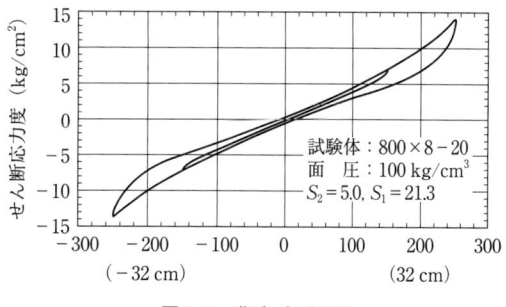

図1.38 荷重-変形関係

表1.1 免震部材の種類

免震支承	積層ゴム支承	天然ゴム系積層ゴム支承
		高減衰ゴム系積層ゴム支承
		鉛プラグ入り積層ゴム支承
	すべり支承	弾性すべり支承
	転がり支承	ボールベアリング支承
ダンパー	履歴減衰型	鋼材ダンパー
		鉛ダンパー
	粘性減衰型	粘性ダンパー
		オイルダンパー
	摩擦減衰型	摩擦ダンパー

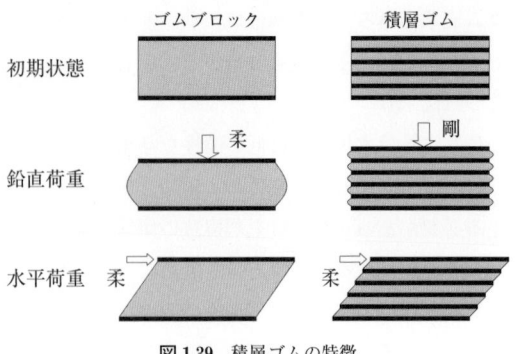

図1.39 積層ゴムの特徴

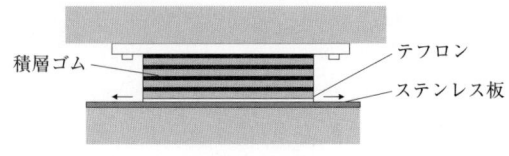

図1.41 すべり支承

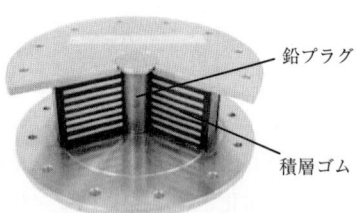

図1.40 鉛プラグ入り積層ゴム

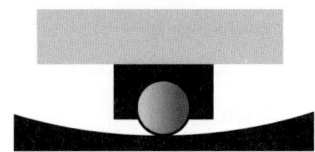

図1.42 転がり支承

$10\,N/mm^2$のものが用意されており，適切な配置を行えば3〜4秒の免震構造を構成できる．許容水平変形量はおおよそゴム径の50%程度であり，この範囲を超えると剛性が硬化して径の200%程度で破断に至る（軸応力による）．圧縮荷重に対してはきわめて強く，圧壊応力は$120\,N/mm^2$に達する．一方，引張り荷重下では剛性が大幅に低下し耐荷重能力は$1\,N/mm^2$程度となるため，引張り荷重をかけないよう設計することが一般的である．

高減衰ゴム系積層ゴム支承は，天然ゴム・合成ゴムに特殊充填材を加え，ひずみを充填剤界面とゴム高分子間の摩擦熱に変換することによって，ゴムの弾性挙動に減衰能力を付加させたものである．先述の①②③の機能を有し，設計次第ではダンパーが不要になる利点がある一方で，履歴特性に荷重履歴，面圧，振動数，温度，繰返し回数などの依存性があり，水平方向の復元力特性は複雑なものになる．

鉛プラグ入り積層ゴムは天然ゴム系積層ゴムの中央に鉛プラグを挿入したもので（図1.40），鉛プラグの部分がダンパーの役割を担っているため，部材として①②③の機能を併せもつ．別置きのダンパーが不要になる一方で，積層ゴムの欠損の影響により履歴特性には大きな面圧依存性を有する．また，鉛プラグが破損した場合に外部からその状況を直接確認できないという欠点がある．

b. すべり支承

テフロンとステンレスの組合せなどにより摩擦抵抗をできるだけ少なくした水平面で構成された支承であり，摩擦力をダンパーとして利用することができる（図1.41）．すなわち①および③の機能を有している．別途②の水平ばねを付加することにより，支持重量に影響されずに免震周期を設定できるなどの利点を有しており，軽量の免震構造において積層ゴムと組み合わせ，免震架構の長周期化を図る手段としても利用されている．ただし，摩擦力は支持重量に比例するため，軸力変動の大きい柱を支持する場合には注意を要する．

c. 転がり支承（ボールベアリング支承）

ボールベアリングなどの機械的な転がり機構により構成された支承であり，住宅など比較的軽量建物の免震化に適している（図1.42）．①のみの機能を有しており，すべり使用と同様に別途②の水平ばねを付加することにより，支持重量に影響されずに免震周期を設定できるなどの利点を有している．ただし③のダンパー機能は有しておらず，別途ダンパーを付設する必要がある．ボールを球面上で転がすことにより，②の復元力特性を与えたタイプもある．この場合，周期は球面半径により規定される．機械的な機能のため，維持管理が不可欠である．

▶**1.5.3 ダンパー**

a. 鋼材ダンパー

延性に優れた鋼材の弾塑性履歴エネルギー吸収能力を利用したもので，図1.43のように鋼棒をルー

図 1.43　ループダンパー

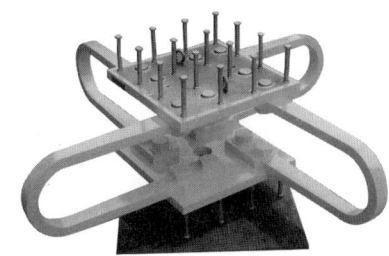

図 1.44　U 型ダンパー

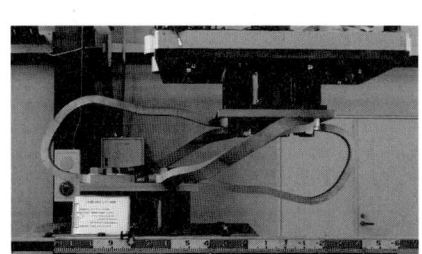

(a) 水平載荷試験状況

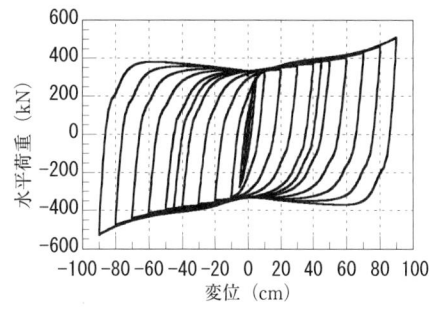

(b) 荷重-変形関係

図 1.45　U 型ダンパー水平載荷試験

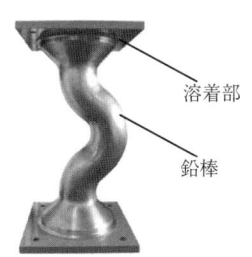

図 1.46　鉛ダンパー

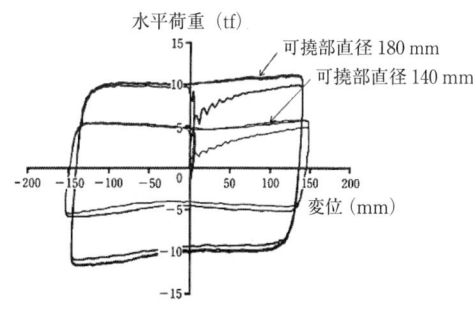

図 1.47　荷重-変形関係

プ状に加工したループダンパーと，図 1.44 のように鋼板を U 字型に加工した U 型ダンパーが一般的に使用されている．この形状により，400〜700 mm に達する大きな水平変形に追従しながら，安定した履歴特性を発揮することができる（図 1.45）．破断に至るまでの繰返し回数は，振幅 ±300 mm に対し，おおよそ 30 回程度である．別置きのダンパーのため，損傷状況が容易に管理でき，大地震後は免震支承をそのままにしてダンパーのみ交換することができる．

b. 鉛ダンパー

鉛の弾塑性履歴エネルギー吸収能力を利用したもので，図 1.46 のようにたるみをもった柱状に加工した純鉛を鋼板に溶着したものが多く利用されている．鉛ダンパーは鋼材ダンパーより降伏変位が小さく，初期剛性が高い（図 1.47）．また，繰り返し大変形を受けると温度が上昇し軟化するが，その後再結晶するため，疲労破壊の危険性がないとされている．ただし，鋼板との溶着部が弱点となりやすいため，厳密な製造管理が必要である．

c. オイルダンパー

シリンダー内に挿入されたオイルをピストンに設けられたオリフィスを通して流動させることにより，流体粘性減衰を発揮させるものである（図 1.48, 1.49）．速度に依存して反力が発生するが，瞬間的に大きな速度が発生したときに，反力が過大になる前にリリーフ弁により減衰力を制御する形式のものが一般的である．

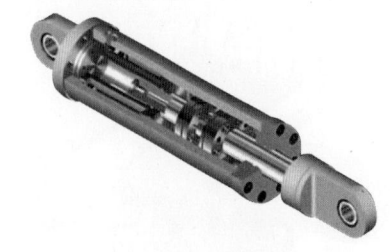

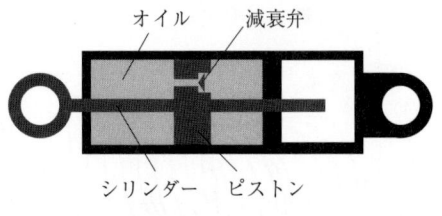

図 1.48 オイルダンパー

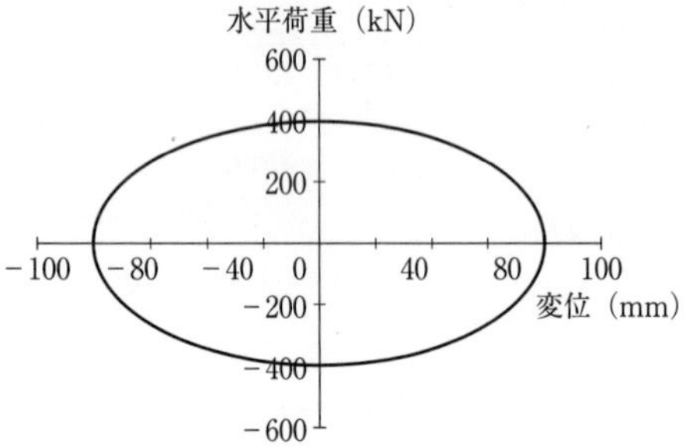

図 1.50 U型ダンパー一体型天然ゴム系積層ゴム

支持する荷重が大きいときは，複数個並べて配置することもある．一方，ダンパーは鉛直荷重を支持していないため，設置位置は任意である．天然ゴム系積層ゴムと別置きダンパーを組み合わせた形式は，免震支承とダンパーの性能を独立して設定できるため，形状が複雑な免震建物でも目標性能に合った設計を比較的容易に設定できる．天然ゴム系積層ゴムと鋼材ダンパーを組み合わせて一体化し，省スペースを図った製品も実用化されている（図 1.50）．

1.6 免震構造の計画

▶ 1.6.1 免震層の位置

免震建物における免震層の位置のバリエーションを図 1.51 に示す．今までに記述してきた免震構造は，免震層を建物の基部に設ける A の形式（基礎免震）であった．この形式の応用としては，免震層を地下

図 1.49 オイルダンパー荷重-変形関係

▶ 1.5.4 免震部材の配置

免震支承は建物の鉛直荷重を支持する役目があるため，柱の直下に配置されることが一般的である．

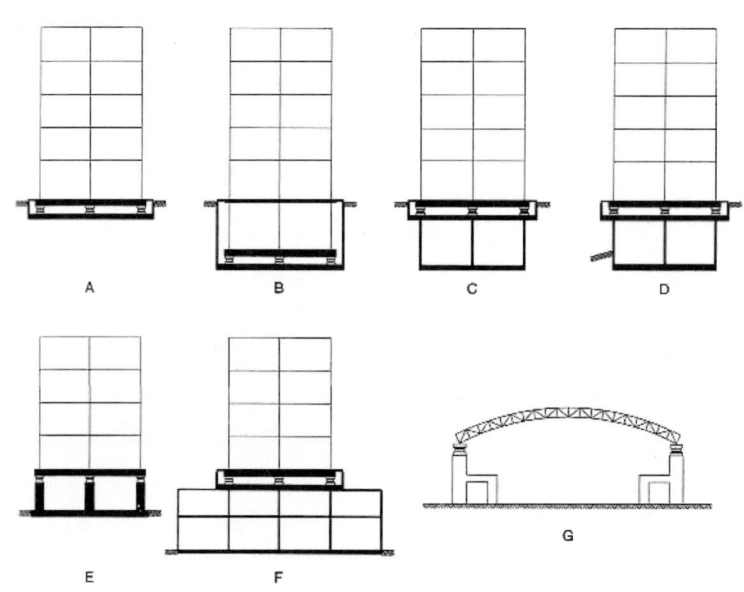

図 1.51 免震層の位置のバリエーション

階の基礎に設ける形式（B），免震層を地下階の上部に設ける形式（C）が考えられる．傾斜地に免震建物を計画する場合には，Cを応用してDのようにすることも可能である．この場合，最下層は免震化されないため十分な安定性をもって計画することが重要である．

Dを応用して，1階の柱頭に免震層を設ける形式も考えられる（E）．この形式は一般的に「柱頭免震」と呼ばれている．地表部に建物が移動するスペースを確保しなくて済むなどの利点がある一方，上部より降りてくるエレベーターシャフトや1層の内外装を変形に追従させる必要があるなど，納まりに留意が必要である．さらに免震層を上部に移動させ，建物の中間層に設けたものを中間層免震と呼んでいる（F）．この場合，下部構造と上部構造は連成振動を生じるため，その設計は基礎免震と比較して複雑なものとなる．また，下部構造は必ずしも応答低減されない点にも留意が必要である．これ以外にも，大スパン架構において屋根部のみを免震化する形式（G：屋根免震などと呼ばれている）も実施されている．

本節では，主にAの基礎免震を中心にその詳細を述べていくこととする．

▶ **1.6.2 免震建物各部の計画**

a. 上部構造

既に学んだように，上部構造に作用する地震力は一般の建物に比べ非常に少ない（極めて稀に遭遇する地震に対してもベースシア0.2程度以下）．投入される地震エネルギーのほとんどは最終的に免震層の減衰機構（ダンパーなど）により吸収されるため，上部構造は免震層を介して伝わる水平力に抵抗できる強度を確保すればよい．

このとき，上部構造の水平剛性が高い建物では，高さ方向にほぼ一様に地震力が低減するが，水平剛性の低い建物では，下層に比べて上層の応答が大きくなり，上層に行くに従い免震効果が薄れることになる．したがって，免震構造の上部構造に関しては，靱性はそれほど要求されないが，剛性は高いことが望ましい（図1.52）．

b. 下部構造

免震層を支える下部構造は，免震層に有害な不等沈下を生じさせない鉛直支持能力と，免震層に生じる水平力と下部構造自身に加わる地震力を安全に伝える基礎構造としての性能をもたせることが重要である．万が一基礎構造が傾斜した場合，免震構造は自重により水平変形を生じ，危険な状態となることを意識することが必要である．

c. 免震層

免震部材の配置に際しては，免震層における免震部材全体の剛心を上部構造の重心と一致させ，ねじれを発生させないよう配慮する．

積層ゴムの直径は柱下の鉛直軸力をもとに決め，面圧が許容面圧以下になるように選定する．ただし，積層ゴムが建物重量を支えつつ安定的に水平方向に変形できる量は，直径のおおむね半分であるため，最小積層ゴム径が免震層設計変位の2倍程度になるよう設定する．柱直下の軸力が小さく，積層ゴムの直径が許容面圧でなく最小径で決まるものが多いと，免震層の剛性が高くなり，固有周期が短くなってしまうことになる．このような場合には，上部構造の支持点間距離を広げるなど軸力を高める工夫が必要となる．

また，免震支承には引張り力を生じさせないことが原則である．建物の幅高さ比が大きいスレンダーな建物の場合，地震時の転倒モーメントによる柱の変動軸力が大きくなるため，免震部材に引張り力が生じやすくなる．このような場合は図1.53に示すように柱軸力を建物両端に集中させることで引張り力が生じにくい架構計画を実現することができる．こういった措置は，支持点の軸力を高めるためにも効果的である．

d. 建物外周部

免震建物は地震時に300〜400mm程度移動する

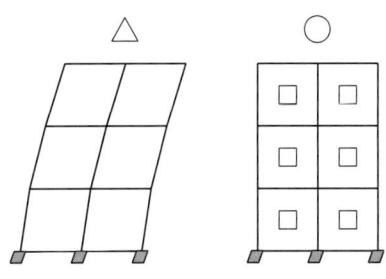

図1.52 上部構造の剛性

1.6 免震構造の計画

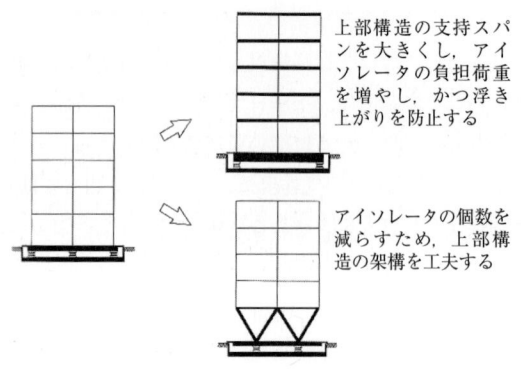

図1.53 引張り力の防止

ため，建物周囲には可動範囲といわれる空間が必要となる．免震建物と擁壁で支えられた周辺地盤との間には，設計上の最大変位に余裕率を見込んだ距離のクリアランスを設け，上部建物が擁壁に衝突することのないよう設定する（図1.54）．また，クリアランス部に人が落ちないよう配慮し，地震時の蓋の破壊，跳ね上がり，敷地境界壁との間で歩行者が怪我をすることのないよう，建築上の十分な配慮が必要である．

e. 風に対する設計

強風時に揺れが問題とならないよう，風荷重に対してはダンパーを降伏させないようにするのが一般的である．台風のように強風が予想されるときには，予め鉄筋棒を差し込んで免震部材を動かなくするようなものも考案されている．

f. 上下動に対する設計

免震支承は通常鉛直方向に高い剛性を有しているため，上下地震動に対しては免震効果はなく通常の建物と同様の応答を生ずる．したがってロングスパンの梁など上下動に対する検討が必要な点は，通常の建物と変わりはない．

1.7 時刻歴応答解析による免震構造の設計

1.7.1 構造計画

それでは，具体的な例題を用いて，免震構造を設計してみる．図1.55に示すような2階建て，36 m×63 mの平面を有する鉄筋コンクリート造の電算センターを想定する[11]．建物に要求される機能を満足させつつ，合理的・経済的な構造計画として，スパン方向12 m×3スパン，桁行き方向9 m×7スパンとする．免震層が支持する上部建物重量は，9450 tとなっている．

免震による効果を十分に発揮させるため，固有周期は4秒以上を目標とする．外周の免震支承が支持する重量は柱1ヶ所あたり約300 tであるため，付表1.1を参照し積層ゴムの径を700φ（常時面圧

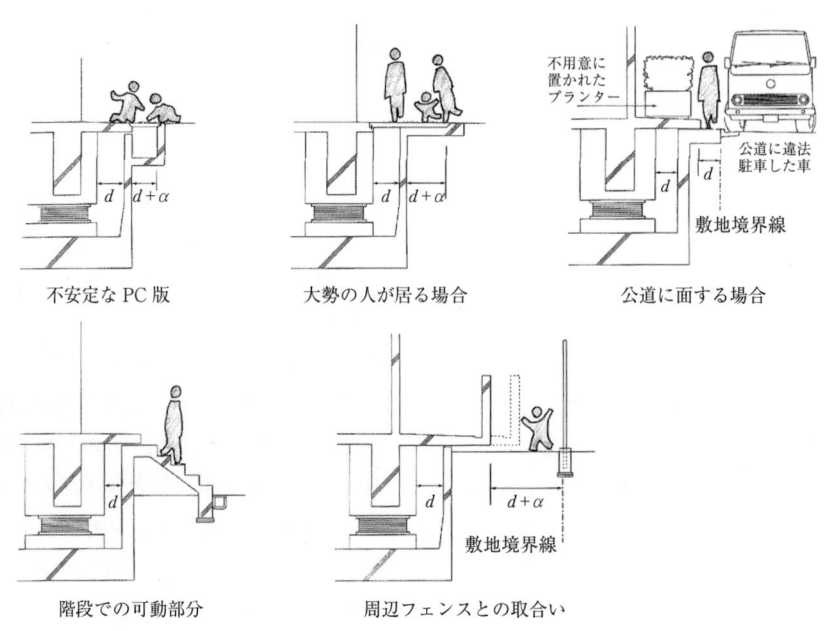

図1.54 免震建物移動を考えた周辺納まりの配慮

図 1.55 試設計用免震建物

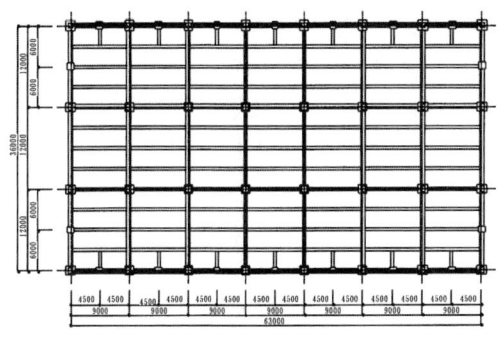

図 1.56 上部架構梁伏図

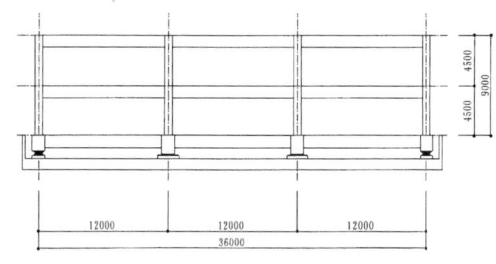

図 1.57 軸組図

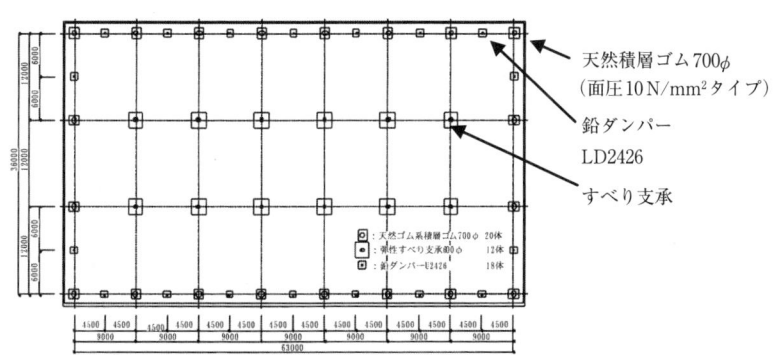

図 1.58 免震部材配置図

1.0 kN/mm² タイプ）とする．中央部の柱には弾性すべり支承を配置し，周期を延ばすとともに軸力変動による摩擦係数変化の影響を受けないよう配慮する．

700 ϕ の低弾性積層ゴム支承の水平剛性は付表 1.1, (a) より 8×10^5 N/m なので，免震支承のみの剛性は，

$$k_f = 8 \times 10^5 \times 20 = 160 \times 10^5 \text{ N/m}$$

であり，免震支承のみの周期は以下となる．

$$T = 2\pi\sqrt{\frac{m}{k_f}} = 2\pi\sqrt{\frac{9450 \times 10^3 \text{ kg}}{160 \times 10^5 \text{ N/m}}} = 4.83 \text{ sec}$$

ちなみに，全柱脚 32 箇所を 700 ϕ の低弾性積層ゴム支承で支持した場合，固有周期は 3.2 秒となる．

次にダンパーの設定を行う．積層ゴム使用の許容変形量をゴム径の半分，$700 \times 0.5 = 350$ mm とし，

例題 1.1 と同様の計算を行うと等価減衰 35% 程度のダンパーが必要となることがわかる．ダンパーとして降伏変位 $u_{dy} = 7.3$ mm の鉛ダンパー（付表 1.5）を使用すると，必要ダンパー量は式 (1.55) より，

$$Q_{dy} = \frac{\pi \times 0.35 \times 160 \times (35)^2}{1.6(35 - 0.73)} = 3930 \text{ kN}$$

となるため，降伏耐力 220 kN の鉛ダンパーを 18 台設置することとする．免震層内の設備配管との干渉を避け，免震層のねじれ剛性を高めるため，ダンパーは建物外周に配置する．免震層の配置計画を図 1.58 に示す．また上部架構の梁伏図を図 1.56 に，軸組図を図 1.57 に示す．

設計した免震装置に対する応答評価を行う．まず例題 1.5 と同様に等価線形化手法による評価を以下

に示す．

最大変位応答は $S_D = 0.75\, T/\pi = 0.75 \times 4.83/\pi = 1.15$ m $= 115$ cm

$$\frac{k_d}{k_f} = \frac{300\text{ kN/cm} \times 18}{160\text{ kN/cm}} = 34$$

$$\mu_f = \mu^{(0)} = \frac{115\text{ cm}}{0.73\text{ cm}} = 157$$

$$h_{eq}^{(1)} = 0.02 + \frac{2(1+34)}{157\pi} \ln \frac{157+34}{(1+34)\,157^{1/(1+34)}} = 0.24$$

$$F_h^{(1)} = \sqrt{\frac{1+25 \times 0.02}{1+25 \times 0.24}} = 0.46$$

$$\frac{k_{eq}^{(1)}}{k_f} = 1 + \frac{34}{157} = 1.22$$

$$\mu^{(1)} = \mu^{(0)} F_h \sqrt{\frac{k_f}{k_{eq}^{(1)}}} = 157 \times 0.46 \times \sqrt{\frac{1}{1.22}} = 66$$

得られた $\mu^{(1)}$ を用いてさらに $h^{(2)}$, $F_h^{(2)}$, $k_{eq}/k_f^{(2)}$, $\mu^{(2)}$ をもとめ，μ の値が一定になるまで繰り返す．

$h_{eq}^{(2)} = 0.33$, $F_h^{(2)} = 0.40$, $k_{eq}/k_f^{(2)} = 1.52$, $\mu^{(2)} = 51$
$h_{eq}^{(3)} = 0.36$, $F_h^{(3)} = 0.39$, $k_{eq}/k_f^{(3)} = 1.67$, $\mu^{(3)} = 47$
$h_{eq}^{(4)} = 0.37$, $F_h^{(4)} = 0.38$, $k_{eq}/k_f^{(4)} = 1.72$, $\mu^{(4)} = 46$
$h_{eq}^{(5)} = 0.37$, $F_h^{(5)} = 0.38$, $k_{eq}/k_f^{(5)} = 1.74$, $\mu^{(5)} = 46$

これより，最大応答変位 $0.73 \times 46 = 33.6$ cm となり，目標最大応答変位値 35 cm 以下となっている．また，最大応答加速度 $S_A = 214$ cm/sec$^2 \times 0.38 \times \sqrt{1.74} = 107$ cm/sec^2 となり，上部構造のベースシア係数は約 0.11 に収まっている．

一方，エネルギー法による応答予測では，例題 1.6 と同様に設計用 $V_D = 165$ cm/s $= 1.65$ m/s とすると，

$$E = \frac{mV_D^2}{2} = \frac{9450 \times 1.65^2}{2} = 12864\text{ kNm}$$

$$\alpha_0 = \frac{2\pi V_D}{T_f g} = \frac{2 \times 3.14 \times 1.65}{4.83 \times 9.8} = 0.219$$

$$\alpha_d = \frac{Q_{dy}}{mg} = \frac{3960}{9450 \times 9.8} = 0.043$$

ダンパー比は

$$a = 8\left(\frac{\alpha_d}{\alpha_0}\right) = 8\left(\frac{0.043}{0.219}\right) = 1.57$$

このときの応答値は，式（1.95）より，

$$\frac{\alpha}{\alpha_0} = -\frac{7}{8}a + \sqrt{a^2+1} = 0.488$$

$$\alpha = 0.219 \times 0.488 = 0.107$$

$$\alpha_f = 0.107 - 0.043 = 0.064$$

ここでも，レベル 2 地震動に対する免震構造のベースシア係数は 0.1 程度となり，このときの弾塑性ダンパーの負担せん断力係数 α_d と積層ゴム（弾性部）の負担せん断力係数 α_f はそれぞれ 0.05 程度となっている．なお最大変形は，

$$u_m = \frac{Q_f}{k_f} = \frac{\alpha_f mg}{k_f} = \frac{0.064 \times 9450 \times 10^3 \times 9.8}{1.60 \times 10^7}$$
$$= 0.37\,(\text{m}) = 37\,(\text{cm})$$

となり，等価線形化法と同等の値を示す．

▶ 1.7.2 時刻歴応答解析による検証

1.7.1 項で計画した免震建物の応答を時刻歴応答解析により検証する．数値積分法は線形加速度法とし，積分時間刻みは 0.01 sec とする．入力時振動は JMA-Kobe NS, Hachinohe NS, 東北大学観測波位相を用いた告示波 3 波とする．上部構造は 1 層 1 質点とした 3 質点弾性せん断型モデルとする．免震層は積層ゴムを線形ばね，弾性すべり支承および鉛モデルを完全弾塑性モデルとする．各免震部材のモデル化諸元を表 1.2 に示す．また，免震層の荷重-変形関係を図 1.59 に示す．

上部構造の構造減衰は剛性比例型の内部粘性減衰とし，減衰定数は免震層を固定としたときの上部構造の弾性 1 次固有周期に対し 2% と定義する．一方，免震層の内部減衰はないものとする．上部構造の諸

表 1.2 免震部材の復元力特性

		積層ゴム 700ϕ	弾性すべり支承	鉛ダンパー
水平剛性 (kN/m)	初期剛性	800	5250	30000
	2次剛性	-	0	0
降伏荷重（kN）		-	55.3	220
降伏変位（m）		-	0.0105	0.0073

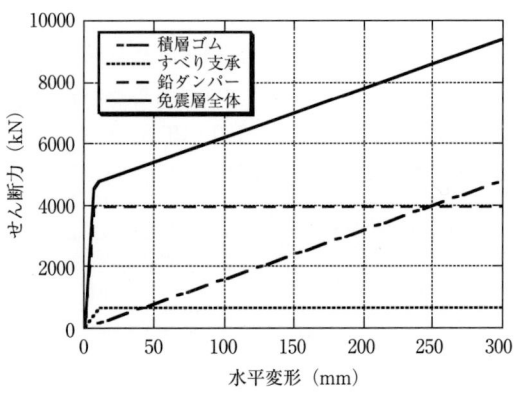

図 1.59 免震部材の復元力特性

表 1.3 各層の構造諸元

階	階高 H_i(m)	重量 W_i(kN)	初期剛性 k_{fi} スパン方向(kN/m)	初期剛性 k_{fi} 桁行方向(kN/m)
2	4.5	32400	2750	8120
1	4.5	30900	6870	10000
免震層	1.8	29400	619	619

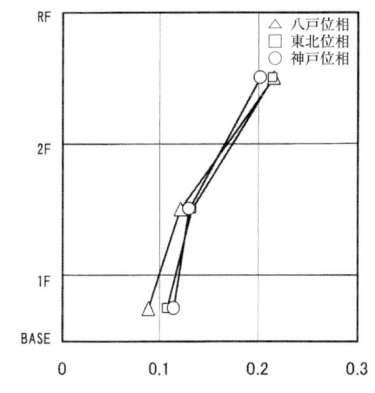

図 1.60 最大応答層せん断力係数（スパン方向）

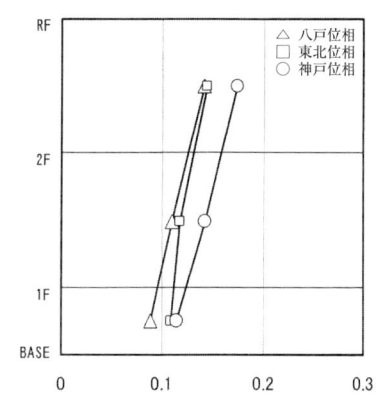

図 1.62 最大応答層せん断力係数（桁行方向）

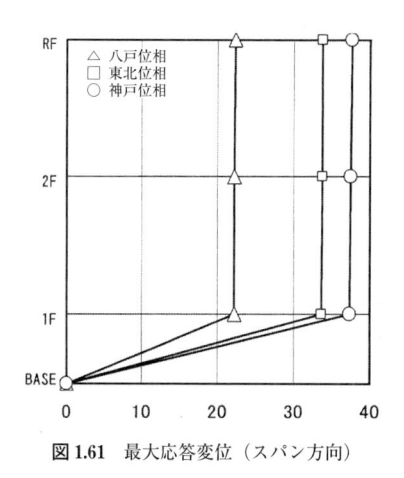

図 1.61 最大応答変位（スパン方向）

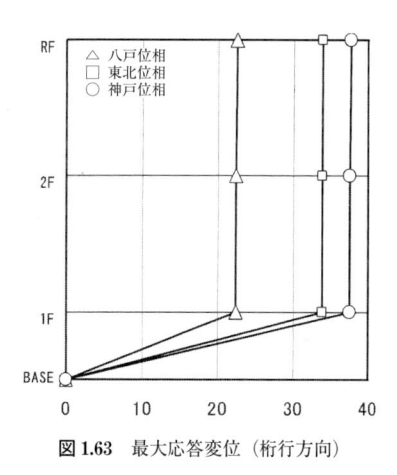

図 1.63 最大応答変位（桁行方向）

元を表1.3に示す．

時刻歴解析により得られた最大応答せん断力係数，最大応答変位を図1.60～1.63に示す．また，各層の応答加速度と免震層の応答変位の時刻歴（神戸位相）を図1.64に，免震層の履歴曲線（神戸位相）を図1.65に示す．

免震層の最大応答変位は37.5cm（桁行き方向，神戸位相波）であり，計画時の予測よりやや大きいが，告示で規定された免震部材の設計限界変位44.8cm以下となっている．最大変位は振動開始後9.4秒で生じている．上部構造の最大層間変形角はほとんど生じておらず，制限値1/300よりはるかに小さい値となっている．また，図1.64の免震-非免震構造の比較より免震構造は非免震構造の1/3～1/4に加速度が低減されていることがわかる．図1.65の履歴ループからは，免震ダンパーが履歴ループにより地震エネルギーを吸収している様子がわかる．

1.8 告示設計法による免震構造の設計

▶ 1.8.1 構造計算のフロー

建築基準法[6]では，高さ60m以下，地盤は第1種または第2種の基礎免震建物を対象に，等価線形

(a) R 階床応答加速度

(b) 1 階床応答加速度

(c) 免震層の応答変位

スパン方向　(d) 入力地震加速度　桁行方向

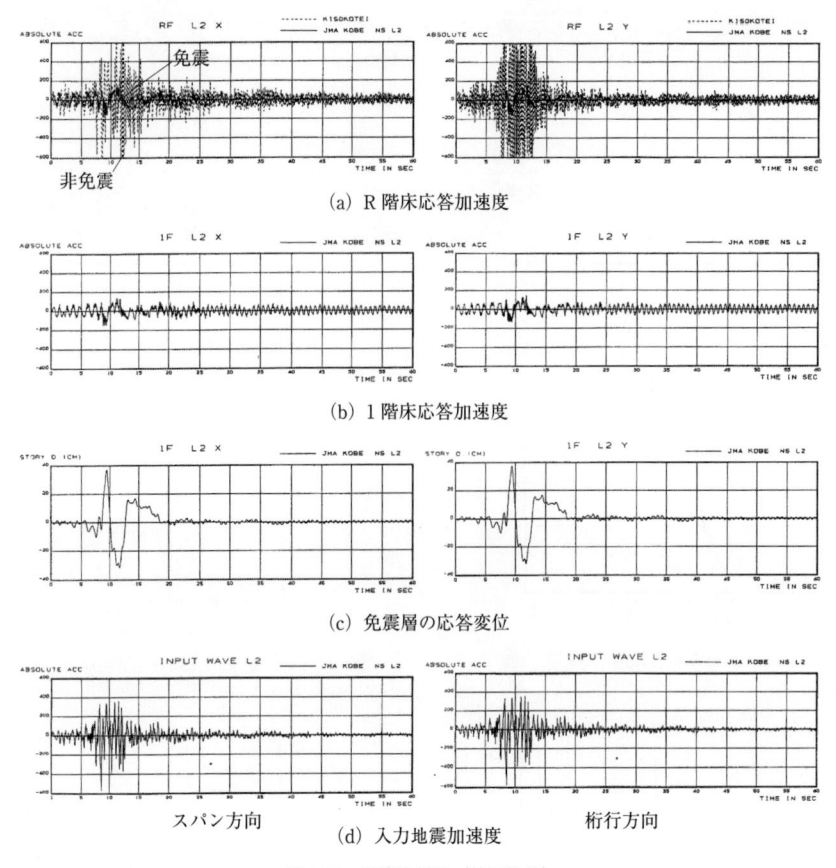

図 1.64 応答時刻歴（神戸位相）

スパン方向　　　　　　　　　　桁行方向

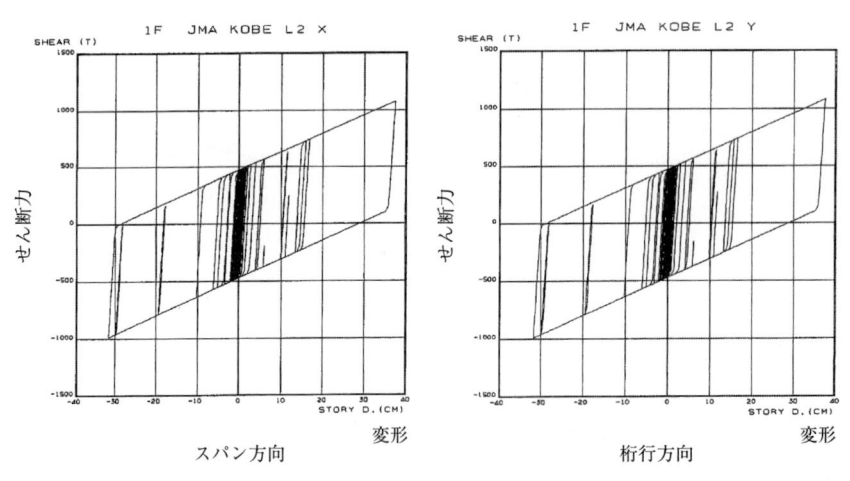

図 1.65 免震層の応答履歴曲線

化法-応答スペクトル法をベースとした告示設計法を規定している．本項では，前項で取り扱った同じ建物を告示設計法で設計してみる．構造計算フローを図 1.66 に示す．

告示計算法では，上部構造を剛体 1 質点系と仮定し，免震層の特性を弾性ばねと粘性減衰で表現した モデルにおいてその性能曲線を求める．図 1.67 において S_A-S_D スペクトル曲線上に免震層の復元力特性を重ねた図を示す．同図において設計限界変位 δ_s の割線剛性とスペクトルの交点△より応答基準変位を求め，これに対応した復元力特性上のせん断力 Q_r を免震層のせん断力とみなす．

表 1.4　免震層の設計限界変位

	積層ゴム 700ϕ	すべり支承	鉛ダンパー
水平基準変形 δ_u(m)	0.560	0.650	0.800
荷重支持条件に関する係数 β	0.8	0.9	1.0
設計限界変形 $_m\delta_d$(m)	0.448	0.585	0.800
免震層の設計限界変形 δ_σ(m)	0.448		

よって設計限界変形時の設計周期は以下のようになる．

$$T_s = 2\pi\sqrt{\frac{m}{k_{eq}}} = 2\pi\sqrt{\frac{9450\times 10^3\,\mathrm{kg}}{263\times 10^5\,\mathrm{N/m}}} = 3.77\,\mathrm{sec}$$

なお，免震支承のみの接線周期は前項で計算したとおり，

$$T_f = 2\pi\sqrt{\frac{m}{k_f}} = 2\pi\sqrt{\frac{9450\times 10^3\,\mathrm{kg}}{160\times 10^5\,\mathrm{N/m}}} = 4.83\,\mathrm{sec}$$
$$< 2.5\,\mathrm{sec}$$

であり，基準を満足している．

次に等価粘性減衰は図 1.25 における平行四辺形状の履歴ループで囲われた面積 ΔW_i を設計限界変形における支承材の弾性エネルギーで除し，$0.8/4\pi$ で乗じたもので評価する．この式の意味は式 (1.54) と全く同じである．

$$h_d = \frac{0.8}{4\pi}\cdot\frac{\Delta W_i}{W_i} = \frac{0.8}{4\pi}\frac{8143\,\mathrm{kNm}}{2642\,\mathrm{kNm}} = 0.196$$

このときの減衰による応答低減率は式 (1.46) において $h_0 = 0.05$ とし，

$$F_h = \frac{1+10\times 0.05}{1+10(h_d+h_v)} = \frac{1.5}{1+10\times 0.196} = 0.506$$
$$> 0.40\,(\text{下限値})$$

ただし，h_v は粘性ダンパーの等価減衰であり，本例では 0 である．このとき，免震層に作用する地震力は，式 (1.42) のスペクトルに，精算した表層増幅率 $G_S = 1.208$ を使用し，

$$Q = \frac{5.12}{T_s}\times m\times F_h\times Z\times G_S$$
$$= \frac{5.12}{3.77}\,\mathrm{m/s^2}\times 9450\,\mathrm{t}\times 0.506\times 1.0\times 1.208$$
$$= 7845\,\mathrm{kN}$$

免震層の基準変位は

$$\delta = \frac{Q}{k_{eq}} = \frac{7845}{26321} = 0.298\,\mathrm{m}$$

これに免震材料のばらつき，環境および経年変化に

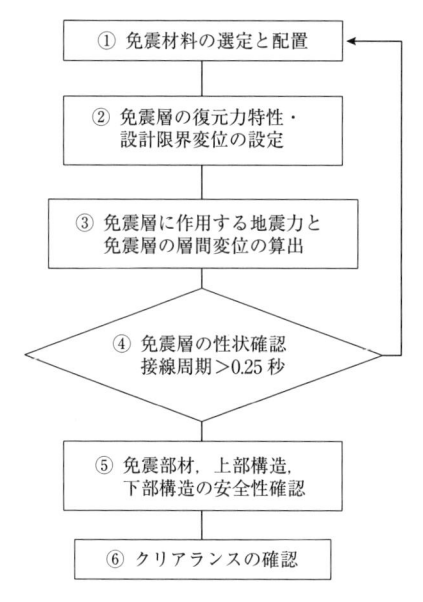

図 1.66　告示計算法のフロー

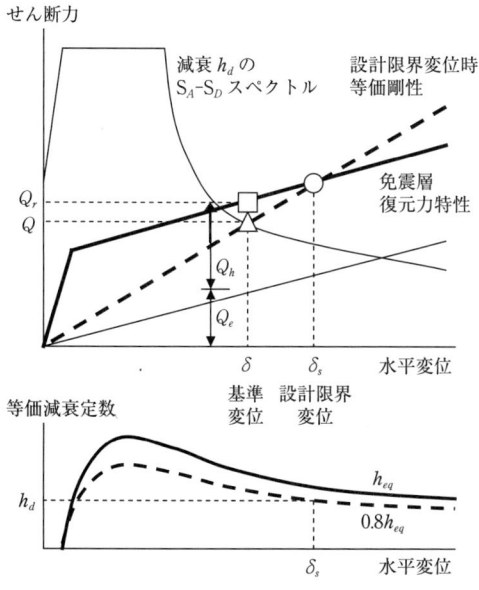

（① 免震材料の選定と配置 → ② 免震層の復元力特性・設計限界変位の設定 → ③ 免震層に作用する地震力と免震層の層間変位の算出 → ④ 免震層の性状確認　接線周期 > 0.25 秒 → ⑤ 免震部材，上部構造，下部構造の安全性確認 → ⑥ クリアランスの確認）

図 1.67　告示計算法のモデル

▶ 1.8.2　構造計算例

以降，具体的な計算に沿って見ていく．まず免震部材の設計限界変位は，水平基準変形に荷重支持条件による安全率 β を乗じ，その最低値をとる．前項の事例では表 1.4 のようになり，積層ゴムにより $_m\delta_s = 0.488\,\mathrm{m}$ となる．

次に設計限界固有周期 T_s を算定する．設計限界変形における免震層復元力特性の割線剛性より，

$$k_{eq} = \frac{16000\times 0.448\times 664\times 3960}{0.448} = 26321\,\mathrm{kN/m}$$

関する安全率 $a=1.2$，およびねじれ応答に関する安全率 1.1 を乗じて応答変位を下記のように算出し，許容限界変形以下になっていることを確認する．

$$\delta_r = 1.1 \times 1.2 \times 0.298 = 0.394 \text{ m} < 0.448 \text{ m} \quad :\text{OK}$$

免震層のクリアランスは，応答変位の 1.25 倍かつ応答変位に 0.2 m を加えた数値以上とする．

$$\text{Max}(1.25\delta_r = 0.473 \text{ m}, \delta_r + 0.2 = 0.594 \text{ m}) = 0.594 \text{ m}$$
$$\rightarrow クリアランス 0.60 \text{ m} とする．$$

また，免震層におけるダンパーの負担せん断力係数は 0.03 以上となるよう定められている．この値は以下の式で算定するよう定められている．本例では粘性ダンパー反力 $Q_v=0$ なので，

$$\frac{\sqrt{(Q_h+Q_e)^2+2\varepsilon(Q_h+Q_e)Q_v+Q_v^2}}{mg} \frac{Q_h+Q_v}{Q_h+Q_v+Q_e}$$

$$=\frac{Q_h}{mg}=\frac{4624}{9450 \times 9.8}=0.05$$

$$\geq 0.03 \quad :\text{OK}$$

次に上部構造の設計用せん断力を算定する（図 1.68）．上部構造の応答はダンパー反力に対して上部での増幅が生じる特性があることから，積層ゴムの応答せん断力 Q_e と，ダンパー反力 Q_h に A_i 分布係数を乗じたものを上部構造の設計用せん断力係数とする．

すなわち，

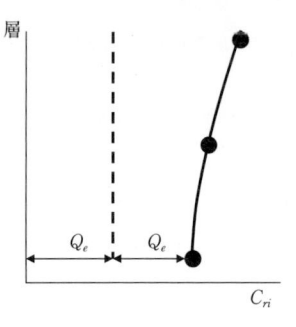

図 1.68 上部構造の設計用せん断力

表 1.5 上部構造の設計用せん断力

階	W_i (kN)	ΣW_i (kN)	A_i	C_{ri}	Q_i (kN)
2	32400	32400	1.352	0.155	5010
1	30900	63300	1.138	0.141	8910
免震層	29400	92700	1.000	0.132	12210

$$C_{ri}=\gamma \frac{\sqrt{(Q_h+Q_e)^2+2\varepsilon(Q_h+Q_e)Q_v+Q_v^2}}{mg} \frac{A_i(Q_h+Q_v)+Q_e}{Q_h+Q_v+Q_e}$$

$$=\gamma \frac{A_i Q_h + Q_e}{mg}$$

ここで，積層ゴム反力 $Q_e=4768$ kN，鉛ダンパー反力 $Q_h=3960$ kN，すべり支承反力 $Q_h=664$ kN，免震材料のばらつきに関する安全率 $\gamma=1.3$ とすると，各層の設計用せん断力は表 1.5 のようになる．これらのせん断力に対し，上部構造は弾性限度内かつ層間変形角 1/300 となっていることを確認する．ま

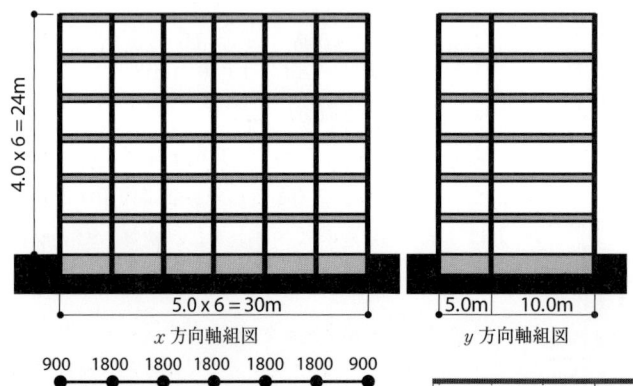

表 1.6 各層の階高および設計重量

階	階高 (m)	W_i (kN)	ΣW_i (kN)
6	4.0	4500	4500
5	4.0	4500	9000
4	4.0	4500	13500
3	4.0	4500	18000
2	4.0	4500	22500
1	4.0	4500	27000
免震層		5400	32400

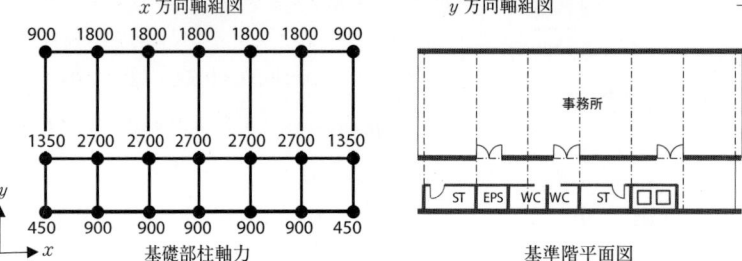

図 1.69 建物の概要

1. 免震構造

表 1.7 使用する免震部材

(a) 積層ゴムの諸元（面圧 $10\,\text{N/mm}^2$ タイプ）

外径 （mm）	$\phi300$	$\phi400$	$\phi500$	$\phi600$	$\phi700$	$\phi800$	$\phi900$
鉛直剛性 （kN/mm）	1070	1427	1784	2140	2497	2854	3210
水平剛性 （kN/mm）	0.34	0.46	0.57	0.69	0.80	0.92	1.03

＊設計限界変形は直径の 0.64 倍とする

(b) ダンパーの諸元

名称	UD55×4
降伏せん断力 （kN）	304
初期剛性 （kN/mm）	9.6
降伏変位 （mm）	31.7

＊設計限界変形は 0.8 m とする

積層ゴム 　　ダンパー

た，基礎部分は免震層のせん断力に対し弾性限度内となっていることを確認する．

■ 例題 1.7 ■

表 1.6, 図 1.69 のような中層鉄骨造事務所ビルがあり，これを免震構造として設計する．等価線形化法またはエネルギー法により免震装置の数および配置を計画し，免震告示設計法により検定を行うとともに上部各層の設計用せん断力を決定せよ．

設計条件：

- 積層ゴムの常時面圧を $10\,\text{N/mm}^2$ 以下とする．
- 設計用地震入力は極稀地震（$S_A=5.12\times1.23/T\,\text{m/s}^2$, $S_V=1.0\,\text{m/s}$, $S_D=0.16\cdot T\,\text{m}$ または $V_E=1.65\,\text{m/s}$）とする．
- 積層ゴムの最大変形は告示に示された余裕率（×1.1×1.2）を含んだうえで表 1.7 に示す設計限界変形までとする．
- 上部架構には，建築使用上障害とならない範囲で自由に手を加えてもかまわない．ただし各層重量は不変とする．
- 免震装置は表 1.7(a)(b) より選択する．すべり支承を用いてはならない．

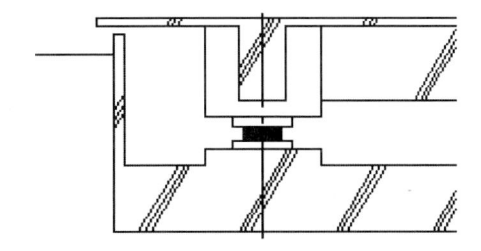

図 1.70 免震ピット周りの典型的な納まり

慮した納まりを実現せねばならない．

a. 免震部クリアランス

外周部の設計でも触れたが，免震建物周囲のクリアランスは，最大変形時にも上部構造が擁壁に衝突することがないよう，余裕をもって設定する．規模の大きな免震構造では微小な角度のねじれ振動でも，最大変位に大きな影響を与えることがあるので注意が必要である．また，積層ゴムのクリープによる沈込みに追従できる鉛直方向のクリアランスも考慮する（図 1.70）．

b. 設備配管，エレベーター

免震層をまたぐ配管類は各種の伸縮・可撓継手を組み合わせて免震層の変形に追従できるように配慮する（図 1.71）．また，エレベーターピットは上部構造より吊り下げ，移動可能な納まりとする．近年では 3 層程度の区間で可撓式に追従できるエレベーターシャフトも実用化され，中間層免震建物などに利用されている．いずれにしても，その後の改修などにより設備類の変形追従性が損なわれないように留意することが肝要である．

c. 耐火被服

基礎免震建物の場合，免震支承は基礎とみなされ，免震ピットに可燃物がなければ特に耐火被服は必要

1.9 建築設計上の留意点と維持管理

▶ **1.9.1 建築設計上の留意点**

免震建物は，免震層において水平方向に大きく相対変形することが大きな特徴である．この点に留意して，構造のみならず，仕上げ・設備・安全上に考

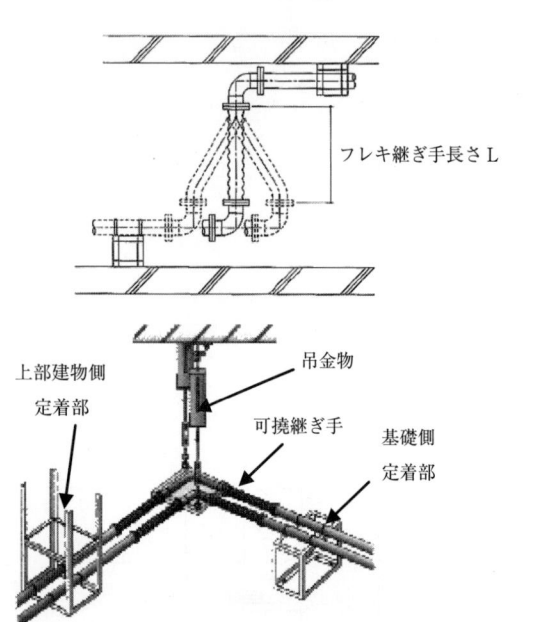

図 1.71 設備配管の納まり

とされない．ただし，中間層免震や柱頭免震など，免震支承が柱とみなされる場合には免震支承に耐火被服を施すか，防火区画により免震装置に火災が及ばないようにするなどの配慮が必要となる．

▶ **1.9.2 免震建物の維持管理**

免震建物は数年毎の定期点検と地震遭遇時の臨時点検を行うことが義務付けられている．積層ゴムの耐久性は鉄筋コンクリートや鉄骨などの一般的な構造材料と同等以上であることが，別置き試験体などの調査研究より明らかになってきている．ゴム材料よりむしろ接合部のベースプレートやボルトなどの金属の発錆に注意する必要がある．また，建物の管理者が替わり設備更新や改修などを行った際に，免震層の可動状態が損なわれないよう維持管理を続けていく必要がある．

1.10 高層免震構造の実施例（東京工業大学総合研究棟）

アスペクト比の高い超高層鋼構造に免震構法を適用しようとする場合，一般的に以下のような点が構造計画上問題となる．
① 免震効果を発揮させるために必要な上部架構の水平剛性の確保
② 地震時の転倒モーメントにより発生する免震支承部の引抜きへの対処

鋼構造の特長である大きな無柱空間を平面計画上確保した場合，柱梁によるラーメン架構の水平剛性は免震効果を得るうえで十分に確保できない場合が多い．水平剛性確保のためには外周部にブレースなどの剛性材を配することが効果的であるが，こういった対処は地震時の水平力を鉛直荷重の少ない外周部に集中させることになり，この部位における支承部の引抜きを発生させる可能性が高い．したがって上記①②の条件を双方ともに満足させながら免震構造の設計を行うことには工夫が必要となる．

本例は図 1.72 に示すような，東京工業大学すずかけ台キャンパスに計画された高さ 91 m の免震高

(a) 第 1 期　　(b) 第 2 期

図 1.72 建物外観

層研究棟（構造設計/松田平田設計）に関するものである[12]．本プロジェクトでは，ほぼ同じ規模の2棟の高層建物を2段階で建設し，最終的に2棟の建物を構造的に一体とする．図1.72(a)に1期棟完成状況を，図1.72(b)に2期増築後の状況を示す．第1期が完成した段階では，アスペクト比が5以上に達するスレンダーな構造物となる．第1期工事完成後，第2期工事が完成するまでの間の耐震安全性を確保するため，本建物は第1期完成時の状態に対しても上記①②の条件を満足させながら最終状態と同様のクライテリアに対し設計された．これらの問題に対する対処の方法として特殊な持出し部材を介して外部に露出した全面ブレースにより上部架構の水平剛性を確保し，かつこれらを建物のデザイン要素として利用しながら構造設計を行った．また，微小な柱脚部の引抜きに対し，免震支承を浮き上がらせ，他の支承部に軸力を再配分することによる対処を行っている．本節では1期棟の構造設計について述べる．

第1期建物は，20階建て，高さ91.35 mの高層建築物であり，標準的な階の高さは4.0 m，標準的なスパンは6.6 m×15.8 mである．実験室を有するキャンパス内の拠点施設としての高い耐震性能を確保するため，免震構造を採用する．図1.73に軸組図を，

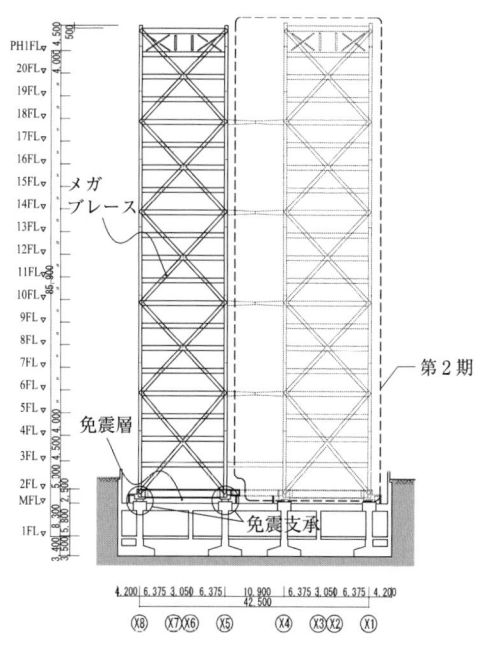

図1.73 軸組図

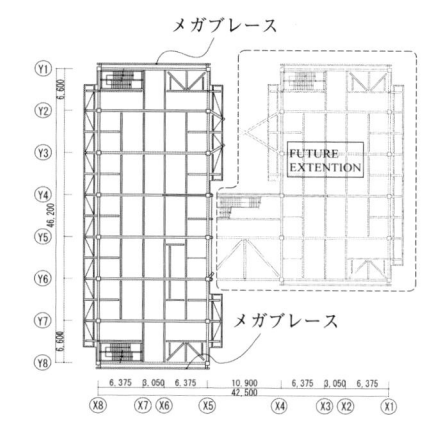

図1.74 基準階平面図

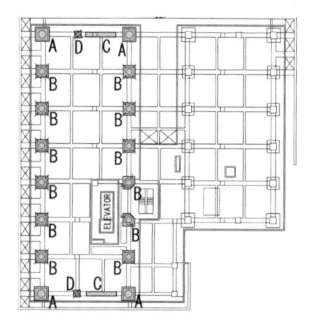

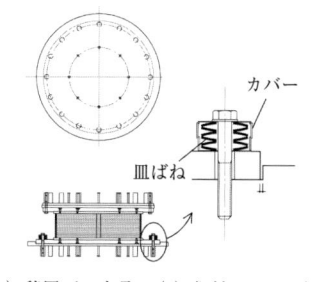

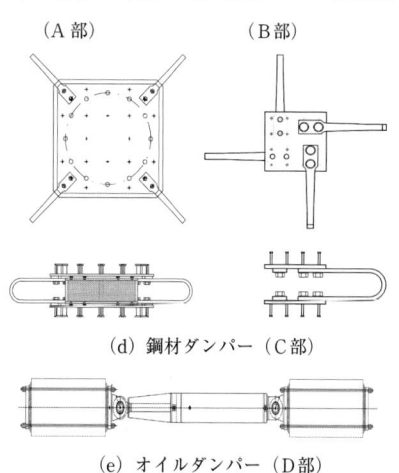

図1.75 免震装置と配置

図1.74に基準階平面図を示す．本敷地は傾斜地に位置し，1階の半分以上が周囲の土に埋もれる状態になる．そのため，土の圧力を受ける擁壁を建物の構造と一体化させ，非免震構造の1階全体でその外力を支える．当初，基礎免震構造とすることも考えられたが，高さ10m以上の土の圧力を支える巨大な壁が必要となるため，経済性に配慮し1階と2階の間に免震層を有する中間層免震構造を採用した．結果的に1期棟完成時の免震上部架構の塔状比は約5.0となっている．

本建物の構造種別は，基礎および1階に鉄筋コンクリート造を，2階より上の階に鉄骨造（柱にはコンクリート充填鋼管を使用）を採用している．地盤は1種地盤であり，基礎形式は硬い土丹層を支持層とする直接基礎とした．

図1.75に免震装置の配置図を示す．免震層は直径1100〜1200mmの天然ゴム系積層ゴム支承と免震用オイルダンパーおよび鋼製ダンパーで構成されている．鋼製ダンパーは積層ゴムと一体型のものと別置き型のものを併用している．免震層の剛性は再現期間500年の風荷重に対し，鋼製ダンパーの性能に支障とならない程度の変形に留めている．

内部空間の自由度を確保し，各通りにおける免震支承部の引抜を防止するため，上部架構の短辺方向は1スパンのラーメン構造より構成されている．この水平剛性を確保するため，先述したように両妻部には4層を1ユニットとして架け渡すメガブレースが設置されている．図1.76に示すように妻面の梁柱はPC外壁の内側にあり，このメガブレースのみが鋳鋼ブラケットを介してPC外壁の外に配置され，外観デザインを構成している．ブラケットを介して架けることで，ブレースの剛性を適度に緩和し，ブレースの断面を小さく抑えるとともに，妻面の免震支承の浮上がりを最小限に抑えている．結果的にメガブレースの負担する地震力は全体の地震力の半分程度となっている．

ブレースの断面は500mm×160mmの扁平BOX形状で，板厚は下層の32mmから上層の19mmへ変化させている．メガブレースの端部は鋳鋼ブラケットの芯材と取り合い，直径200mmのピンにより構面内方向にピン支持されている．地震時にブレースに入る圧縮力による座屈を防止するため，中間のフロアで座屈補剛の支持点を設けている．これらの支持点では面外方向の変位のみ拘束している．

本体架構およびメガブレースの部材設計は，鋳鋼ブラケット，柱梁構面からのブレースの偏心，ブレース座屈補剛等を考慮してモデル化を行い，線材モデルを用いた立体解析により各部材の検討を行っている．さらに鋳鋼ブラケットについては，有限要素解析により詳細な検討を行っている．図1.77に示すように，鋳鋼ブラケットは上階の柱と下階の柱の間に位置し，柱材と工場溶接で一体化される．

地震時に鋳鋼ブラケットにかかる力は，水平方向の力が上下のブレース軸力で相殺されるため，鉛直方向の力が支配的となる．この力は柱芯部で上下方向の回転モーメントとなり，主にCFT柱の曲げ応力として処理される．また，水平方向のブレース軸

図1.76 メガブレースの概要

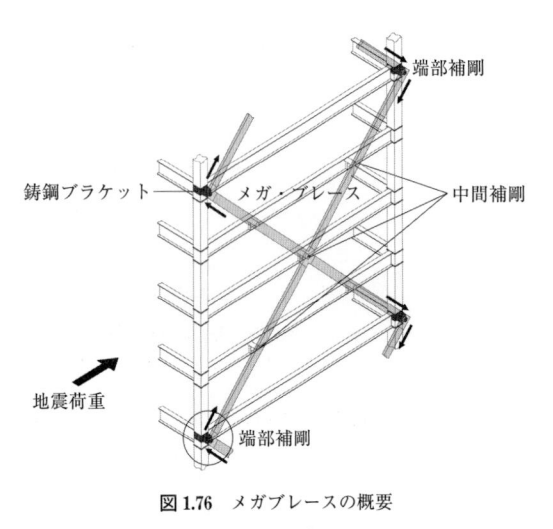

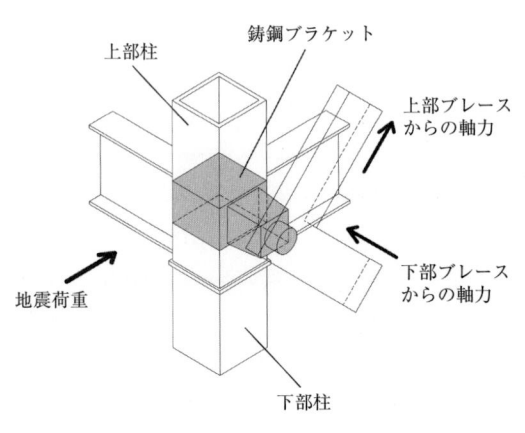

図1.77 メガブレースの接合部

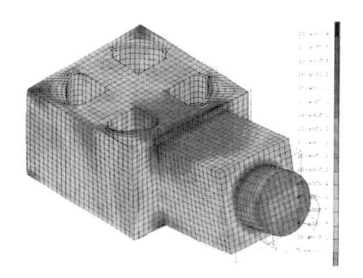

(a) ミーゼス応力分布

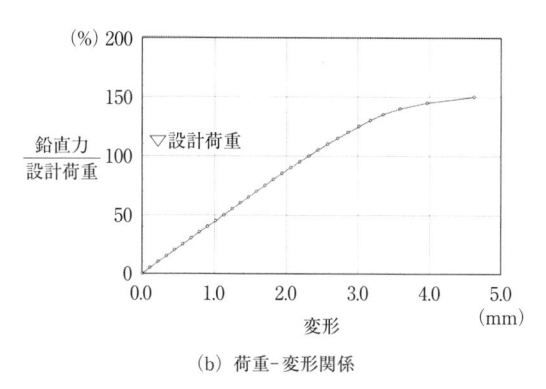

(b) 荷重-変形関係

図1.78 接合部鋳鋼ブロック応力解析

図1.79 接合ブロック

図1.80 ピンブロック

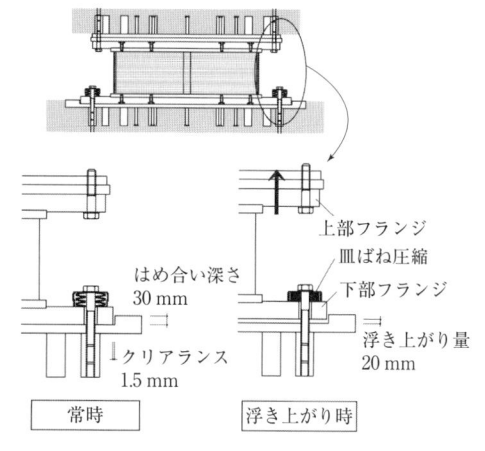

図1.81 勘合型積層ゴム支承断面

図1.82 勘合型積層ゴム支承写真

力差により生じる回転モーメントは，主にCFT柱のねじり応力として処理される．図1.78(a)に鉛直力に対するブラケット部材のFEM解析の結果(Von Mises応力)を示す．鋳鋼ブラケット先端にブレース軸力を与えたとき，突起部の付け根における応力が高くなっていることがわかる．図1.78(b)にFEM解析の荷重-変形関係を示す．これらの検討において，後述するレベル2地震動に対応した設計外力に対し，鋳鋼ブロックは1.5倍程度の耐力があり，余裕をもった設計が実現できている．

図1.79, 1.80に製作した鋳鋼ブロックおよび組立て形状を示す．ブレースを接合する端部部材も鋳鋼により製作され，ブラケットにピン接合した後，各メガブレース部材と現場溶接により一体化するよう計画している．ピン径と端部部材穴のクリアランスは片側1mmとし，Hertz式による局部応力が許容支圧応力を超えないよう設計されている．

メガブレースの剛性を調整した後においても，隅部4箇所の免震支承には面圧1.0 N/mm² をやや超える引抜き力が発生する．そこで，建物四隅の積層ゴム支承については，引張り力を軽減する目的で，積層ゴム支承の下部フランジプレートと取付けプレートとの取合いを鉛直方向にルーズなはめ合い型

の納まりとしている（図1.81, 1.82）．地震時に，長期軸力の小さい隅の柱に引張り力がかかり積層ゴム支承が浮き上がり始めると，積層ゴム支承の直上の大梁にせん断力がかかり，隣の構面に力が流れる．（図1.83）隣の積層ゴム支承は大きな長期軸力が作用しているため，引張り力が問題になることはない．

さらに，フランジプレートを留める16本のアンカーボルトのワッシャーには，衝撃力を緩和する目的で，皿ばねを内臓している．1枚の皿ばねは，外径が145 mm，板の厚さが6.9 mmのものを交互に6枚重ねて使用している．積層ゴム支承に引張り力が働くと，アンカーボルトヘッドと積層ゴム支承

1.10 高層免震構造の実施例（東京工業大学総合研究棟）

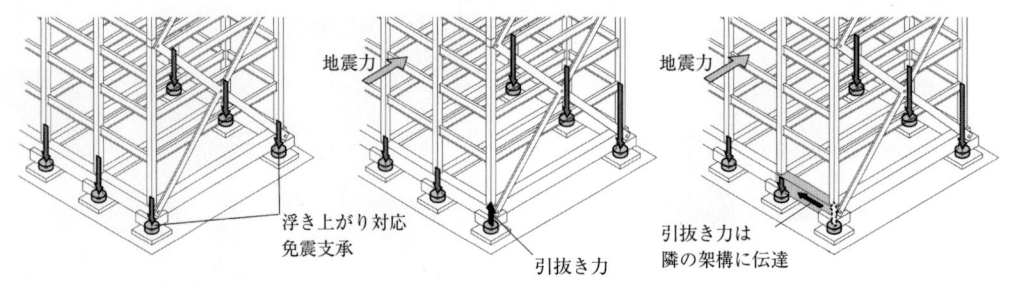

(a) 常時鉛直力　　　(b) 地震時鉛直力（浮き上がり前）　　　(c) 地震時鉛直力（浮き上がり後）

図 1.83　免震支承部の引抜き力伝達

表 1.8　架構の動的特性

	固定時	微小変形時	$\gamma=50\%$ （レベル1相当）	$\gamma=150\%$ （レベル2相当）
短辺方向	2.18 秒	2.87 秒	3.61 秒	4.23 秒
長辺方向	2.51 秒	3.10 秒	3.79 秒	4.38 秒

の下フランジに挟まれた皿ばね内臓ワッシャーは圧縮される．皿ばねがフラットにつぶれたときの積層ゴム支承の引張り面圧がちょうど許容引張り面圧（$-1.0\,\mathrm{N/mm^2}$）となるように皿ばねの剛性を決めている．なお，はめ合い深さ 30 mm に対し，アンカーボルトヘッドまでの限界浮上がり量を 20 mm としており，引張り力作用時もはめ合い部から積層ゴム支承が外れることはない．積層ゴム支承に働く水平力は，フランジ下面の摩擦およびはめ合い部のかかり代で確実に下部構造に伝達させている．

ここで第1章の各式に基づく免震構造の概略性能を確認しておく．第1期の上部構造設計用地震質量は約 16700 t（$1.1\,\mathrm{t/m^2}$）である．これに対し，積層ゴム支承の水平剛性は $2.0\,\mathrm{kN/mm} \times 16 = 32\,\mathrm{kN/mm}$ であり，上部構造を1質点系とした場合の固有周期は式（1.5）より約 4.5 秒となる．表 1.8 に詳細モデルによる建物の動的特性を示す．弾性時の接線剛性は 4.2 秒を超え，上部構造が柔らかいため実際の固有周期は1質点系とした場合より長い．また，メガブレースの設置により，上部構造の短辺方向の固有周期は，長辺方向よりやや短い程度に調整されていることがわかる．次に鋼材ダンパーの降伏せん断力は 5056 kN であり，上部構造重量の約 3% となっている．これは 1.4 節で学んだ免震構造の最適設計 5% よりやや小さい値となっている．このとき最大応答せん断力は 0.1 程度となるはずである．

そこで詳細モデルに対する時刻歴応答解析を実施

表 1.9　設計クライテリア

レベル 2		
上部構造 下部構造	層間変形角	部材応力
	1/200 以下	短期許容応力度以内
免震層	せん断ひずみ	面圧
	性能保証限界変形 (250%) 以内	$-1.0\,\mathrm{N/mm^2}$ 以上 $30\,\mathrm{N/mm^2}$ 以下

する．設計クライテリアを表 1.9 に示す．設計用地震波には最大速度 50 cm/s に規準化した既往の観測 3 波（El Centro NS, Taft EW, Hachinohe NS），これらの地震波の位相を用いた告示波および建設地の地盤特性を考慮した模擬波（想定南関東地震）を用いた．図 1.84 に極めて稀に発生する地震（レベル 2）に対する各応答結果を示す．免震層の変形は水平クリアランス 60 cm（安全余裕度レベル想定）に対し，長辺方向で 30 cm 程度，短辺方向で 20 cm 程度に納まっている．上部構造はレベル 2 地震力に対し許容応力度設計を行っており，応答値は設計用層せん断力（CB = 0.10）を下回っている．応答加速度はおおむね $200\,\mathrm{cm/s^2}$ に抑えられ，層間変形角は最大でも 1/250 以下となっている．積層ゴム支承に生じる応答面圧は，斜め方向加力時，鉛直震度（0.35 G）考慮時，および免震装置のばらつき考慮時に，いずれも積層ゴム支承の限界値を満足している．

メガブレースの施工は，まず加工時に鋳鋼ブラケットを柱と一体化して製作し，柱梁の建方を行い PC 版の外壁を取り付けた後に行った．ピン部のクリアランスが 1 mm 程度しかないため，ブレースの

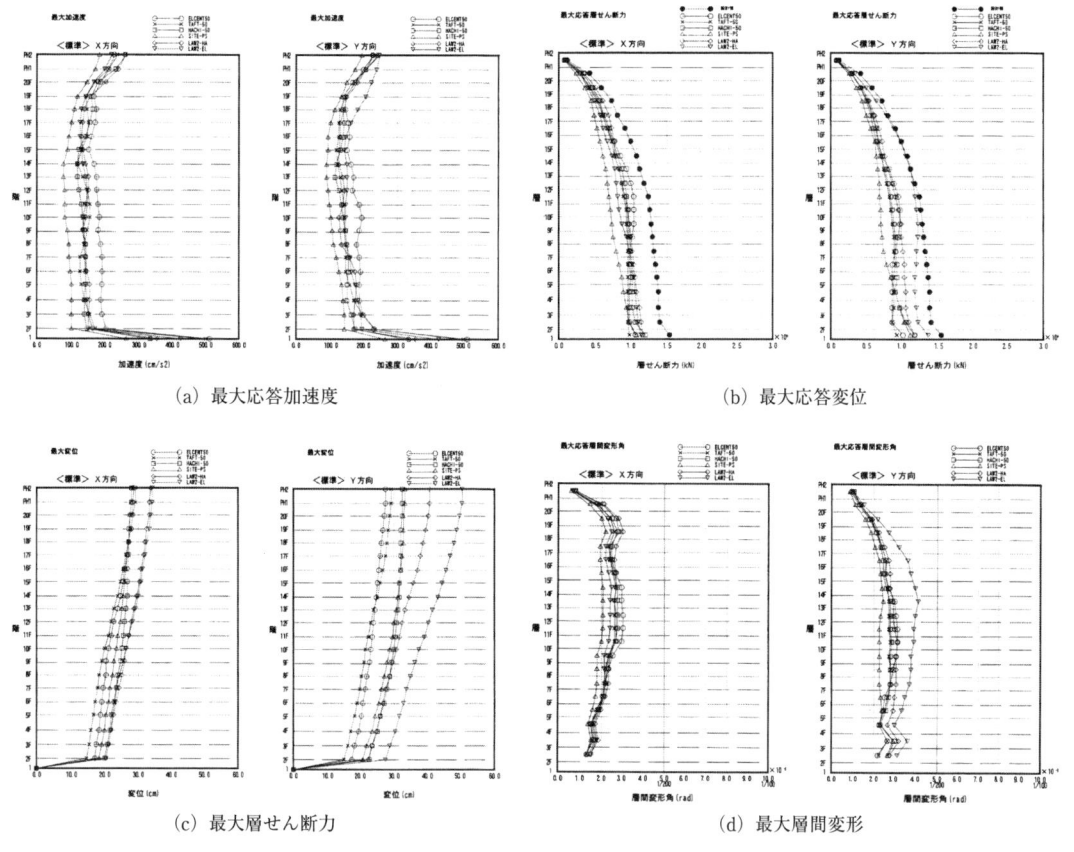

(a) 最大応答加速度　　　　　　　　　　　　(b) 最大応答変位

(c) 最大層せん断力　　　　　　　　　　　　(d) 最大層間変形

図 1.84　レベル 2 最大応答値

(a) 接合部取付け状況　　(b) ブレース取付け時　　(c) 完成状況

図 1.85　施工状況

製作および施工においては，ブレースの直線性を確保しながらスムーズに組立てを行うことが課題となる．したがって部材の製作精度の確保に注意を払うだけでなく，建て方後の建物側の端部支持点，中央部支持点，座屈補剛支持点の位置の計測も行い，ブレースが直線となるように，中間の支持点で調整用鋼板を挟むことにより位置の調整を行った．ブレース取付けの手順としては，まずはじめに鋳鋼ブラケットと取り合うブレース端部の鋳鋼部材をセットした（図 1.85(a)）．次にブレースの軸部を仮設ボルトによりブレース端部に固定し，現場溶接にて一体化した．端部部材とブレース部材の溶接は，PC 外

1.10　高層免震構造の実施例（東京工業大学総合研究棟）

壁とのクリアランスが十分に取れないため，全て外側より行った．ブレース断面は鉛直鋼板のみを主部材とし，上下の鋼板は座屈補剛として設計されているため，鉛直材を内側から順に突合せ溶接し，上下鋼板を隅肉溶接することにより接合を行っている．現場溶接にあたっては，熱ひずみによる部材の伸縮を考慮し，片面全てのブレースを仮固定した後に行った．以上の手順により，北面ブレースはほぼ所定の精度にて施工を完了することができた．

1.11 免震構造の可能性

免震構造は，上部構造に対する水平力を大幅に低減させ，上部構造の靱性を要求しないため，建築デザイン上も多くの可能性を秘めている．図1.86に示すように，異種材料の混構造や層および崩壊形のはっきりしない構造でも容易に設計でき，ガラスや外壁材などの2次要素を剛性材として利用することも可能となる．また駅上空間や人工地盤など敷地に制限のある大規模な構造物にも応用が可能である．近年の免振・制振構造の応用例を以下に示す[20]．

a. 柔構造・脆性構造への挑戦

図1.87は東京都内にあるブティックの建物（プラダブティック青山：構造設計/竹中工務店）である[13]．ガラスの外壁フレームが建物の床を支持しており，敷地全体が免震構造となっている．このように，本来水平剛性や耐力が十分に確保できない架構を免震構造により実現する事例は近年多く見られるようになった．東京丸の内近辺では，関東大震災後その脆性のために用いられなくなった煉瓦造建物を，免震技術により再現しようとするプロジェクト（三菱一号館：構造設計/三菱地所設計，図1.88）や，大正以前の歴史的建造物を免震構造でオリジナルの姿のまま改修する工事も多く進行中である．昔からのなじみの建物も気が付いたら免震構造になっていた，という事もこれからは増えるかもしれない．いずれガラスのような脆性材料で構成された構造物が免震構造を用いて実現されるケースも出てくるであろう．

b. 中間層免震の応用

中間層免震は通常の基礎免震構造と比較すると下部構造による応答増幅を伴う場合があるため，その設計には慎重な配慮が必要となる[14]．それでもモデュールの異なる用途の二つの建物を無理なく積み重ねることができるため，採用事例が多く見られるようになった．図1.89は上部にオフィスブロック，下部にホテルと大きなアトリウムをもつ中間層免震

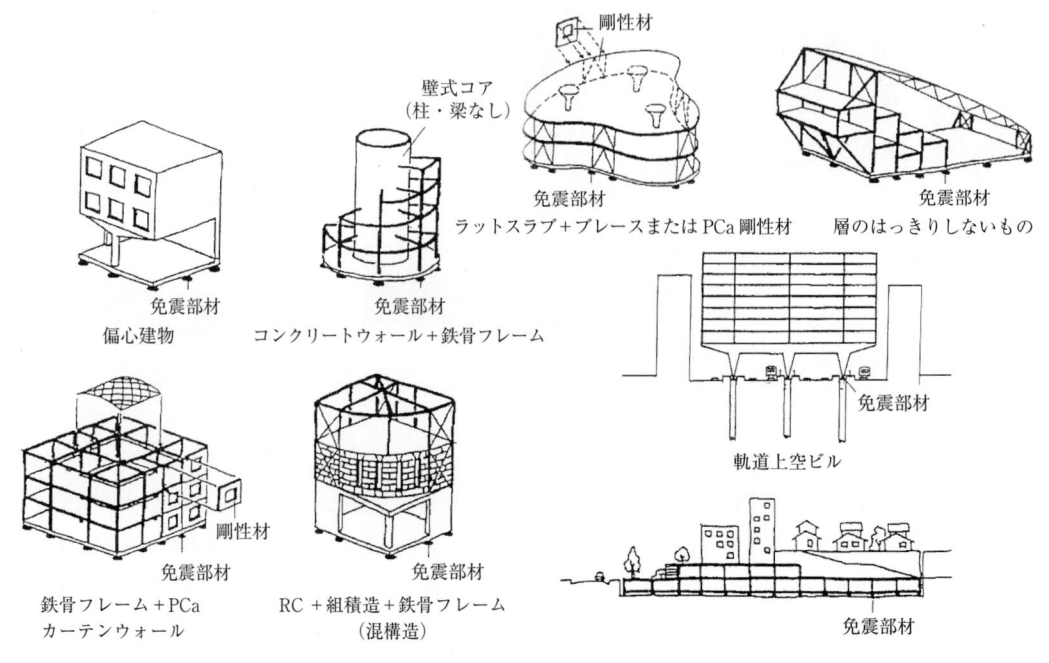

図1.86 免震構造の可能性

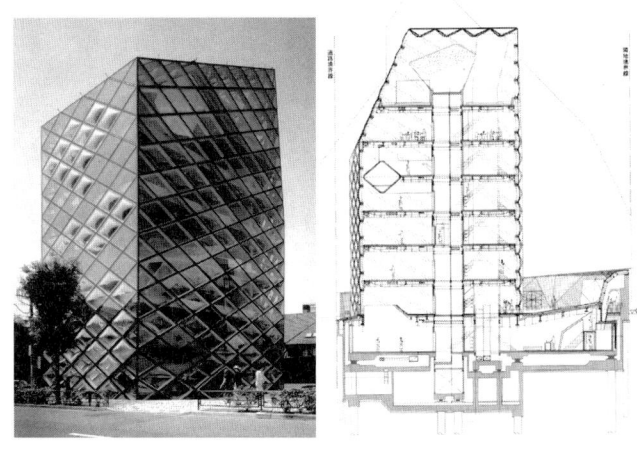

図 1.87　ガラス架構への適用

図 1.88　煉瓦造建物への適用

図 1.90　中間層免震による増築

図 1.89　中間層免震構造（オフィス/ホテル）

建物（汐留住友ビル：構造設計/日建設計）である．アトリウムを囲む長大な柱は上部のオフィス部分を支持しているが，頂部に免震支承を挿入することで水平力を低減し，スレンダーな架構を実現している．図 1.90 は中間層免震を耐震改修に応用した事例（武蔵野防災センター：構造設計/日建設計）である．

本建物は将来の上部への増築を予定しながら 2 階建てで建設されたが，その後の耐震規準の強化により原設計での増築が不可能となったため，中間層免震構造を採用しながら上部に 5 層の鉄骨造架構を加えたものである．本例では基礎部分の増強も行い，防災センターに相応しい高い耐震性能の建物を実現している．この他にもオフィスブロックの上に地権者の集合住宅を中間層免震で載せた例や，既存の地下擁壁を利用したままスパンの切替え部で中間層免震とした事例などが見られる．中間層免震の採用により，平面計画や柱の割付をある程度上下で切替えられるメリットを生かした事例が多い．なお，本構法を実現するために，免震層をスムーズに通過しうる EV シャフトおよび設備配管が実用化されている．

1.11　免震構造の可能性

c. 空間構造への応用

重量のある屋根構造を支持する架構の負担を減らし，屋根架構およびそこに取り付けられた天井や照明の落下を防止するために，屋根支承部に免震装置を挿入する事例も見られるようになっている．図 1.91 は太陽光発電パネルを全面に登載した張弦屋根構造で覆われた屋内プール施設（京都アクアリーナ：構造設計/構造計画プラスワン）である[15]．屋根免震構造においては一般的に支持重量が建物より軽く，水平変位スペースも限られているため，免震層の固有周期もやや短め（ダンパーなしで 2〜3 秒程度）であることが多い．本例では積層ゴムとすべり支承を組み合わせることで軽量屋根に対し長周期化を図っている．一方，米国ではわが国で一般的な積層ゴムに代わり，Friction Pendulum と呼ばれる免震支承が一般的に用いられている．本支承は一定の曲率を有するすべり支承の一種であり，曲率の調整によって支持される質量に関係なく固有周期を設定することが可能であることから，屋根構造，橋梁，一般建物に広く使用されている．図 1.92 はトルコのイスタンブール空港の屋根架構であり，建設中に地震に見舞われたため，屋根構造支持部に Friction Pendulum を挿入したものである[16]．大スパン構造への免震支承の適用は，ライズを有する屋根架構の鉛直振動の励起を抑える効果や，温度変化に伴う屋根架構の伸縮を無理なく許容する効果も期待できるため，このような観点から採用される事例も多い．橋梁への大規模適用は相対変形に追従しうる Exp. J.のディティールに課題を残すものの，実用化への検討が進められている．国内外の空間構造への免震・制振技術の適用例については文献 17) にまとめられている他，免振支承を導入した空間構造の簡便な

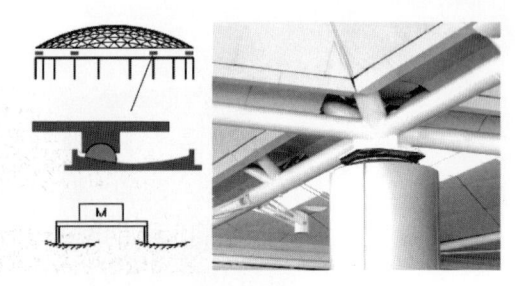

図 1.92 屋根免震構造の例（Friction Pendulum）

応答評価手法が文献 18) などに紹介されている．

d. 形態の多様化

免震構造と制振構造は，その境界が曖昧になるだけでなく，今までになかった形式の応答制御構造も突発的であるが登場してきている．図 1.93 はフロアそのものを TMD（動吸振器）として利用した商業施設（ニコラス・G・ハイエック・センター：構造設計/アラップ・ジャパン）である．本建物は正面に 3 層ごとの大きな開口部を有しており，主構造への負担を減ずる為に上部の中間層フロアをすべり支承および高減衰ゴムダンパーで支持することで長周期化し，応答低減を図っている．当然ながら移動フロアの固有周期を本体と完全に同調させると移動フロアの加速度・相対変位が増大しすぎるため，本架構と移動フロアの応答をともに許容内に入れるよう卓越周期および減衰定数の調整を行っている．

図 1.94 は免震層をコンクリートコアの頂部に配置し，居住部をコアより懸垂した「塔頂免震」構造（清水建設安全安震館：構造設計/SFS21 開発チーム＋清水建設）[19]である．免震層では積層ゴムが仮想の回転中心に向かって球面状に配置され，建物全体が巨大な振り子となって通常の免震構造では困難な長周期免震構造（21 階モデルで約 10 秒）を実現することができる．通常の塔状比の大きな建物では $P\Delta$

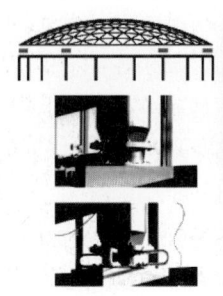

図 1.91 屋根免震構造の例（積層ゴム＋鋼材ダンパー）

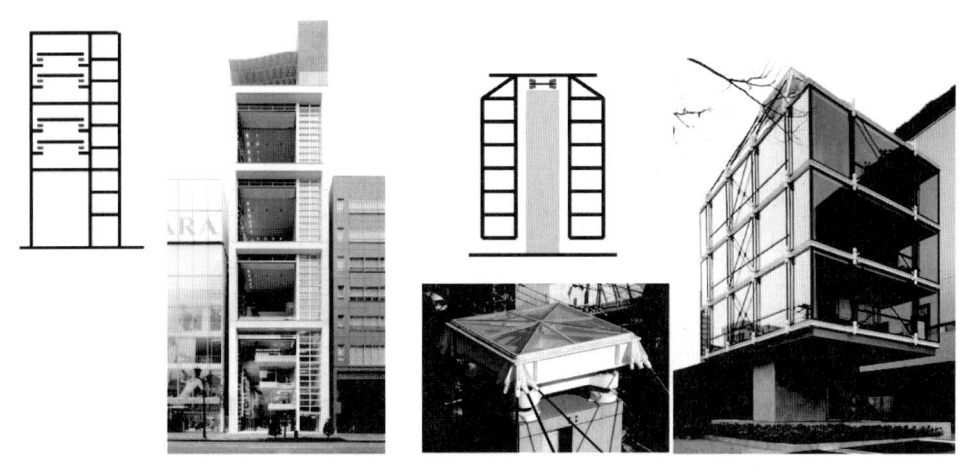

図1.93 フロア免震構造の例　　　　図1.94 塔頂免震構造

効果により剛性が低下するが，振り子システムでは$P\Delta$効果により復元力が発現する．このような構法は都市型病院などにおいて低層部を使用したまま限られた敷地の上部空間に増築を行う際などに威力を発揮するものと考えられる．

第1章付表　代表的な免震部材の諸元

以下に，本テキストで使用するための代表的な免震装置の諸元を示す．現実のメーカーの製品を参考に，平均的な特性を示したものであり，必ずしもメーカー製品と対応するものではない．

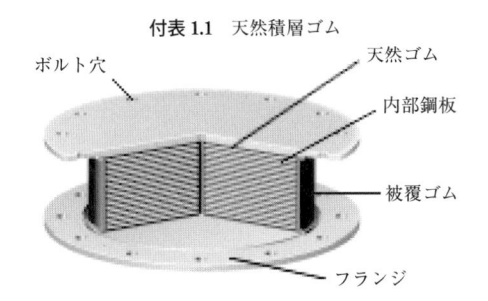

付表1.1　天然積層ゴム

(a) 面圧 10 N/mm² タイプ

外径（mm）	600	700	800	900	1000	1100	1200
有効断面積（×10²mm²）	2826	3847	5024	6359	7850	9499	11304
ゴム1層厚（mm）	4.0	4.7	5.3	6.0	6.7	7.3	8.0
ゴム層数	30	30	30	30	30	30	30
ゴム総厚	120	140	160	180	200	220	240
1次形状係数	36.5	36.5	36.5	36.5	36.5	36.5	36.5
2次形状係数	5.0	5.0	5.0	5.0	5.0	5.0	5.0
フランジ外径（mm）	900	1000	1150	1250	1400	1500	1600
総高さ（mm）	266	287	354	372	401	426	448
設計長期面圧（N/mm²）	10	10	10	10	10	10	10
推奨長期軸力（kN）	2826	3847	5024	6359	7850	9499	11304
鉛直剛性（MN/m）	2140	2470	2800	3210	3540	3870	4290
水平剛性（MN/m）	0.69	0.80	0.91	1.04	1.15	1.26	1.39
限界変形（mm）	480	560	640	720	800	880	960

(b) 面圧 15 N/mm² タイプ

外径（mm）	600	700	800	900	1000	1200	1400
有効断面積（×10²mm²）	2826	3847	5024	6359	7850	11304	15386
ゴム1層厚（mm）	4.0	4.7	5.3	6.0	6.7	8.0	9.3
ゴム層数	30	30	30	30	30	30	30
ゴム総厚	120	140	160	180	200	240	280
1次形状係数	36.5	36.5	36.5	36.5	36.5	36.5	36.5
2次形状係数	5.0	5.0	5.0	5.0	5.0	5.0	5.0
フランジ外径（mm）	900	1000	1150	1250	1400	1600	1800
総高さ（mm）	266	287	354	372	401	448	537
設計長期面圧（N/mm²）	15	15	15	15	15	15	15
推奨長期軸力（kN）	4239	5770	7536	9538	11775	16956	23079
鉛直剛性（MN/m）	2490	2880	3160	3730	4110	4980	5840
水平剛性（MN/m）	1.04	1.20	1.37	1.56	1.72	2.08	2.43
限界変形（mm）	480	560	640	720	800	960	1120

付表 1.2　鉛プラグ入り積層ゴム

面圧 15 N/mm² タイプ

外径（mm）	600	700	800	900	1000	1200	1400
鉛径（mm）	120	140	160	180	200	240	280
有効断面積（×10²mm²）	2713	3693	4823	6104	7536	10852	14771
ゴム1層厚（mm）	4.0	4.7	5.3	6.0	6.7	8.0	9.3
ゴム層数	30	30	30	30	30	30	30
ゴム総厚	120	140	160	180	200	240	280
1次形状係数	36.5	36.5	36.5	36.5	36.5	36.5	36.5
2次形状係数	5.0	5.0	5.0	5.0	5.0	5.0	5.0
フランジ外径（mm）	900	1000	1150	1250	1400	1600	1800
総高さ（mm）	266	287	354	372	401	448	537
設計長期面圧（N/mm²）	15	15	15	15	15	15	15
推奨長期軸力（kN）	4069	5539	7235	9156	11304	16278	22156
鉛直剛性（MN/m）	2950	3400	3860	4420	4880	5890	6710
初期水平剛性（MN/m）	12	14	16	18	20	24	28
降伏荷重（kN）	90	122.5	160	202.5	250	360	490
2次水平剛性（MN/m）	0.92	1.08	1.23	1.39	1.54	1.85	2.16
限界変形（mm）	480	560	640	720	800	960	1120

付表 1.3　鋼材ループダンパー

型　式	SD 70R265	SD 90R365
鋼棒直径（mm）	70	90
リング半径（mm）	265	365
降伏せん断力（kN）	265	392
初期水平剛性（kN/mm）	7.85	9.32
降伏変形（mm）	33.8	42.1
2次水平剛性（MN/m）	0.26	0.26
限界変形（mm）	550	700

付表 1.4　鋼材 U 型ダンパー

型　式	UD 45×6	UD 45×8	UD 50×4	UD 50×6	UD 55×4	UD 55×6
ダンパー本数	6	8	4	6	4	6
降伏せん断力（kN）	276	368	232	348	304	456
初期水平剛性（kN/mm）	11.4	15.2	8.3	12.5	9.6	14.4
降伏変形（mm）	24.2	24.2	27.9	27.9	31.7	31.7
2次水平剛性（kN/mm）	0.192	0.256	0.144	0.216	0.160	0.240

付表 1.5　鉛ダンパー

型　式	LD 180	LD 2426
降伏せん断力（kN）	90	220
初期水平剛性（kN/mm）	12.0	30.0
降伏変形（mm）	7.5	7.3
2次水平剛性（kN/mm）	0	0
限界変形（mm）	600	800

付表 1.6　免震用オイルダンパー

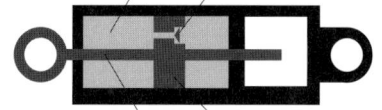

最大減衰力（kN）	125	250	500	1000	1500	2000
1次減衰係数 c_{d1}（kN・sec/mm）	1.875	3.75	7.5	15	22.5	30
2次減衰係数 c_{d2}（kN・sec/mm）	0.02	0.05	0.09	0.18	0.28	0.37
リリーフ速度（mm/sec）	60.0	60.0	60.0	60.0	60.0	60.0
リリーフ荷重（kN）	113	225	450	900	1350	1800
最大速度（mm/sec）	150	180	210	240	270	300
ストローク（mm）	640	720	800	880	960	1040
シリンダー外形（mm）	140	180	220	260	310	360

参考文献

1) 柴田明徳：最新耐震構造解析，森北出版，1981.
2) 日本免震構造協会：免震構造入門，オーム社，1995.
3) 大崎順彦：建築振動理論，彰国社，1996.
4) 秋山　宏：エネルギーの釣合に基づく建築物の耐震設計，技報堂出版，1999.
5) 日本構造技術者協会：応答制御構造設計法，彰国社，2000.
6) 国土交通省住宅局：2001年度版建築物の構造関係技術基準解説書，工学図書，2001.
7) 石丸辰治：応答性能に基づく「対震設計」入門，彰国社，2004.
8) 日本免震構造協会（編）：パッシブ制振構造設計・施工マニュアル第2版，日本免震構造協会，2005.
9) 笠井和彦，伊藤浩資，渡辺　厚：等価線形化手法による一質点弾塑性構造の最大応答予測法，日本建築学会構造系論文集，**571**, 53-62, 2003.
10) 竹内　徹，市川　康，中島秀雄，笠井和彦：ダンパーが不均等配置された多層パッシブ制振構造の応答予測，日本建築学会構造系論文集，**583**, 115-122, 2004.

11) 竹内　徹，神田　亮，小崎　均，北嶋圭二：免震・制振構造の設計―学びやすい構造設計―，日本建築学会関東支部，2007.

12) 藤森　智，菊地岳史，竹内　徹，和田　章：メガブレースを用いた超高層免震鋼構造の設計，日本建築学会技術報告集，**22**, 217-222, 2005.

13) Tanno, Y., Kozuka, H., Nakai, M., Ohata, M.：Prada Boutique Aoyama, Journal of SEI, IABSE, 2005.

14) 小倉桂治，高山正春，辻田　修，木村雄一，和田　章：中間層免震建物の地震応答，日本建築学会構造系論文集，**516**, 99-106, 1999.

15) Kaneda, K., Saitoh, M.：Endeavors to Control the Vibration of Long Span Structures, IASS Symposium 2001, Nagoya, TP116.

16) Constantinou, M., Whittaker, A. S., Velivasakis, E.：Seismic Evaluation and Retrofit of the Ataturk International Airport Terminal Building, Research Progress and Accomplishments：2000-2001, MCEER Bulletin.

17) Takeuchi, T., Xue, S.D., Kato, S., Ogawa, T., Fujimoto, M. Nakazawa, S.：Recent Developments in Passive Control Technologies for Metal Spatial Structures, IASS-APCS 2006, pp. 398, 2006.

18) 竹内　徹，高松謙伍，熊谷知彦，小河利行：免震支承が挿入された支持架構付きラチスドームの地震応答評価，日本建築学会構造系論文集，**74**(641), 1259-1266, 2009.

19) Nakamura, Y., Saruta, M., Nakanishi, T., Wada, A., Takeuchi, T., Hikone, S., Takahashi, T.：Development of the Core-Suspended Isolation System, 14thWCEE, S05 JAEE Special Sessions, 2008.

20) 竹内　徹：免震・制振構造による建築デザイン，JSSC, **72**, 2-6, 2009.

2 制振構造

2.1 制振構造の原理と多質点振動

制振(震)構造は，地震や風による振動エネルギーを吸収する機構を架構に付加することで建築物の振動を抑制することを志向した構造の総称であり，1980年頃より研究開発および実用化が積極的に行われてきた．建物に入力された地震エネルギーを制振機構に効果的に集めるためには①架構の一部または全体を柔らかく設計し，②そこにエネルギーを吸収する機構を設置することが効果的である．第1層を切り離して柔らかく設計し，そこにエネルギー吸収機構を設置した形式が第1章で述べた免震構造である．制振構造では各層を比較的柔らかく設計し，各層にエネルギーを吸収する機構を配置する形式（図2.1(a)）か，あるいは主構造頂部に柔らかく接合された付加質量を載せ，固有周期を合わせて共振させることで接合部に設置されたエネルギー吸収機構に振動エネルギーを吸収させる形式（図2.1(b)）が多く用いられる．

エネルギー吸収機構の仕組みとしては，動的アクチュエータなどにより入力エネルギーを打消すような外力を外部より能動的に与える「アクティブ制振」と，機構に減衰特性をもたせることで入力エネルギーを消散させる「パッシブ制振」に大きく分類できる．一般的にアクティブ制振は長時間にわたり単純な応答を繰り返す強風時の振動制御に用いられることが多く，地震に対しては一時に大きなエネルギーを吸収し得るパッシブ制振が使用されることが多い．パッシブ制振に用いられる減衰部材は一般的に「制振部材」または「ダンパー」と呼ばれる．この他，外部からエネルギーを与える代わりに制振部材の剛性・減衰特性を応答に応じて能動的に変化させることで効率を高める「セミアクティブ（ハイブリッド）制振」も利用されている．各形式の分類概念を図2.2に示す．従来の耐震構造では大地震に対し主構造の一部を塑性化させることで，一種のダンパーとして利用しているため，制振部材に後述する鋼材ダンパーを用いた場合，耐震構造との境界線はやや曖昧となる．大地震時に建物の崩壊を回避するためには，まず図2.3(a)に見るような特定層への損傷集中を回避することが重要となる．そのため，図2.3(b)に見るように耐震部材を連層で「背骨」として配置し，損傷を各層に配分し境界梁で塑性化させエネルギー吸収する設計も行われてきた．しかしこのような設計では，主架構の損傷を前提とするため，大地震後の建物の継続使用が期待できない．パッシブ制振構造では，たとえば鋼材ダンパーを用いる場合，それを制振部材を先行させて塑性化

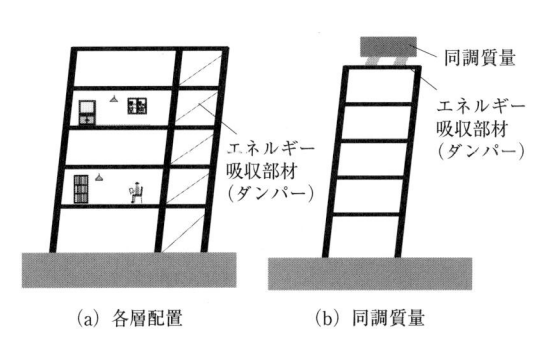

図2.1 制振構造の構成
(a) 各層配置　(b) 同調質量

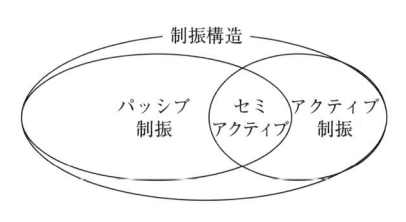

図2.2 構造形式の分類

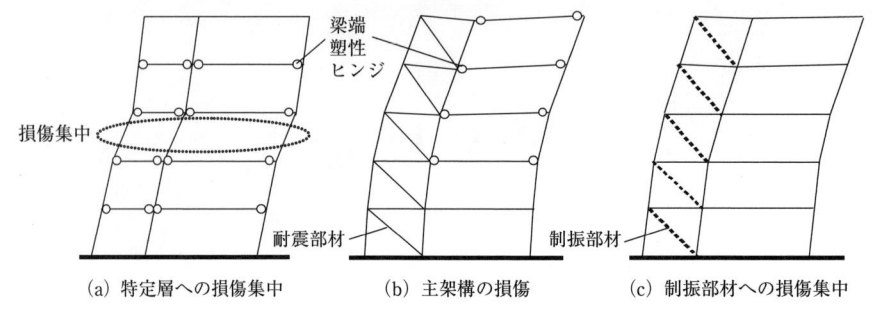

(a) 特定層への損傷集中　　(b) 主架構の損傷　　(c) 制振部材への損傷集中

図 2.3　耐震構造と制振構造の違い

させる（図 2.3(c)）ことで主構造を大地震時にも弾性範囲に留める「損傷制御設計」を行う．つまり，大地震後も制振部材のみを交換することで建物が継続使用でき，財産保全が期待できる設計が可能となる[1〜3]．損傷制御設計については，シリーズ第 8 巻「都市震災マネジメント・構造物の耐震設計戦略」を参照されたい．

以降，第 1 章と同様，多質点系の振動理論の基礎に沿って制振構造の特性を見ていく．

第 1 章の免震構造においては，免震層と比較し上部構造の水平剛性が高いため，系をおおむね 1 質点系でモデル化することができた．一方，制振構造では各層にダンパーを付加するため，多質点系での取扱いが必要となる．今，最も単純な図 2.4 に示すような自由振動する 2 質点系振動モデルを考えた場合，運動方程式は下式のようになる．

$$-m_2 \ddot{u}_2 - k_2(u_2 - u_1) = 0 \tag{2.1}$$

$$-m_1 \ddot{u}_1 - k_1 u_1 + k_2(u_2 - u_1) = 0 \tag{2.2}$$

書き換えると，

$$[M]\{\ddot{u}\} + [K]\{u\} = 0 \tag{2.3}$$

ただし，

$$[M] = \begin{bmatrix} m_2 & 0 \\ 0 & m_1 \end{bmatrix}, \quad \{\ddot{u}\} = \begin{Bmatrix} \ddot{u}_2 \\ \ddot{u}_1 \end{Bmatrix}$$

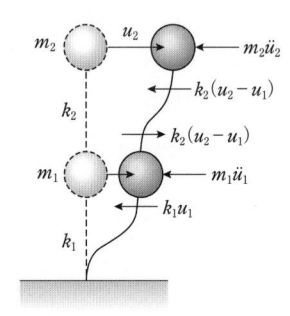

図 2.4　2 質点系振動モデル

$$[K] = \begin{bmatrix} k_2 & -k_2 \\ -k_2 & k_1 + k_2 \end{bmatrix}, \quad \{u\} = \begin{Bmatrix} u_2 \\ u_1 \end{Bmatrix}$$

各質点が定常振動しているとしてその変位を下式で表現すると

$$u_2 = A_2 e^{i\omega t}, \quad u_1 = A_1 e^{i\omega t} \tag{2.4}$$

ただし，

$$e^{i\omega t} = \cos \omega t + i \cdot \sin \omega t \tag{2.5}$$

これを式 (2.3) に代入すると，

$$([K] - \omega^2 [M])\{\phi\} = \{0\} \tag{2.6}$$

$\{\phi\} = \{0\}$ 以外で上式が成り立つためには，

$$|[K] - \omega^2 [M]| = \begin{vmatrix} k_2 - \omega^2 m_2 & -k_2 \\ -k_2 & k_1 + k_2 - \omega^2 m_1 \end{vmatrix}$$
$$= 0 \tag{2.7}$$

これから，ω に関する下方程式が得られる．

$$(m_1 \omega^2 - k_2)(m_2 \omega^2 - k_1 - k_2) - k_2^2 = 0 \tag{2.8}$$

式 (2.8) の解を固有値（固有円振動数）という．式 (2.6) を満足する $\{\phi\}$ は，

$$\{_1\phi\} = \begin{Bmatrix} _1\phi_2 \\ _1\phi_1 \end{Bmatrix} = \begin{Bmatrix} k_2/(k_2 - {_1\omega}^2 m_2) \\ 1 \end{Bmatrix} \tag{2.9}$$

$$\{_2\phi\} = \begin{Bmatrix} _2\phi_2 \\ _2\phi_1 \end{Bmatrix} = \begin{Bmatrix} k_2/(k_2 - {_2\omega}^2 m_2) \\ 1 \end{Bmatrix} \tag{2.10}$$

であり，これらを固有ベクトル，振動系においては固有振動モードと呼ぶ．

得られた固有ベクトル $\{\phi\}$ に関して $\{\phi\}$ はモード次数 $m' \neq m$ のとき

$$\begin{aligned} \{_{m'}\phi\}^T [M] \{_m\phi\} = 0 \\ \{_{m'}\phi\}^T [K] \{_m\phi\} = 0 \end{aligned} \tag{2.11}$$

が成り立つ．これを，固有ベクトルが質量または剛性マトリクスを介して直交しているという．これは，弾性振動においては個別の振動モードの振動の足し合わせが成立することを示す．

今，水平振動 $\{1\} = \{1, 1, 1, 1 \cdots\}^T$ を固有ベクトル

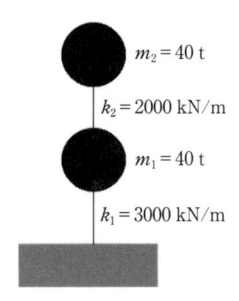

図 2.5　2 質点系モデル

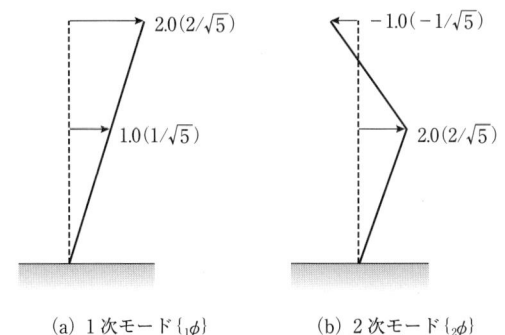

(a)　1 次モード $\{_1\phi\}$　　(b)　2 次モード $\{_2\phi\}$

図 2.6　固有ベクトル

の線形和で表すと，$_1\beta\{_1\phi\}+_2\beta\{_2\phi\}+\cdots$ となるため，

$$\{_1\phi\}^T[M]\{1\}=\{_1\phi\}^T[M]_1\beta\{_1\phi\}+\{_1\phi\}^T[M]_2\beta\{_2\phi\}\cdots$$
$$=\{_1\phi\}^T[M]\{_1\phi\}_1\beta \qquad (2.12)$$

これより，各振動モードの刺激係数は，

$$_m\beta=\frac{\{_m\phi\}^T[M]\{1\}}{\{_m\phi\}^T[M]\{_m\phi\}} \qquad (2.13)$$

等価質量 $_mm_{eq}$ は，それに対する慣性力が，m 次モードベクトルに対応する各階慣性力の総和に等しいという条件から得られる．つまり，

$$_mm_{eq}=\{1\}^T([M]\{_m\phi\}_m\beta)$$
$$=\frac{(\{_m\phi\}^T[M]\{1\})^2}{\{_m\phi\}^T[M]\{_m\phi\}}=\frac{(\sum_{i=1}^N m_i\cdot{_m\phi_i})^2}{\sum_{i=1}^N m_i\cdot{_m\phi_i^2}} \qquad (2.14)$$

等価高さ $_mH_{eq}$ は，上記の慣性力による転倒モーメントが m 次モードベクトルに対応する各階慣性力による転倒モーメントに等しいという条件から得られる．つまり，

$$_mH_{eq}=\frac{(\sum_{i=1}^N m_i\cdot\phi_i\cdot{_m\beta})\cdot H_i}{_mm_{eq}}$$
$$=\frac{\sum_{i=1}^N m_i\cdot{_m\phi_i}\cdot H_i}{\sum_{i=1}^N m_i\cdot{_m\phi_i}} \qquad (2.15)$$

で計算できる．$_m\beta$ は固有ベクトル $\{_m\phi\}$ に応じて定まり，$_m\beta\{_m\phi\}$ および式（2.14），（2.15）は固有ベクトルの規準化にかかわらず一定値となる．地震入力の応答スペクトルが得られた場合，各振動モードの

最大応答は下式で得られる．

$$\begin{Bmatrix}_mu_1\\_mu_2\end{Bmatrix}=_m\beta\begin{Bmatrix}_m\phi_1\\_m\phi_2\end{Bmatrix}S_D(_mT,{_mh}) \qquad (2.16)$$

各振動モードの最大応答値を求めるにあたり，安全側の評価は，下式の絶対値和（ABS：Absolute Som）となる．

$$|u_i|_{max}=\sum_{m=1}^N|_m\beta\{_m\phi_i\}S_D(_mT,{_mh})| \qquad (2.17)$$

なお，上式は最大応答変位を求める式となるが，S_D を S_A，S_V に変えることで最大応答加速度，最大応答速度を求める式となる．

一方，各振動モードの最大値が同時に発生する確率は小さいことから，下近似式（SRSS：Square Root of Sum of Square）もよく使用される．

$$|u_i|_{max}=\sqrt{\sum_{m=1}^N|_m\beta\{_m\phi_i\}S_D(_mT,{_mh})|^2} \qquad (2.18)$$

■ 例題 2.1 ■

図 2.5 の 2 質点系の固有周期および固有振動モードを求めよ．

式（2.8）より，

$(40\omega^2-2000)(40\omega^2-5000)-4000000=0$

$_1\omega=25$ rad/sec，$_2\omega=5\sqrt{6}$ rad/sec

$_1T=2\pi/_1\omega=1.26$ sec，$_2T=2\pi/_2\omega=0.513$ sec

式（2.9），（2.10）より，固有振動モードは図 2.6 のようになる．振動モードは比であり，絶対量ではないことに注意が必要である．図 2.6 の（　）内は固有ベクトルを単位ベクトルとして規準化した表現である．

■ 例題 2.2 ■

例題 2.1 で求めた各振動モードの刺激係数，等価質量を求め，各層の最大応答変位を求めよ．ただし変位応答スペクトルは $S_D=3(T/\pi)^2$（$T<0.64$），$S_D=0.75T/\pi$（$T>0.64$），とする．

$$_1\beta=\frac{\{_1\phi\}^T[M]\{1\}}{\{_1\phi\}^T[M]\{_1\phi\}}=\frac{3}{5}$$

$$_2\beta=\frac{\{_2\phi\}^T[M]\{1\}}{\{_2\phi\}^T[M]\{_2\phi\}}=\frac{1}{5}$$

$$_1m_{eq}=\frac{(\{_1\phi\}^T[M]\{1\})^2}{\{_1\phi\}^T[M]\{_1\phi\}}=72\text{ t}$$

$$_2m_{eq} = \frac{(\{_2\phi\}^T[M]\{1\})^2}{\{_2\phi\}^T[M]\{_2\phi\}} = 8\text{ t}$$

したがって，1次モードの等価質量は全質量の90%を占める．各モードの応答変位は

$$\begin{Bmatrix} _1u_1 \\ _1u_2 \end{Bmatrix} = {_1\beta}\begin{Bmatrix} _1\phi_1 \\ _1\phi_2 \end{Bmatrix}S_D(_1T, {_1h})$$

$$= \frac{3}{5}\begin{Bmatrix} 2 \\ 1 \end{Bmatrix}0.75 \times 1.26/\pi = \begin{Bmatrix} 0.36 \\ 0.18 \end{Bmatrix}$$

$$\begin{Bmatrix} _2u_1 \\ _2u_2 \end{Bmatrix} = {_2\beta}\begin{Bmatrix} _2\phi_1 \\ _2\phi_2 \end{Bmatrix}S_D(_2T, {_2h})$$

$$= \frac{1}{5}\begin{Bmatrix} -1 \\ 2 \end{Bmatrix}3 \times (0.513/\pi)^2 = \begin{Bmatrix} -0.016 \\ 0.032 \end{Bmatrix}$$

ABS で合成すると，

$$\begin{Bmatrix} u_{1max} \\ u_{2max} \end{Bmatrix} = \sum_{m=1}^{N}\left|_m\beta\begin{Bmatrix} _m\phi_1 \\ _m\phi_2 \end{Bmatrix}S_D(_mT, {_mh})\right|$$

$$= \begin{Bmatrix} 0.36 \\ 0.18 \end{Bmatrix} + \begin{Bmatrix} 0.016 \\ 0.032 \end{Bmatrix} = \begin{Bmatrix} 0.36 \\ 0.21 \end{Bmatrix}$$

SRSS で合成すると

$$\begin{Bmatrix} u_{1max} \\ u_{2max} \end{Bmatrix} = \sqrt{\sum_{m=1}^{N}\left|_m\beta\begin{Bmatrix} _m\phi_1 \\ _m\phi_2 \end{Bmatrix}S_D(_mT, {_mh})\right|^2}$$

$$= \sqrt{\begin{Bmatrix} 0.36^2 + 0.016^2 \\ 0.18^2 + 0.032^2 \end{Bmatrix}} = \begin{Bmatrix} 0.36 \\ 0.18 \end{Bmatrix}$$

SRSS の結果は1次モードの応答とほとんど変化がなく，2次振動モードの影響が小さいことがわかる．このように，通常の中低層建物では，1次振動モードのみで応答を評価しても大きな誤差は生じないことが多い．このような考え方より，日本の建築基準法[4]においては，高さ60 m 以下の建物について主に1次振動モードに基づいた設計用応答せん断力分布（Ai 分布）を与えている．

減衰マトリクス $[C]$ を含む運動方程式

$$[M]\{\ddot{u}\} + [C]\{\dot{u}\} + [K]\{u\} = -[M]\{1\}\ddot{u}_0 \quad (2.19)$$

において，$[C]$ を質量マトリクスまたは剛性マトリクスの比例倍とした場合，

$$[C] = a_0[M] \quad a_0 = 2 \cdot {_mh} \cdot {_m\omega} \quad (2.20)$$

$$[C] = a_1[K] \quad a_1 = 2 \cdot {_mh}/{_m\omega} \quad (2.21)$$

またはその組合せにした場合には，固有ベクトルが $[C]$ を介して直交するため，振動モードの独立性が保たれる．前者を質量比例減衰，後者を剛性比例減衰と呼ぶ．剛性比例減衰は高次振動モードほど高い減衰定数が与えられ，多層骨組の地震応答評価に採用されることが多いが，最近それが再検討されている．パッシブ制振構造において制振ダンパーを各層に配置するにあたっても同様の考え方が基本となる．

2.2 制振部材の種類

パッシブ制振構造で使用される代表的な制振部材（ダンパー）を表 2.1 に示す．また，架構内の配置形式を図 2.7 に示す[3,5,6]．

▶2.2.1 変位依存型ダンパー

変位依存型のダンパーはその履歴特性が主に変位に依存するものと定義され，履歴減衰部材とも称される．主に鋼材ダンパー，鉛ダンパー，摩擦ダンパーがこれにあたる．鋼材ダンパーは鋼素材の優れた塑性変形能力を利用し，繰返し変位下での履歴エネルギー吸収性能をダンパーとして利用したものである．鋼材ダンパーとしては，座屈拘束ブレース（図2.8(a)）や，鋼板せん断パネル（図2.8(b)）が多く

表2.1 主な制振部材の種類

力学機構	制振部材
変位依存型ダンパー（履歴減衰部材）	① 鋼材ダンパー
	② 鉛ダンパー
	③ 摩擦ダンパー
速度依存型ダンパー（粘性減衰部材）	④ オイルダンパー
	⑤ 粘性ダンパー
	⑥ 粘弾性ダンパー

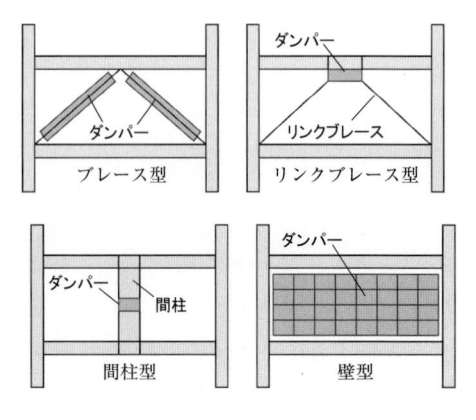

図 2.7 制振部材の取付け形式例

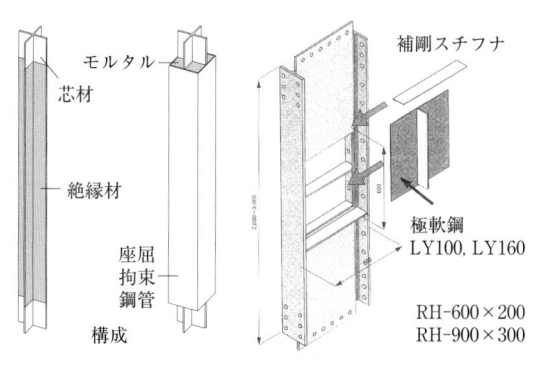

図2.8 鋼材ダンパーの例
(a) 座屈拘束ブレース
(b) 鋼板せん断パネル

図2.9 座屈拘束ブレース取付け例

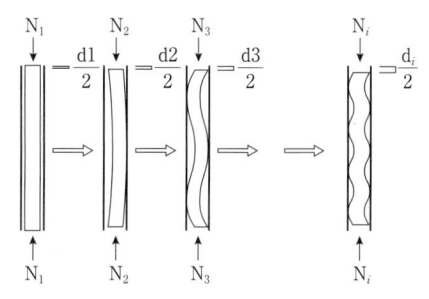

図2.10 座屈拘束ブレースの芯材の挙動

図2.11 壁型のせん断パネル

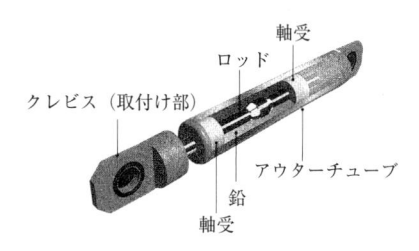

図2.12 鉛ダンパーの例

用いられている．

座屈拘束ブレース[7〜10]は軸力を負担する芯鋼材の周囲に座屈拘束材を設けて全体座屈を防止した部材である．座屈拘束材には図2.8(a)，図2.9の形式が多く使用されているが，拘束材や芯鋼材の断面にはさまざまなものが実用化されている．芯鋼材と拘束材の間には剛性の低い一定厚の離間材（アンボンド材）が設けられ，芯鋼材が圧縮力を受けると図2.10に示すように拘束材内で座屈しようとして拘束材に止められ，より高い軸力下で高次座屈モードに移行していく．この間座屈拘束材は軸力を負担せず，芯鋼材の座屈を拘束するだけの力を負担している．やがて芯鋼材が全断面塑性化領域に達すると耐力が頭打ちとなり，ほぼ材料特性どおりの復元力特性を示す．結果的に繰返し軸力下で圧縮側と引張り側がほぼ対称な安定した復元力特性が得られるため，適切な設計を行えばモデル化が簡便でエネルギー吸収能力の高い弾塑性ダンパーとして利用できる．部材設計の留意点は文献11)にまとめられている．芯鋼材が全長にわたり塑性化しひずみが分散するため，数パーセントの層間変形角に対しても数十〜数百回の繰返し変形能力を有するものも多い．

せん断パネルは図2.7のように，間柱型以外にも壁型，リンクブレース型でも用いられる．せん断型の座屈は耐力低下を起こさず安定した履歴特性を有するため，これを弾塑性ダンパーとして利用するものであるが，幅厚比が大きくなると塑性領域でスリップ型の履歴性状に移行するため，幅厚比を制限している場合が多い[12]．したがって壁型式のものでは面外補剛リブが付加されたものが一般的となる（図2.11）．

鉛ダンパーは鉛をシリンダー内に封じ込めて押し出すことで塑性履歴を得る形式（図2.12）のものが実用化されている．

摩擦ダンパーは，面圧が作用している摩擦面が摺動することにより振動エネルギーを熱エネルギーに

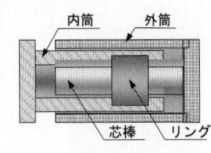

(a) 皿ばね利用型　　(b) リング型

図 2.13　摩擦ダンパーの例

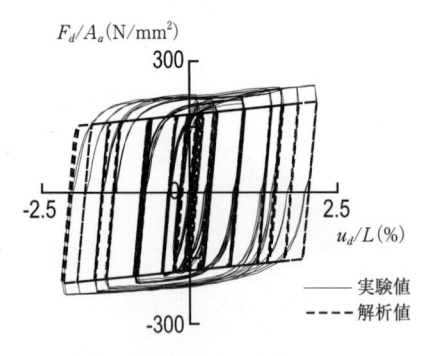

図 2.14　鋼材ダンパーの履歴特性例

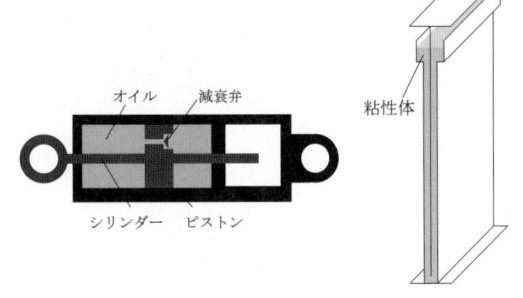

(a) オイルダンパー　　(b) 壁型粘性ダンパー

図 2.15　速度依存型ダンパーの例

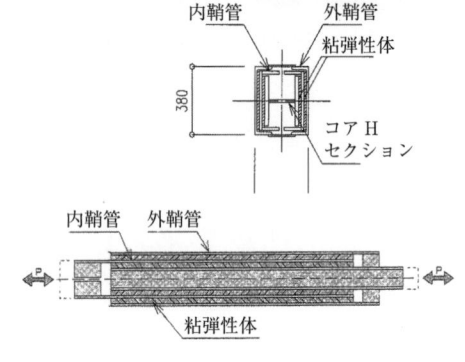

図 2.16　粘弾性ダンパーの例

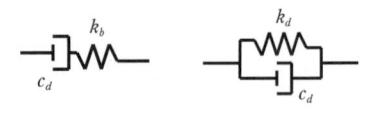

(a) Maxwell モデル　　(b) Kelvin モデル

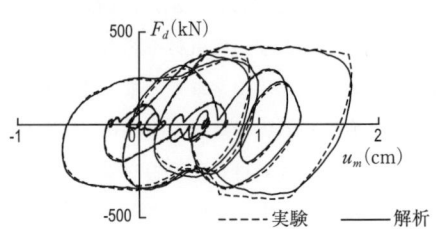

(c) 分数次微分モデル[15]

図 2.17　速度依存型ダンパーの履歴モデル例

変換し吸収するダンパーである（図 2.13）．滑動を通じて摩擦面圧を一定に保つ工夫が要求されるが，皿ばねを利用したものやリングのフープテンションを利用したものなどが実用化されている．

鋼材ダンパー，鉛ダンパー，摩擦ダンパーは図 2.14 に示すように変位に依存した反力を発生し，履歴ループで囲われた面積が吸収エネルギーとなる．履歴モデルとしては図 2.14 中に示されたような変位を変数としたバイリニアモデルを用いて解析されることが多い．ただし，極低降伏点鋼を用いた鋼材ダンパーなどでは，降伏後の歪硬化による耐力上昇が著しく，単純な移動硬化型バイリニアモデルでは大きな誤差を伴う場合がある．その際は等方硬化型の特性も加味するなど，実験結果を精度よく模擬できる履歴則を用いることが望ましい[13,14]．

▶ 2.2.2　速度依存型ダンパー

オイルダンパー，粘性ダンパー，粘弾性ダンパーは主に速度に依存して反力を発揮するため，速度依存型ダンパー（粘性減衰部材）と呼ばれることが多い．オイルダンパーは，免震用オイルダンパーと同様，図 2.15(a) に示すようにシリンダー内に挿入されたオイルをピストンを通して流動させることによ

り流体粘性減衰を発揮させるものであり，ブレース型またはリンクブレース型の形式で使用される．一方，粘性ダンパーは粘性の高い高分子材料粘性体自身の流動抵抗やせん断抵抗を利用したものであり，図 2.15(b) に示すような壁型のものやシリンダー型のものが実用化されている．

粘弾性ダンパーは高分子材料粘弾性体をせん断変形させることでエネルギー吸収を行うものである．粘弾性体は粘性体と異なり半固体であるため，図 2.16 に示すように鋼部材の間に貼付または封入し，せん断変形させることにより付加減衰を発揮させるものが一般的であり，ブレース型および間柱型のものが実用化されている．これらのダンパーは速度に依存して反力を発生するため，図 2.17 に見るように線形粘性減衰（ダッシュポット）とバネを直列・並列させたモデルを用いたり，より精度の高い分数次微分モデル[15,16]を用いて解析されることが多い．

2.3 制振部材のモデル化

▶ 2.3.1 架構と制振部材

制振効果は，装置と架構が一体となって機能することにより発揮されるものである．地震や風が注入する運動エネルギーを，架構から装置へと効率よく伝えること，そして装置が早期破壊せず大量のエネルギーを吸収することが要求される．

▶ 2.3.2 架構形式

制振構造の例として，図 2.18(a)，(b) にブレース型，シアリンク型を示す．これらは，上下層をダンパー・ブレースで直結して層間変形をダンパーにほぼそのまま伝える直接接合型に属し，エネルギー吸収効率が高い．ただし，ブレースや接合部が十分硬くないと，そこに変形がとられ，肝心のダンパーが十分変形しないためエネルギー吸収が少ない．また，架構の梁・柱を硬くすると，そこにエネルギーが集中するためダンパーに入りにくい．一方，梁・柱を柔らかくしすぎると，ダンパー力や自重を支えるには頼りなく，制振構造全体としての剛性も小さい．図 2.18(c) の間柱型は，層間変形を梁・柱など

(a) ブレース型　　(b) シアリンク型

(c) 間柱型　　(d) 1質点バネ系による表現

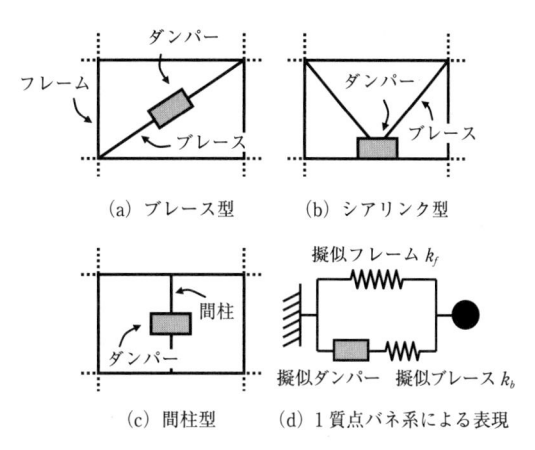

図 2.18 制振のメカニズムと1質点バネ系モデル

の曲げを通じダンパーに伝える間接接合型に属し，これら周辺部材の変形によりダンパー変形は確保し難いが，開口部を確保できる利点から好まれている．周辺部材の変形抑制のため梁・柱を硬くすると架構全体の剛性が同時に上昇し，これがエネルギー吸収効率の増加または減少という相反する効果をもたらす．このように直接接合型に比べ効率の決定要因が多く[5,17,18]，これが複雑に絡み合うため設計が難しい．また，最適解を得ても概して制振効率は低めである．

筆者らは，上の2例も含め多様な直接接合・間接接合型の制振構造を図 2.18(d) の簡潔なバネ系で共通に表す方法を開発した[18]．バネ系の擬似ダンパー，擬似ブレース，擬似フレームで，もとの骨組構造の各要素のバランスの影響を忠実に表すことができ，よってバネ系から簡易に算定できる等価周期 T_{eq}，減衰定数 h_{eq} も，もとの構造の値を精度よく近似できる．後述する多質点制振構造の応答予測やダンパー・支持材・架構にはこのバネ系モデルを有効に活用する．

なお，図 2.18(d) でバネ系の擬似フレーム，擬似ブレースの剛性を k_f, k_b とする．これ以後，各例には直接接合型（図 2.18(a)，(b)）のみをバネ系で表し，架構全体の曲げが少ない場合を考えるが，このとき k_f, k_b には，もとの非制振架構とブレースの水平剛性がそのまま用いられる．間柱型を含む任意型式のバネ系への変換法については，文献[17,18]を参照されたい．

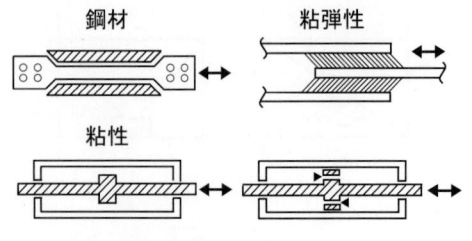

図 2.19 4種の制振ダンパー

▶ 2.3.3 制振部材の概要

上記の架構に取り付けられる制振部材は，地震や風によってもたされた建物の振動エネルギーを消散することにより，変位や加速度などの建物応答を制御しようとするものである．2.2節で述べたようにエネルギー消散の程度が制振部材の変形に直接関係付けられるものを変位依存型と呼び，また，変形だけでは一義的に定まらず，変形速度によって決まるものを速度依存型と呼ぶ．制振部材の種類によっては，両方の依存性をもつものもある．

本節では，図2.19の鋼材ダンパー[13,19]，粘弾性ダンパー[15,16,20]，粘性ダンパー[21,22]，オイルダンパー[23,24]それぞれを用いた場合を考える[5,13〜17,19〜26]．各項において，ダンパーごとに特性を表すパラメータ，および制振構造の目標応答値を達成するため必要なダンパー量の設定方法[19,20,22,24,26]とその例を述べることにする．

▶ 2.3.4 一質点系による制振構造モデル

線形粘性ダンパー，線形粘弾性ダンパーを有する線形システム，および弾塑性ダンパーを有する非線形システムにおける等価周期 T_{eq}，等価減衰定数 h_{eq} の算出法について説明する．考え方は第1章で述べた免震装置と同様であるが，本節においては接続部材の剛性の影響を考慮した定式化を行う．

a. 粘性ダンパー

(1) 線形粘性ダンパーの動的特性

まず，図2.20に示すダンパー荷重 F_d とダンパー変形 u_d の時刻歴を表す．

線形粘性ダンパーは荷重が速度に比例し，

$$F_d = c_d \dot{u}_d \quad (2.22)$$

ここで，ダンパーに正弦波変形

$$u_d = u_{d0} \sin \omega t \quad (2.23)$$

を与えると，以下のダンパー力が生じる．

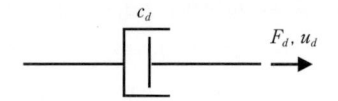

図 2.20 粘性ダンパーの力学モデル

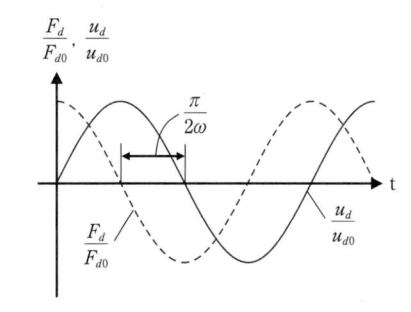

図 2.21 粘性ダンパーの応答

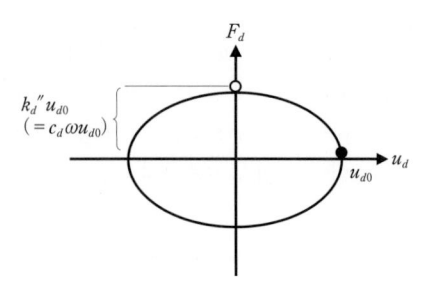

図 2.22 粘性ダンパーの u_d-F_d 関係

$$F_d = c_d u_{d0} \omega \cos \omega t = F_{d0} \cos \omega t \quad (2.24)$$

ここで，F_{d0} はダンパー力の最大値である．式(2.23)，(2.24)より，u_d/u_{d0} と F_d/F_{d0} の時刻歴は，図2.21のようになり，荷重 F_d と変形 u_d には $\pi/2\omega$ 秒の位相差が生じる．

次に，F_d-u_d 関係について考えると，

$$\sin^2 \omega t + \cos^2 \omega t = 1 \quad (2.25)$$

式(2.5)に，式(2.2)と式(2.4)を代入して，

$$\left(\frac{u_d}{u_{d0}}\right)^2 + \left(\frac{F_d}{F_{d0}}\right)^2 = 1 \quad (2.26)$$

式(2.26)をさらに展開して，

$$F_d = \pm F_{d0} \sqrt{1-\left(\frac{u_d}{u_{d0}}\right)^2}$$
$$= \pm c_d \omega \sqrt{u_{d0}^2 - u_d^2} \quad (2.27)$$

式(2.7)より，u_d-F_d 関係は図2.22のような楕円形となる．

ここで，貯蔵剛性 k_d' は最大変形時荷重を最大変形で割ったもの，つまり最大変形時の割線剛性（もしくは等価剛性）と定義し，損失剛性 k_d'' をゼロ変形時荷重を最大変形で割ったものと定義する．すなわち，

$$k_d' = \frac{0}{u_{d0}} = 0 \quad (2.28)$$

$$k_d'' = \frac{c_d \omega u_{d0}}{u_{d0}} = c_d \omega \quad (2.29)$$

(2) 粘性ダンパーをもつ付加系の動的特性

ここで，図2.23に示すようにブレースと接合部の両方を足し合わせたものを包括的な意味での「ブレース」と新たに定義し，この「ブレース」にダンパーを含めたものを「付加系」とする．それらをバネ系モデルとして表したものを以下に示す（付加系=added componentのため，以後"a"を付けて表す）．

ダンパー，ブレース，付加系の間の適合条件および釣合い条件より，次式を得る．

$$u_a(t) = u_d(t) + u_b(t) \quad (2.30\text{a})$$

$$\dot{u}_a(t) = \dot{u}_d(t) + \dot{u}_b(t) \quad (2.30\text{b})$$

$$F_a(t) = F_d(t) = F_b(t) \quad (2.30\text{c})$$

式 (2.22) より，

$$\dot{u}_d(t) = \frac{F_d(t)}{c_d} \quad (2.31)$$

また，

$$u_b = \frac{F_b}{k_b} \quad (2.32)$$

であり，式 (2.30c)〜(2.32) を式 (2.30b) に代入すると，

$$\dot{u}_a = \frac{F_a}{c_d} + \frac{\dot{F}_a}{k_b} = \frac{1}{c_d}F_a + \frac{1}{k_b}\dot{F}_a \quad (2.33)$$

ここで付加系の変位 $u_a(t) = u_{a0} \sin \omega t$ と定義し，式 (2.34) に適用すると式 (2.35) となる．

$$u_a(t) = u_{a0} \sin \omega t \quad (2.34)$$

$$\frac{1}{c_d}F_a + \frac{1}{k_b}\dot{F}_a = \omega u_{a0} \cos \omega t \quad (2.35)$$

式 (2.35) は F_a に関する1次微分方程式であり，その解は以下となる．

$$F_a = \frac{c_d^2 k_b \omega^2}{k_b^2 + c_d^2 \omega^2} u_{a0} \sin \omega t$$
$$+ \frac{c_d k_b^2 \omega}{k_b^2 + c_d^2 \omega^2} u_{a0} \cos \omega t \quad (2.36)$$

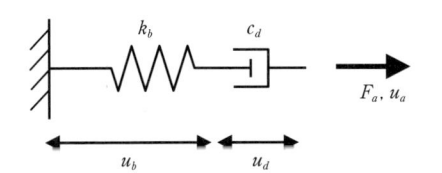

図2.23 粘性ダンパー付加系の力学モデル

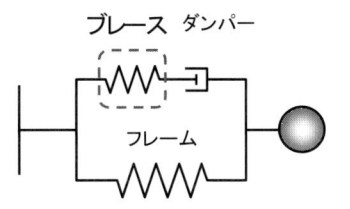

図2.24 粘性ダンパー付きフレームの力学モデル

式 (2.36) より付加系の貯蔵剛性，損失剛性は式 (2.37a, b) となる．

$$k_a' = \frac{c_d^2 k_b \omega^2}{k_b^2 + c_d^2 \omega^2}, \quad k_a'' = \frac{c_d k_b^2 \omega}{k_b^2 + c_d^2 \omega^2} \quad (2.37\text{a, b})$$

(3) 粘性ダンパーをもつ制振構造の動的特性

この付加系に，フレームが並列接合され，図2.24に示す1質点の制振構造が完成する．

したがって，この制振構造の等価周期と等価減衰は，次式で与えられる．

$$T_{eq} = T_f, \quad h_{eq} = h_0 + \frac{k_a''}{2k_f} \quad (2.38\text{a, b})$$

b. 粘弾性ダンパー

(1) 粘弾性ダンパーの動的特性

粘弾性ダンパーは，前目の粘性ダンパーに弾性バネが並列結合されたものと考えられる（図2.25）．

まず，ダンパー荷重 F_d とダンパー変形 u_d の時刻歴を表す．上の図より，粘弾性ダンパーは荷重が速度と変形に比例し，

$$F_d = c_d \dot{u}_d + k_d u_d \quad (2.39)$$

ここで，ダンパーに正弦波変形

$$u_d = u_{d0} \sin \omega t \quad (2.40)$$

を与えると，以下のダンパー力が生じる．

$$F_d = c_d u_{d0} \omega \cos \omega t + k_d u_{d0} \sin \omega t$$
$$= \sqrt{(c_d \omega)^2 + k_d^2} \, u_{d0} \sin(\omega t + \delta)$$
$$= F_{d0} \sin(\omega t + \delta) \quad (2.41)$$

ここで，F_{d0} はダンパー力の最大値，δ はバネの力とダッシュポットの力の位相差であり，

$$\tan \delta = c_d \omega / k_d \quad (2.42)$$

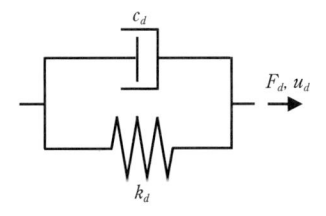

図2.25 粘弾性ダンパーの力学モデル

2.3 制振部材のモデル化

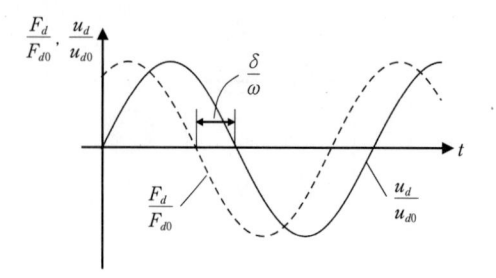

図 2.26 粘弾性ダンパーの応答

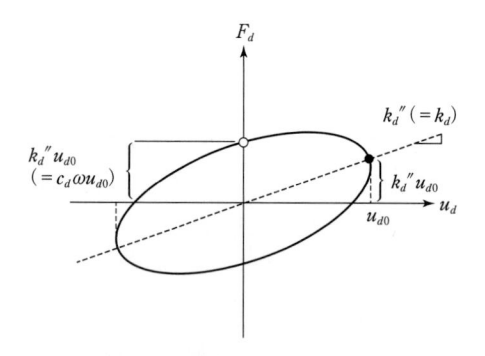

図 2.27 粘弾性ダンパーの u_d-F_d 関係

式 (2.40), (2.41) より, u_d/u_{d0} と F_d/F_{d0} の時刻歴は図2.26のようになり, 荷重 F_d と変形 u_d には δ/ω 秒の位相差が生じる. また, 通常の粘弾性ダンパーだと $\delta \approx \pi/4$ かそれ以下であるため, 2.3.1項で示した粘性ダンパーの $\pi/2\omega$ 秒よりも小さな値となる.

次に, F_d-u_d 関係について考えると,

$$\sin^2 \omega t + \cos^2 \omega t = 1 \tag{2.43}$$

これに, 式 (2.13), (2.14) を代入して,

$$\left(\frac{u_d}{u_{d0}}\right)^2 + \left(\frac{F_d - k_d u_d}{c_d u_{d0} \omega}\right)^2 = 1 \tag{2.44}$$

$$F_d = k_d u_d \pm c_d \omega \sqrt{u_{d0}^2 - u_d^2} \tag{2.45}$$

式 (2.45) より, F_d-u_d 関係は図2.27のような傾きをもつ楕円形となる.

ここで, 貯蔵剛性 k_d' を, 最大変形時荷重を最大変形で割ったもの, つまり最大変形時の割線剛性(もしくは等価剛性)と定義し, 損失剛性 k_d'' を, ゼロ変形時荷重を最大変形で割ったものと定義する. すなわち,

$$k_d' = \frac{k_d u_{d0}}{u_{d0}} = k_d \tag{2.46}$$

$$k_d'' = \frac{c_d \omega u_{d0}}{u_{d0}} = c_d \omega \tag{2.47}$$

また, 最大変形時荷重に対するゼロ変形時荷重の比を損失係数 η_d とすると,

$$\eta_d = \frac{k_d'' u_{d0}}{k_d' u_{d0}} = \frac{k_d''}{k_d'} \tag{2.48}$$

と表せる.

(2) 粘弾性ダンパーをもつ付加系の動的特性

ここで, 図2.28に示すようにブレースと接合部の両方を足し合わせたものを「ブレース」と新たに定義し, 前目と同様に「ブレース」にダンパーを含めたものを「付加系」とする. それらをバネ系モデルとして表したものを以下に示す (以後 "a" を付けて表す).

ダンパー, ブレース, 付加系の間の適合条件および釣合条件より, 次式を得る.

$$u_a(t) = u_d(t) + u_b(t) \tag{2.49a}$$

$$\dot{u}_a(t) = \dot{u}_d(t) + \dot{u}_b(t) \tag{2.49b}$$

$$F_a(t) = F_d(t) = F_b(t) \tag{2.49c}$$

式 (4.9b) より,

$$u_d(t) = \frac{F_d - c_d \dot{u}_d(t)}{k_d} \tag{2.50}$$

また,

$$u_b = \frac{F_b}{k_b} \tag{2.51}$$

より, 式 (2.49c)〜(2.51) を式 (2.49a) に代入すると,

$$u_a = \frac{F_d - c_d \dot{u}_d}{k_d} + \frac{F_b}{k_b}$$

$$= \frac{F_a - c_d(\dot{u}_a - \dot{u}_b)}{k_d} + \frac{F_a}{k_b} \tag{2.52}$$

これを整理して,

$$F_a \frac{k_b + k_d'}{k_b k_d'} + \dot{F}_a \frac{\eta_d}{\omega k_b} = u_a + \dot{u}_a \frac{\eta_d}{\omega} \tag{2.53}$$

ただし, ダンパーの貯蔵剛性 $k_d' = k_d$, 損失剛性 $k_d'' = c_d \omega$, 損失係数 $\eta_d = k_d''/k_d'$ である.

ここで付加系の変位 $u_a(t) = u_{a0} \sin \omega t$ と定義し, 式 (2.53) に適用すると式 (2.54) となる.

$$F_a \frac{k_b + k_d'}{k_b k_d'} + \dot{F}_a \frac{\eta_d}{\omega k_b}$$

$$= u_{a0} \sin \omega t + \eta_d u_{a0} \cos \omega t \tag{2.54}$$

式 (2.54) は1次微分方程式であり, その解は以下

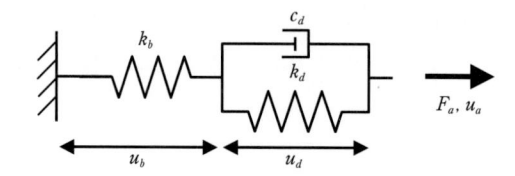

図 2.28 粘弾性ダンパー付加系の力学モデル

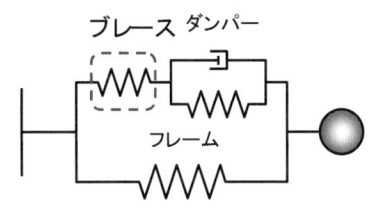

図 2.29 粘弾性ダンパー付きフレームの力学モデル

となる．

$$F_a = \frac{k_d' k_b u_{a0} \sin \omega t}{k_d' + k_b/\Gamma_b} + \frac{k_d' k_b \eta_d u_{a0} \cos \omega t}{(k_d' + k_b/\Gamma_b)\{1 + (1+\eta_d)^2 k_d'/k_b\}} \quad (2.55)$$

ただし，

$$\Gamma_b = 1 + \frac{\eta_d^2}{1 + k_b/k_d}$$

式（2.55）より付加系の貯蔵剛性，損失係数，損失剛性は式（2.56a-c）となる．

$$k_a' = \frac{k_d' k_b}{k_d' + k_b/\Gamma_b} \quad (2.56\text{a})$$

$$k_a'' = \eta_d k_a' \quad (2.56\text{b})$$

$$\eta_a = \frac{k_a''}{k_a'} = \frac{\eta_d}{1 + (1+\eta_d)^2 k_a'/k_b} \quad (2.56\text{c})$$

(3) 粘弾性ダンパーをもつ制振構造の動的特性

この付加系に，フレームが並列接合され，図 2.29 に示す 1 質点の制振構造が完成する．

したがって，この制振構造の等価周期と等価減衰は，次式で与えられる．

$$T_{eq} = T_f \sqrt{\frac{1}{1 + k_a'/k_f}} \quad (2.57\text{a})$$

$$h_{eq} = h_0 + \frac{k_a''}{2k_f(1 + k_a'/k_f)} \quad (2.57\text{b})$$

c. 弾塑性ダンパー

(1) 弾塑性ダンパーの動的特性

鋼材ダンパーや摩擦ダンパーには，若干の速度依存性が認められるが，それを無視して変形依存性のみを考える（図 2.30）．したがって，正弦波変形をダンパーに与えても，円振動数 ω の値は，ダンパーの動的特性に影響しない点が a, b の速度依存ダン

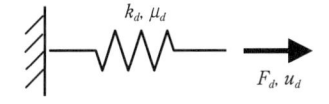

図 2.30 弾塑性ダンパーの力学モデル

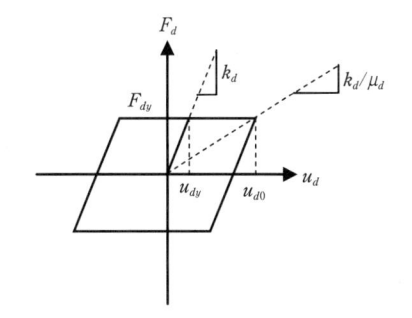

図 2.31 弾塑性ダンパーの u_d-F_d 関係

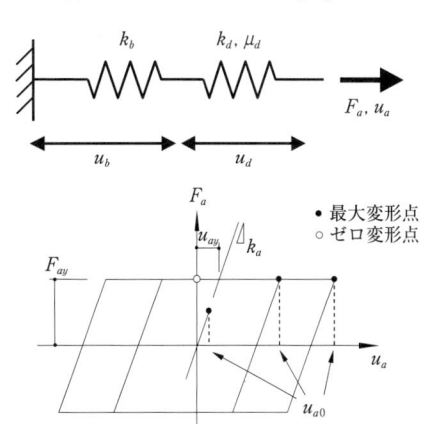

図 2.32 弾塑性ダンパー付加系の力学モデル

パーの場合と異なる．図 2.31 に，ダンパー荷重 F_d とダンパー変形 u_d の関係を示す．

ここで，ダンパー塑性率 μ_d を次式で定義する．

$$\mu_d = u_{d0}/u_{dy} \quad (2.58)$$

(2) 弾塑性ダンパーをもつ付加系の動的特性

ここで，図 2.30 に示すようにブレースと接合部の両方を足し合わせたものを「ブレース」と新たに定義し，前項と同様に「ブレース」にダンパーを含めたものを「付加系」とする．それらをバネ系モデルとして表したものを以下に示す（以後 "a" を付けて表す）．

速度依存ダンパーと対比して，図 2.32 の付加系は，変形依存性の 2 要素で構成されるので，1 要素の弾塑性バネに置換できる．ブレースとダンパーが直列につながることから，ダンパーが弾性のときの付加系の剛性 k_a は，

$$k_a = \frac{1}{1/k_b + 1/k_d} \quad (2.59)$$

と表され，また，ダンパーが降伏したときの付加系の等価剛性は k_a/μ_a となる．ここに，μ_a は付加系の塑性率であり，

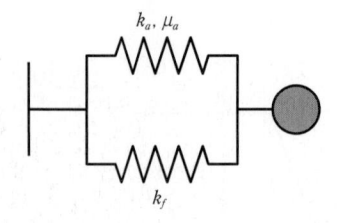

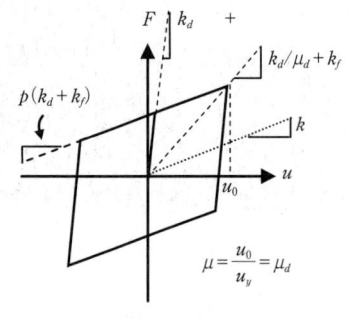

図 2.33 弾塑性ダンパー付きフレームの力学モデル
（付加系の特性 k_a, μ_a は，直列結合されたダンパーと支持材の2要素をまとめて表している）

$$\mu_a = \frac{u_{a0}}{u_{ay}}, \quad \mu_a = \frac{\mu_d - k_d/k_b}{1 - k_d/k_b} \quad (2.60)$$

となる．

(3) 弾塑性ダンパーをもつ制振構造の動的特性

この付加系にフレームが並列接合され，図2.33に示す1質点の制振構造が完成する．

したがって，この制振構造の等価周期と等価減衰は，次式で与えられる．

$$T_{eq} = T_f\sqrt{\frac{k_f}{k_f + k_a/\mu}} = T_f\sqrt{\frac{p\mu}{1-p+p\mu}} \quad (2.61a)$$

$$h_{eq} = h_0 + \frac{2}{\mu\pi p}\ln\left(\frac{1-p+p\mu}{\mu^p}\right) \quad (2.61b)$$

ここで，μ は制振構造の塑性率であり，フレームが弾性であることから，付加系の塑性率 μ_a と一致することに注意する．なお，

$$p = 1/(1+k_a/k_f) \quad (2.62)$$

はダンパー降伏後のシステムの2次剛性比となる（図2.33）．

2.4 等価線形化法による一質点系応答の評価

2.1節で述べたように，応答低減はダンパーが付加する剛性によるシステムの短周期化と，粘性によるエネルギー吸収つまり高減衰化によるものであ

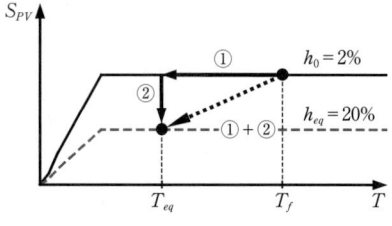

図 2.34 等価周期 T_{eq}，等価減衰定数 h_{eq} による変位・擬似速度・擬似加速度応答の制御（T_f=ダンパーなしの場合の固有周期，h_0=初期減衰定数）

り，その効果は図2.34で表される[5,27]．ここに，変位スペクトル S_D，擬似速度スペクトル S_{PV}，擬似加速度スペクトル S_{PA} で，以下の関係をもつ．

$$S_D = (T/2\pi)S_{PV}, \quad S_{PA} = (2\pi/T)S_{PV} \quad (2.63\text{a, b})$$

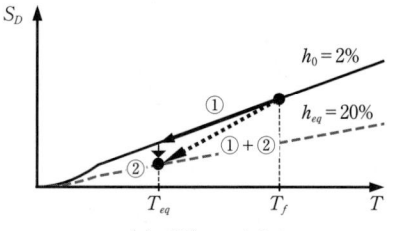

図2.34では，中高層建物の設計で考慮されるように，建物周期 T が S_{PV} 一定の領域にある．ダンパーの付加により，T は主架構の初期周期 T_f から制振構造の等価周期 T_{eq} へと短くなり（効果①），減衰定数 h は初期減衰定数 h_0 から等価減衰定数 h_{eq} へと増加する（効果②）．よって，効果①より変位が減り加速度が増すことと，効果②より変位・加速度が減ることの二つの効果を併せることで，応答低減の原理が説明できる[5,27]．また，このように等価周期・減衰定数 T_{eq}, h_{eq} は最大応答を支配する重要なパラメータであるが，それらは制振構造を構成する各要素の剛性・粘性のバランスによって決まるものである．これについて以下に述べる．

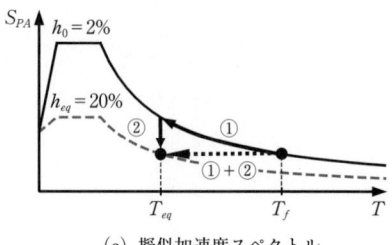

また，各スペクトルは，固有周期 T と減衰定数 h で，以下の関係をもつ（1.2節，p.8と同様）．

$$S_D(T,h) = \frac{T}{2\pi} S_{PV}(T,h) = \left(\frac{T}{2\pi}\right)^2 S_{PV}(T,h) \quad (2.64)$$

第1章の免震構造と同様，等価周期・減衰定数が評価できれば，応答低減がスペクトルから把握できる．すなわち

$$S_{PV}(T, h_{eq}) = F_h S_{PV}(T, h_0) \quad (2.65)$$

となる．ここで，F_h は減衰効果係数であり，減衰が $h_0 \to h_{eq}$ へと増加したことによる応答スペクトル値の低減を予測するものである．実地震31波の統計から，

$$F_h = \sqrt{\frac{1+\alpha h_0}{1+\alpha h_{eq}}} \quad \begin{pmatrix} \text{実地震31波}: \alpha = 25 \\ \text{BCJ-L2波}\ : \alpha = 75 \end{pmatrix} \quad (2.66)$$

上式は第1章式(1.47)と同じものである．結局，応答加速度および応答変形の低減率 R_d，R_{pa} は以下の式で評価できる．

$$R_d = F_h \frac{T_f}{T_{eq}} \quad (2.67)$$

$$R_{pa} = F_h \frac{T_{eq}}{T_f} \quad (2.68)$$

■ 例題 2.3 ■

粘弾性ダンパー使用時の性能曲線を描け．

ただし，$S_{PV}=$ 一定とし，また損失係数 η_d，ダンパー貯蔵剛性比 k_d'/k_f，初期減衰定数 h_0 は以下の設定とする．

- $\eta_d = 0.1, 0.3, 0.6, 1.0, 1.5$
- $k_d'/k_f = 0 \sim 10$
- $h_0 = 0.02$

また，直接接合されたブレース剛性 k_b は十分に高いものとする．

以下の手順で性能曲線を作成する．

表 2.2　$\eta_d = 1.0$ の場合の計算過程

k_d'/k_f	T_{eq}/T_f	h_{eq}	F_h	R_d	R_{pa}
0.00	1.00	0.02	1.000	1.000	1.000
0.05	0.98	0.04	0.866	0.849	0.884
0.10	0.95	0.07	0.739	0.702	0.777
0.20	0.91	0.10	0.655	0.596	0.719
0.30	0.88	0.14	0.577	0.508	0.656
0.50	0.82	0.19	0.511	0.419	0.623
1.00	0.71	0.27	0.440	0.312	0.620
3.00	0.50	0.40	0.369	0.185	0.739
5.00	0.41	0.44	0.354	0.145	0.862
10.00	0.30	0.47	0.343	0.103	1.143

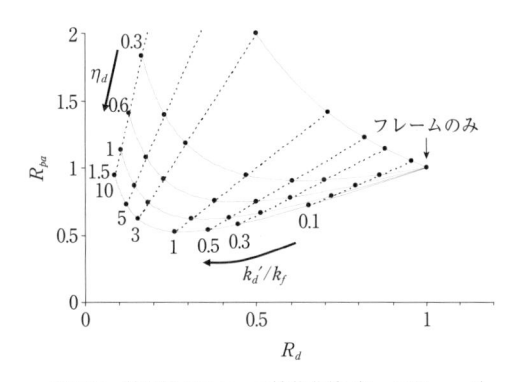

図 2.35　粘弾性ダンパーの性能曲線（$h_0 = 0.02$, $\eta_d = 1$）

① まず，k_d'/k_f を与える．
② T_{eq}/T_f, h_{eq} を求める．（式(2.57a, b)）
③ F_h を求める．（式(2.66)）
④ R_d, R_{pa} を求める．（式(2.7), (2.8)）
　 k_d'/k_f を変えて同作業を繰り返す．

計算課程をエクセルの形式で表2.2に示し，また結果を図2.35に示す．

■ 例題 2.4 ■

弾塑性ダンパー使用時の性能曲線を描け．

ただし，$S_{PV}=$ 一定とし，また塑性率 μ，ダンパー剛性比 k_d/k_f，初期減衰定数 h_0 は以下の設定とする．

- $\mu = 1, 2, 4, 8, 20$
- $k_d/k_f = 0 \sim 9$
- $h_0 = 0.02$

また，直接接合されたブレース剛性 k_b は十分に高いものとする．

以下の手順で性能曲線を作成する．

① まず，k_d/k_f を与える．
② T_{eq}/T_f, h_{eq} を求める．（式(2.61a, b)）
③ F_h を求める．（式(2.66)）
④ R_d, R_{pa} を求める．（式(2.7), (2.8)）
　 k_d/k_f を変えて同作業を繰り返す．

結果を表2.3，図2.36に示す．

■ 例題 2.5 ■

上述の性能曲線を用いると，非常に簡単にダンパー量が決められる．粘弾性ダンパー，鋼材ダンパーそれぞれについて例を示す．次の例題2.6, 2.7にも用いる10階建ての建物を考慮する．ダンパーがない状態での1次固有周期 $T_f = 1.32$ 秒であり，建物

表 2.3 $\mu=4$ の場合の計算過程

k'_d/k_f	T_{eq}/T_f	h_{eq}	F_h	R_d	R_{pa}
0.00	1.00	0.02	1.000	1.000	1.000
0.05	0.99	0.02	0.961	0.955	0.967
0.10	0.99	0.03	0.928	0.916	0.939
0.20	0.98	0.04	0.874	0.852	0.895
0.30	0.96	0.05	0.831	0.801	0.862
0.50	0.94	0.06	0.768	0.724	0.815
1.00	0.89	0.09	0.677	0.605	0.756
3.00	0.76	0.16	0.554	0.419	0.732
5.00	0.67	0.19	0.515	0.343	0.772
9.00	0.55	0.22	0.483	0.268	0.871

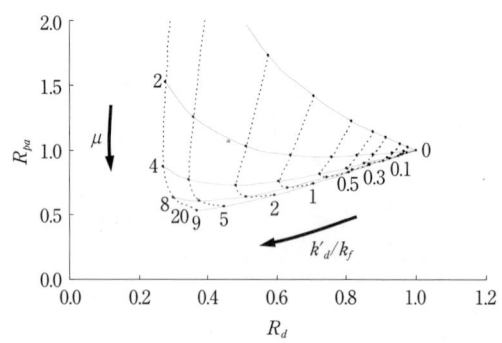

図 2.36 弾塑性ダンパーの性能曲線 ($h_0 = 0.02$)

高さ 41 m である.

例題 1.1 と同様, 減衰定数 2% での設計用スペクトルを $S_A = 3\pi/T$ (m/s²), よって $S_D = 0.75T/\pi$ (m) とする. また, 減衰による S_A, S_D の低減を表す式 (2.66) では, 実地震波の傾向を考慮して $\alpha = 25$ とする. 以上の入力に対し, 層間変形角 1/150 rad に抑えるためのダンパー量を求める.

まず, ダンパーのないときの弾性応答は,

$$S_D = \frac{0.75 \times 1.32}{\pi} = 0.315 \text{ m}, \quad S_A = \frac{3\pi}{1.32} = 7.14 \text{ m/s}^2$$

S_D は等価高さ H_{eq} の位置での最大変位と解釈でき, 式 (2.15) で質量, 層高を各層均一とし, 直線型モードベクトルで理想化すれば, H_{eq} が建物高さの 2/3 倍になることが容易に示される. そこで平均的な層間変形角 θ_f を評価すると,

$$\theta_f = \frac{S_D}{H_{eq}} = \frac{0.315}{41 \times 2/3} = \frac{1}{87} = 0.0115 \text{ rad}$$

これを 1/150 rad に低減する場合, 目標は

$$R_d = \frac{1/150}{1/87} = 0.58$$

粘弾性ダンパーで, 材料の損失係数 $\eta_d = 1$ とすれば, 表 2.2 か図 2.35 から, R_d を 0.58 以下にするため必要な $k'_d/k_f = 0.22$ である. つまり, 最も簡単な方法は, 各層の水平剛性 k_f を計算し, その 0.22 倍の水平方向の貯蔵剛性 k'_d をもつダンパー量にすればよい. 通常 k_f は下層ほど大きいので, ダンパーも大きくなる. 各階で, たとえば図 2.18(a) のブレース型 (傾斜角 β) を N 本用いるなら, ダンパー 1 本の軸方向必要貯蔵剛性は $k'_d/\cos^2\beta/N$ となる.

弾塑性ダンパーを用いる場合, ダンパーの塑性率 $\mu = 4$ とする (そうなるよう, 後に降伏力を決める). 表 2.3 か図 2.36 から, R_d を 0.58 以下にするため必要な $k_d/k_f = 1.27$ である. つまり, 最も簡単な方法は, 各層の水平剛性 k_f を計算して, その 1.27 倍の弾性剛性 k_d をもつダンパーを設置すればよい. 上記のように各階で傾斜角 β のブレース型を N 本用いるなら, ダンパー 1 本の軸方向必要弾性剛性は $k_d/\cos^2\beta/N$ となる. また, 層間変形角 1/150 で塑性率 4 としたため, ダンパー降伏時で層高 4 m の典型階の水平変形は 400 mm × (1/150)(1/4) = 0.67 mm となる. このときのダンパーの軸方向降伏変形は 0.67 mm × $\cos^2\beta$ となり, これに上記の $k_d/\cos^2\beta/N$ をかければ, 一本あたりの必要降伏力がわかる.

■例題 2.6■

例題 2.5 で実地震波を考慮して $\alpha = 25$ としたが, ここでは BCJ-L2 模擬地震波を考慮して $\alpha = 75$ とし, 弾塑性ダンパーの再設計をする.

表 2.3 で $\alpha = 25$ としたが, $\alpha = 75$ ならば F_h, R_d, R_{pa} の値が小さくなる (新しい表を作成せよ). よって, 例題 2.5 での目標 $R_d \leq 0.58$ を満たす k_d/k_f 値は 0.65 となり, 例題 2.5 の値 1.27 に比べかなり小さい. なお, このとき $R_{pa} = 0.68$ となり, ダンパーなしでは $S_A = 7.14$ m/s² であったため (例題 2.5) ダンパーを付けたときの建物応答せん断力係数は, 0.68 × (0.8 × 7.14)/9.8 = 0.396 となる. ここに, 係数 0.8 は, 1 次モードの有効質量と建物質量の比であり, 例題 2.5 のように質量, 層高を各層均一とし, 直線型モードベクトルで理想化すれば, 約 0.8 になることが, 式 (2.14) から示される. また, 9.8 は, 重力加速度 (m/s²) である.

以上を, 性能曲線を用いずに, その背景となった式のみから求める方法を例題 2.7 に示す.

■ **例題 2.7** ■

今まで学んだ内容を利用して，10 階建ての建物に弾塑性制振ダンパーを配置する計画を簡便に行ってみよう．表 2.4 は典型的な鉄骨造の事務所建築である．この主架構に弾塑性ダンパーを配置し，最大応答層間変形角を 1/150 以下，応答せん断力係数を 0.4 程度以下に抑える制振構造を計画し，その応答を予測せよ．

Ai 分布水平力に対する変形を用いた簡便式による 1 次固有周期は

$$T = 2\pi \sqrt{\sum_{i=1}^{N} m_i \frac{u_i^{(0)}}{Q_B^{(0)}}} = 1.2 \text{ sec}$$

となるが，固有値解析による 1 次固有周期は 1.32 秒となっている．階高 41 m に対する固有周期の比率は 0.032h なので，建築基準法で鉄骨造用に示された評価式 0.03h よりやや長い．一般的に制振構造を計画する際には，ダンパーを付加する前の主構造をやや柔らかめに設計すると経済的であることが知られており，1 次固有周期を 0.035h 程度以上とすることも多く行われている．

次にこの主架構に弾塑性ダンパーを配置する．先ほどの例題で見たように，各層で主フレームに対するダンパーの初期剛性 k_d/k_f を一定とし，ダンパーが降伏する層間変形角を一定とすると，架構全体の 1 次モード振動特性は縮約した 1 質点系と同等となる．図 2.36 を参考に $k_d/k_f = 1.0$ となるように弾塑性ダンパーを配置する．一般的に弾塑性ダンパーの降伏変形角は 1/1000〜1/500 であることが多い．ここでは接合部や柱の変形を考慮しダンパーの降伏変形角を 1/500 とする．均等せん断系の応答を参考に等価質量を全重量の 80%，等価高さを全体の 2/3 と概算すると，等価質量，等価高さはそれぞれ，

$$m_{eq} = 7204 \text{ t} \times 0.8 = 5763 \text{ t}$$
$$H_{eq} = 41 \text{ m} \times 2/3 = 27.3 \text{ m}$$

となる．1 次固有周期は 1.32 秒であるから，これを 1 質点系に置換したときの等価せん断剛性は，

$$k_f = m_{eq} \times (2\pi/T)^2 = 130 \text{ kN/mm}$$

と評価できる．例題 1.1 と同様に設計用スペクトルを $S_A = 3\pi/T$ とすると，主架構応答加速度と主架構応答せん断力は，

$$a^{(0)} = 3\pi/T = 7.14 \text{ m/s}$$
$$Q^{(0)} = m_{eq} a^{(0)} = 41149 \text{ kN}$$

このとき，等価高さに対する 1 質点系の主架構応答変形，主架構層間変形角は，

$$u^{(0)} = Q^{(0)}/k_f = 315 \text{ mm}$$
$$\theta^{(0)} = u^{(0)}/H_{eq} = 0.0116 = 1/87$$

（基準階の層間変形 4000/87 = 46 mm）

これに対し，$k_d/k_f = 1.0$ の弾塑性ダンパーを配すると，1 質点系でのダンパー等価剛性は，

$$k_d = k_f \times 1.0 = 130 \text{ kN/mm}$$

となる．降伏変形角 θ_{dy} は 1/500 であるから，$u^{(0)}$ に対するダンパーの塑性率は，

$$\mu^{(0)} = 500/87 = 5.8$$

であり，等価剛性，等価減衰定数は第 1 章と同様に，

$$k_{eq}^{(1)} = k_f + \frac{k_d}{\mu} = 130 + \frac{130}{5.8} = 153 \text{ kN/mm}$$

$$h_{eq}^{(1)} = h_0 + \frac{2(1+k_d/k_f)}{\pi\mu} \ln \frac{\mu + k_d/k_f}{(1+k_d/k_f)\mu^{1/(1+k_d/k_f)}}$$
$$= 0.0957$$

減衰による応答低減効果は

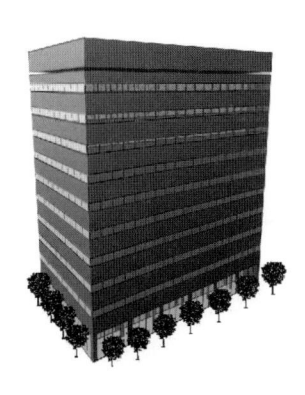

表 2.4 10 階建て事務所モデルの諸元

階	階高 (m)	質量 m_i (t = kN·s²/m)	Σm_i (t = kN·s²/m)	フレーム剛性 k_{fi} (kN/mm)	C_i	主架構せん断力 (kN)	主架構層間変形 (mm)
10	4.00	902	902	413	2.42	12447	30
9	4.00	683	1585	447	2.00	18131	41
8	4.00	687	2272	486	1.77	22949	47
7	4.00	687	2958	529	1.60	27090	51
6	4.00	697	3655	679	1.47	30696	45
5	4.00	701	4356	708	1.36	33774	48
4	4.00	707	5063	733	1.26	36352	50
3	4.00	708	5771	819	1.17	38431	47
2	4.00	710	6481	878	1.08	40023	46
1	5.00	723	7204	879	1.00	41149	47

$$F_h^{(1)} = \sqrt{\frac{1+75h_0}{1+75h_{eq}}} = \sqrt{\frac{1+75\times 0.02}{1+75\times 0.096}} = 0.55$$

となり，ダンパー付加後の等価応答変位，層間変形角は，以下のようになる．

$$u^{(1)} = u^{(0)} F_h \sqrt{\frac{k_f}{k_{eq}}} = 315\times 0.55\times \sqrt{\frac{130}{153}} = 160 \text{ mm}$$

$$\theta^{(1)} = u^{(1)}/H_{eq} = 0.0059 = 1/170$$

ところで，前回設定した塑性率は $\theta^{(0)}$ に対するものであったので，修正を行う．新たな塑性率は，

$$\mu^{(2)} = 500/170 = 2.9$$

であるから，等価剛性，等価減衰定数は

$$k_{eq}^{(2)} = 175 \text{ kN/mm}, \quad h_{eq}^{(2)} = 0.080, \quad F_h^{(2)} = 0.60$$

$$u^{(2)} = 163 \text{mm}, \quad \theta^{(2)} = 0.0060 = 1/168$$

（基準階の層間変形 $4000/168 = 23.8$ mm）

もう一度繰り返しても，μ の値がもはや変化しないため，上記の値を採用する．層間変形角は許容値 1/150 を満足し，おおむね主架構の弾性限領域となっている．このときベースシアは，

$$Q^{(2)} = Q_k^{(2)} F_k \sqrt{\frac{k_{eq}}{k_f}} = 41149\times 0.60\times \sqrt{\frac{174}{130}}$$

$$= 28563 \text{ kN}（ベースシア係数 0.4）$$

となる．このように概算した応答評価を表 2.5 にまとめて示す．また，これらの結果を 10 質点せん断系の時刻歴応答解析結果と比較したものを図 2.37 に示す．各層のせん断力は得られたベースシアより Ai 分布を用いて評価し，各層の最大変形は上記の 1 質点系の変形角より求めた値をプロットしている．予測値はおおむね時刻歴応答結果を包絡し，上記の応答推定法の有効性が確認できる．なお，ダンパーの主架構に対する剛性比率 k_d/k_f が一定でない

表 2.5 ダンパー付加後の応答評価結果

階	ダンパー剛性比 k_d/k_f	ダンパー剛性 k_{fi} (kN/mm)	ダンパー付せん断力 (kN)	ダンパー付層間変形 (mm)
10	1.0	413	8640	15.6
9	1.0	447	12585	21.0
8	1.0	486	15930	24.5
7	1.0	529	18804	26.6
6	1.0	679	21307	23.4
5	1.0	708	23443	24.7
4	1.0	733	25233	25.7
3	1.0	819	26676	24.3
2	1.0	878	27781	23.6
1	1.0	879	28563	24.2

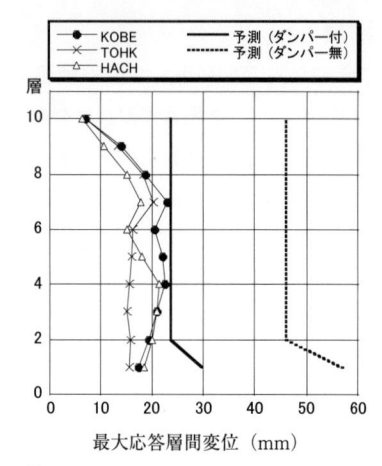

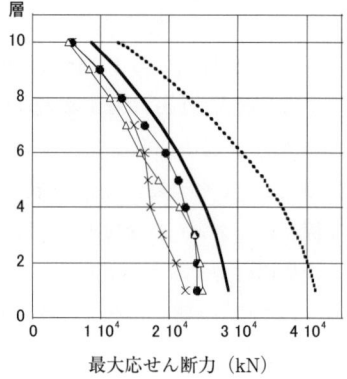

図 2.37 等価 1 質点予測と時刻歴応答解析結果

表 2.6 比例減衰配置で各層一定にすべき指標

弾塑性ダンパー	$k_d/k_f, \theta_{dy}$
粘弾性ダンパー	$k_d/k_f, \eta_d$
粘性ダンパー	$c_d\omega_1/k_f$

場合の予測はやや複雑になる．文献 28) などを参照されたい．粘弾性ダンパー，粘性ダンパーに対する応答評価も同様の方法により 1 質点系に縮約して評価が可能である．この場合，付加減衰を比例減衰とし 1 質点系に簡便に縮約するために各階で一定とすべき指標を表 2.6 に示す[6]．

2.5 設計上の留意点

2.4 節で示した応答評価は，制振部材の履歴モデルを単純化し，架構も単純なせん断モデルとして評価したものであるが，現実の制振部材や架構はさらに複雑な特性を示すため，さまざまな点に留意が必

要となる．既に解説した特性を含めて，代表的な留意点について以下に列記する．

- 鋼材ダンパーでは，降伏荷重が設計より高くなったり，繰返し変形時に降伏荷重が増加（歪硬化）するものがある．この効果により，応答低減効果が低下したり，接合部や主架構に損傷が生じる場合があるので配慮が必要である．
- オイルダンパーでは速度が瞬間的に大きくなった場合に大きな反力が生ずるのを防止するため，一定荷重で弁を開き，反力を頭打ちにする機構が設けられていることが多い．
- 粘性ダンパーでは温度により剛性・減衰が変化するものがある．
- 軸剛性・軸耐力の高い制振部材を連層配置した場合，主架構の柱剛性が十分に高くないと図2.38(a)に示すように制振部材周りの架構の曲げ変形成分が卓越してしまい，層のせん断変形に対しダンパーの利きが低下する．
- 図2.38(b)に示すように，ダンパー軸剛性・軸耐力に対し，接合部やリンクブレース，取り付く梁が十分な剛性を有していないと，この部分が変形してしまいダンパーに変形が与えられないため，ダンパーの利きが低下する．また，ピン接合など接合部に「がた」があったり，ボルトが滑ったりすると，ダンパーにエネルギーが吸収されなくなる．
- 変位依存型のダンパーでは，ある一定の繰返し回数で部材が破断したり性能が低下するため，吸収し得るエネルギー量に限界があるので，応答時の入力エネルギーがダンパーの限界値を超えていないかどうか検証する．オイルダンパーでは定期点検の必要性を検討する．

2.6 制振部材を用いた耐震改修（東京工業大学緑ヶ丘1号館）

既存建物には最新の耐震規準を満足しない，いわゆる既存不適格建物が多く含まれており，予想される大地震時の被害を低減するために耐震改修を行う必要がある．こういった既存建物の耐震補強に対しても，制振部材を用いた改修が有効である場合が多い．本節では，具体的な事例[29,30]を通じてその有効性について見ていく．

本建物は1966年設計の地上5階，半地下1階，延べ床面積6600 m^2 の典型的な大学研究・教室棟である．図2.39に改修前の外観および基準階平面を示す．構造は鉄筋コンクリート造で1971年の建築基準法改正前の設計による既存不適格建物であり，耐震補強を必要とする．表2.7に主要柱梁断面，図2.40(a)に改修前の耐震指標（Is値）を示す．南北方向は曲げ降伏する十分な耐震壁が配置されており

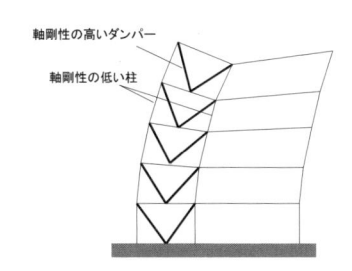

(a) 連層配置時の周辺架構の曲げ変形

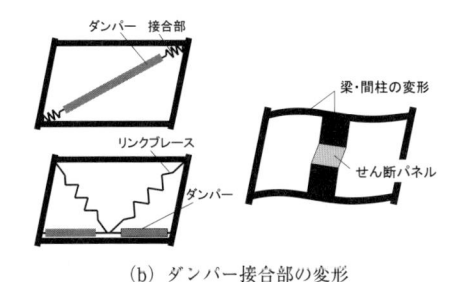

(b) ダンパー接合部の変形

図2.38 制振構造設計上の留意点

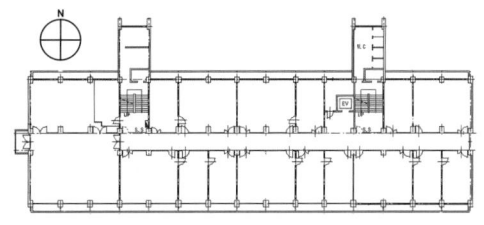

図2.39 東京工業大学緑ヶ丘1号館（改修前）

表 2.7 補強前部材リスト

	柱		梁		
5F	RC-650×700		RC-350×600		
	主筋	18-D19	主筋	上端	5-D19
				下端	3-D19
	Hoop	9φ@250	Hoop		9φ@250
4F	RC-650×700		RC-350×600		
	主筋	14-D19	主筋	上端	7-D22
				下端	4-D22
	Hoop	9φ@250	Hoop		9φ@250
3F	RC-650×800		RC-350×700		
	主筋	4-D22 10-D19	主筋	上端	8-D22
				下端	6-D22
	Hoop	9φ@250	Hoop		9φ@250
2F	RC-650×800		RC-350×700		
	主筋	14-D22	主筋	上端	8-D25
				下端	7-D25
	Hoop	9φ@250	Hoop		9φ@250
1F	RC-650×900		RC-350×800		
	主筋	6-D25 8-D22	主筋	上端	8-D25
				下端	7-D25
	Hoop	9φ@250	Hoop		9φ@250
BF	RC-650×900		RC-350×900		
	主筋	24-D25	主筋	上端	8-D25
				下端	9-D25
	Hoop	9φ@250	Hoop		9φ@250

各階ともに Is 値は目標の 0.7 を超えているが，東西方向は帯筋が不足し，せん断破壊が先行する柱よりなるラーメン構造が主体となっており，5 階を除く全ての階で目標値 0.7 を割り込んでいる．特に 2 階は 0.26 と目標値の約 4 割の値となっており，層崩壊の危険性も予想された．最も Is 値の低い 2 階東西方向の耐力-層間変形関係を図 2.40(b) に示す．同図中一点鎖線は F-C 関係より F=1.0 を層間変形角 1/250，F=1.27 を層間変形角 1/150 に換算して評価した荷重-変形関係，破線は建築学会 RC 諸規準により柱・壁のひび割れ耐力，終局耐力を評価し各層で足し合わせたもの，実線は同特性を立体解析モデルに組み込み増分解析したものである．鎖線と実線の最大耐力はほぼ対応しており，F=1.0（変形 15 mm）程度までは実線，これ以降は鎖線の履歴をとるものと考えられる．

また，本建物は長辺方向がほぼ真南に面しており，夏期の熱負荷の大きな建物である．桁行き方向は 4 m 間隔で柱が並んでおり，同グリッドに沿ったファサード設計を行うことにより，耐震性能のみならず環境性能の改善を図る．具体的には図 2.41 に示すように，鉄筋コンクリート建物の外壁庇部に履歴型制振ブレース（座屈拘束ブレース）を付加し，これを支持材としてその外側にガラスまたはルーバーを付設する．制振部材には弾塑性型ダンパーの一種である座屈拘束ブレースを使用し，塑性化長さを限定することにより小さい層間変形角よりエネルギー吸収を行う（表 2.8）．エネルギー吸収型の耐震補強では強度型と Is 値は同じであっても，より大きな地震に耐えることができると考えられる．

対象建物において制振ブレースの効果を十分に発揮させるためには既存主架構の変形能力を増大させることが望ましい．本補強では図 2.41 に示すように，応答変形が大きく，夏休み中の内部作業が可能な B1～2 階の独立柱に炭素繊維巻補強を施して変形能力を向上させるとともに，制振ブレース付加により耐力向上およびエネルギー吸収による応答低減効果を期待する．一方，3～5 階の研究室階は居付き工

(a) 耐震指標（Is 値）　　(b) 水平荷重-変形関係

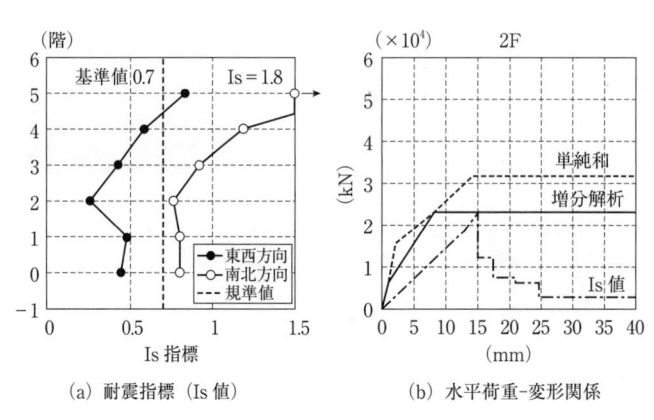

図 2.40 補強後前の耐震性能

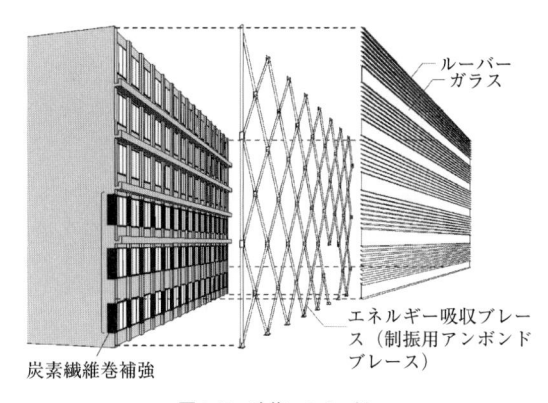

図2.41 改修コンセプト

表2.8 制振ブレース（座屈拘束ブレース）

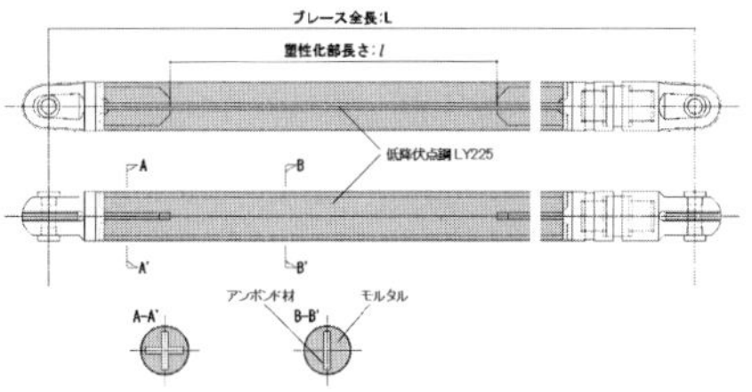

階	南面			北面			増加耐力 (kN)
	記号	箇所数	Q_u(kN)	記号	箇所数	Q_u(kN)	
5	NB2	15	0	-	-	-	0
4	RB1	15	7356	RB3	3	2494	9850
3	RB4	15	16200	RB3	10	8314	24514
2	RB4	15	15699	RB4	13	13605	29304
1	RB4	12	12559	RB4	6	6279	18838
B1	RB4	13	13154	RB4	6	6071	19226

以上とする．制振ブレースは各階の必要増加耐力を基に各階南面15構面，北面13構面ある設置構面に，それぞれ1構面あたり600〜1400 kN程度の耐力をもつ制振ブレースを配置する（表2.8）．本節では，従来の耐震補強との比較のために同等の耐力をもつH型断面ブレースでの補強（強度型補強）の場合も合わせてその性能を検証する．図2.40のフレームモデルを前述の耐震補強を行ったモデルに改造し，補強前と同様の性能評価を行う．改修後の耐震指標および2階の荷重-変形関係を図2.42に示す．図2.40の改修前と比較し，耐力が約2倍程度に向上していることがわかる．

さらに2階柱の復元力特性について，対象建物の1層1スパンの1/2.5縮小モデルを製作して正負繰返し水平力載荷の実験を行い，その整合性を検証する．RC-1（補強前）は補強前対象建物の1/2.5縮小モデルであり，RC-2（補強後）はRC-1の両柱に炭素繊維巻補強を施し，表裏に各1本の制振ブレースを取り付けたモデルとなっている．加力は層間変形角1/250〜1/50の漸増繰返し載荷とする．

図2.43左から，RC-1試験状況，せん断破壊時のRC-1柱，RC-2試験状況を示す．補強前（RC-1）試験体は，層間変形角1/200程度で柱がせん断破壊を起こしてスリップ型の履歴に移行し，1/50の載荷で半分以下に耐力は低下し崩壊に至った．これに対し補強後（RC-2）試験体は，安定した紡錘型の履歴性状を示し，1/50の載荷2度ループ後も耐力低下は生じなかった．荷重-変位関係より求めた補強後の累積吸収エネルギーは補強前に比べ，約5倍以上の性能を有している．図2.40および図2.42で

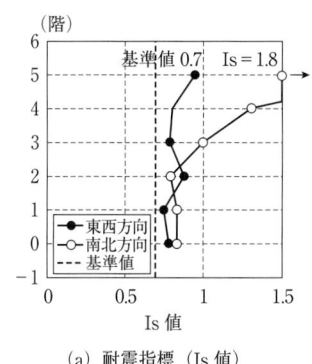

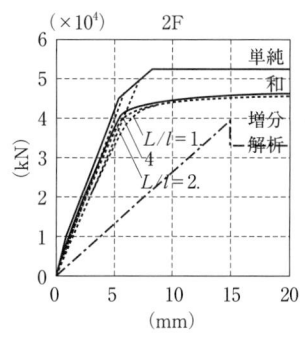

事となるためファサード面の制振ブレース付加のみ行い，最大応答を柱の弾性挙動範囲内に抑え込む方針とする．

柱の炭素繊維巻補強はB1〜2階の計64本に対し1〜4重巻補強を行い，柱のせん断強度を曲げ強度

(a) 耐震指標（Is値）　　(b) 水平荷重-変形関係

図2.42 補強後の耐震性能

(a) 無補強モデル／柱裏面　補強前モデル（RC-1）

(b) エネルギー吸収型補強モデル　補強後モデル（RC-2）

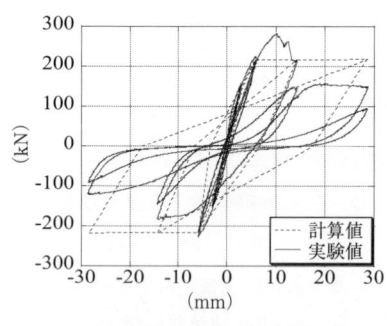

(c) 補強前荷重-変形関係

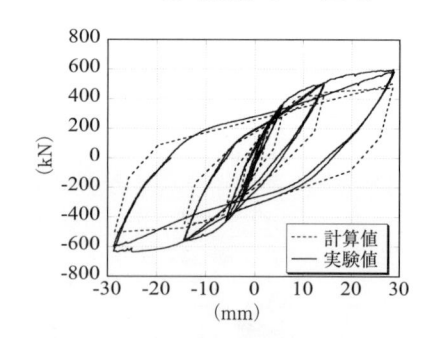

(d) 補強後荷重-変形関係

図 2.43　縮小架構繰返し載荷実験

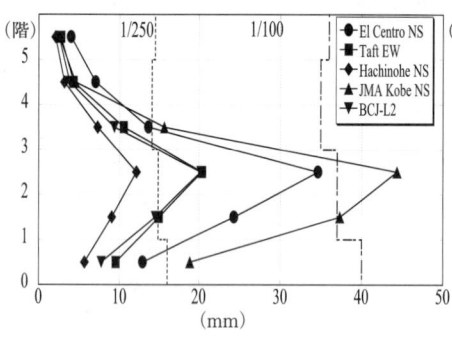

(a) 補強前応答層間変形角

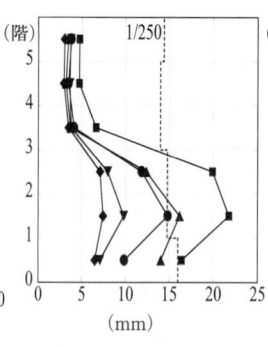

(b) 強度型補強層間変形角

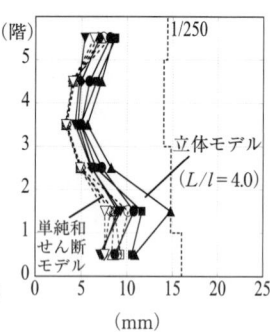

(c) 制振補強層間変形角

図 2.44　時刻歴応答解析結果

設定した各部材の耐力式より，RC フレームには武田モデルを，制振ブレースにはバイリニアモデルを適用し，組み合わせて得られた復元力特性（点線）を図 2.43 中に実験より得られた荷重-変位関係（実線）に重ねて示す．同図を見ると設定した履歴モデルはおおむね妥当な範囲にあると考えられる．

これらの履歴モデルを用いて補強前後の架構の時刻歴応答解析を行い，応答特性の変化を見る．入力地震波は El Centro NS，Taft EW，Hachinohe NS，JMA Kobe NS を最大速度 50 cm/s^2 に規準化したものと，BCJ-L2 の原波とする．減衰は初期剛性比例型で 3.0% とし，解析方向は Is 値の小さい建物東西方向に限定する．図 2.44 に補強前後の応答層間変位を示す．(a) の補強前では Is 値が最低となる2階で最大層間変形角がほとんどの地震波で 1/250 を超え，1/100 を超える場合もあることから崩壊する危険が高いことがわかる．また，補強後を見ると，(b) の強度型補強では応答変位を 1/250 以下に抑えることができず，雑壁の破壊による損傷を受ける可能性がある．一方，(c) のエネルギー吸収型補強では表 2.8 における座屈拘束ブレースの塑性化部の長さ l を短くする（L/l の値が大きくなる）にしたがって応答変位が減少し，$L/l>40$ で応答変位が 1/250 以下に抑えられ，ほぼ無損傷のレベルに留

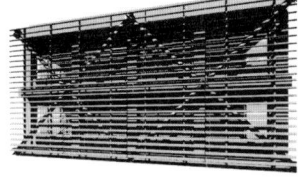

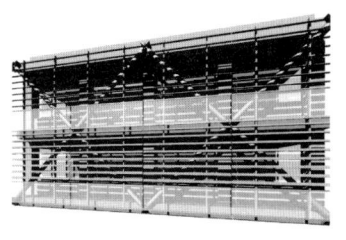

(a) ガラスダブルスキン (*g*)　　(b) ルーバー (*l*)　　(c) ルーバー + ガラス (*lg*)

図 2.45　環境制御ルーバーの形式

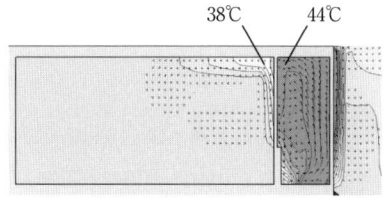

(a) ガラスダブルスキン (*g*)：夏期　　(c) ルーバーのみ (*l*)：冬期

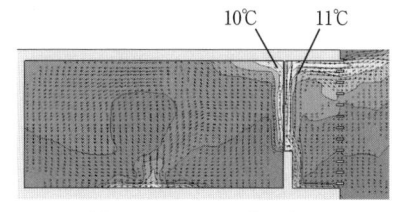

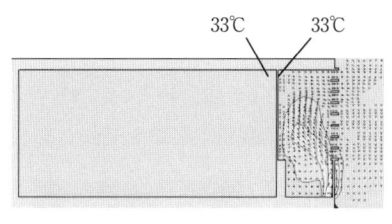

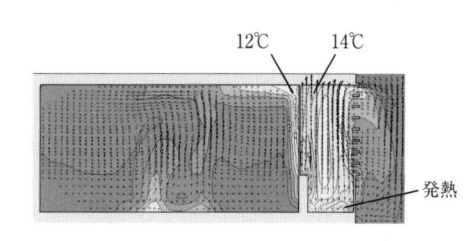

(b) ルーバー + ガラス (*lg*)：夏期　　(d) ルーバー + ガラス (*lg*)：冬期

図 2.46　CFD 解析結果

まる．ただし図 2.44(c) 中に点線で示した単純和履歴を用いた結果に比べると制振部材の応答低減効果は限定的であり，単純なせん断モデルを使用した場合の制振効果の評価には過大評価になるので留意が必要である．

環境面に関しては各季節における東京南中時の日射量を算定し，床面，壁面およびガラス面よりの熱放射を評価した CFD 解析[29)] を行うことによって，ペリメータゾーンの熱環境を評価する．外壁は図 2.45 に示すようにガラス (*g*)，ルーバー (*l*) としたもの，上部ルーバーと下部ガラスを組み合わせたもの (*lg*) の 3 種類のファサードを設定する．

解析は各モデルにおいて日射およびその透過により床，壁面およびガラス面より単位時間に発生する熱量およびその領域を算定してモデル内に初期条件として与え，室内での対流による温度分布状況をCFD 解析により求める．

図 2.46 に得られた熱環境解析結果を示す．(a) の夏期の解析においては，ガラスのダブルスキンは内外壁間の温度が 44℃ に達し，その影響で室内の壁側の温度も上昇している．一方，(b) のルーバー + ガラスを付加したタイプでは日射の大部分がルーバーにより遮蔽され，ペリメータ部に到達しないために室内側の温度の上昇はほとんど見られない．一方，(c) の冬期においてルーバーのみのファサードではルーバーの間より差し込む日射により室内の発熱は期待できるものの，ペリメータ部の温度は外気温とほぼ変わらず，ダブルスキン効果はほとんど得られていない．これに対し，(d) のルーバー + ガラスを付加したタイプでは下部ガラスを通して腰壁部に到達した日射が発熱を生じ，ペリメータゾーンの温度が 14℃ 程度まで上昇していることがわかる．このことにより，冬期もガラスのダブルスキンに準じた効果が得られている．以上を総合すると，排気・開閉機構をもたない固定型のガラスのダブルスキンは，冬期の保温効果は最も期待できるものの，夏期の熱負荷が大きく，暖房負荷より冷房負荷の大きな東京の気候には不向きであるといえる．一方，

ルーバーとガラスを組み合わせた半開放型タイプは排気・可動などの機械的機構のない固定型でも夏の熱負荷を軽減するとともに冬期の保温効果も期待でき，わが国の気候に適したファサードシステムの一つと考えることができる．本建物ではルーバー＋ガラスタイプの在来外壁に対する空調負荷低減効果は，年間平均で約2割と算定されている．

検討建物の改修は，2005年7月〜2006年3月において実際に実施された．改修工事は便所・設備などの改修と合わせて工程約9ヶ月，工費約6億円となっている．建物に居住する各研究室は隣接する別棟に移動のためのスペースが確保されたが，おおむね6割の居住者が全工期を通して建物に居続けた．居住率推移を見ると，空調機が撤去され，はつり工事が行われたため，窓を開けられず冷房も使用できなかった2005年9月に退去率が最大となっている．居付き環境の確保のためには騒音・粉塵・空調対策に配慮することが重要である．図2.47に竣工後の概観写真および定着部の施工状況を示す．ブレース定着部は本体RC梁に外部よりケミカルアンカーを打ち込み，既存庇の中にシアスタッド付き鋼製梁を設置し両者間にモルタルを充填することにより，制振ブレースの最大せん断力が十分余裕をもって本体建物に伝達できるようにした．また，建物両端部では鉛直方向にブレース反力が発生するため，これを耐震壁に伝達する組柱架構を設置した．竣工後の居住者の評価はおおむね好意的で，建築雑誌でも多く紹介され，外観デザインに関しても一定以上の評価を得られている．

以上の検討建物の事例を用い，既存不適格建物の取扱いにおける以下の3つの異なるシナリオを設定し，防災面および環境面の評価の概算を試みる．

シナリオ1：当該建物を改修せず放置し，震度6強の地震を受けた場合を想定する．2階が層崩壊し，死者20名，負傷者100名を発生させたものと考える．その後，新たな同規模の建物を建設する．

(a) 改修後の南面外観　　(b) 改修後のファサード

(c) 制振部材接続部の施工状況

図 2.47　補強工事および竣工後の状況

表2.9 使用するLCCO$_2$原単位

項目	原単位
コンクリート	0.026 kg-C/kg
型枠	0.131 kg-C/kg
鉄筋	0.290 kg-C/kg
鋼材	0.406 kg-C/kg
空調	0.533 kg-C/kW

表2.10 各シナリオの防災・環境コスト

	経済損失（億円）	発生CO$_2$(t)
シナリオ1		
人的損失[*1]	15.0	
再建費用[*2]	16.5	780
計	31.5	780
シナリオ2		
改修工事[*3]	6.0	78
空調負荷低減[*4]	−1.8	−1440
計	4.2	−1362
シナリオ3		
新築費用[*2]	16.5	780
計	16.5	780

*1：死者0.5億/人，負傷者0.05億/人で評価．
*2：費用2：25万/m^{2}で評価．
*3：費用実績，使用鋼材200 t．
*4：空調費2割削減で評価．

シナリオ2：当該建物を上記2.2〜2.6節で述べた統合ファサードにより改修し，30年間使用したものと考える．

シナリオ3：当該建物を取り壊し，新たな同規模の建物を新築した場合を想定する．新築する建物はレベル2の地震動に対し，ほぼ無損傷の高い耐震性能を有しているが，通常のファサードを有しているものとする．

表2.9に評価に使用したLCCO$_2$原単位[17]を示す．建物新築のCO$_2$発生量にあたってはコンクリート1 m^{3}あたりの型枠を43 kg，鉄筋を135 kgとし，地業，仕上げ，輸送，施工に伴い発生するCO$_2$も含めてRC床面積あたり118 kg-C/m^{2}として算定した．空調設備自身は定期的に更新されているものとし，ファサードによる負荷低減効果のみをシナリオ2で概算している．

表2.10に各シナリオにおける経済損失および発生CO$_2$の概算を示す．発生CO$_2$の削減に関しては，ファサードの空調負荷低減効果が大きく寄与することがわかる．また，耐震改修費用は放置または新築費用に対し，1/4〜1/7に収まることがわかる．検討建物が倒壊した場合に発生するがれき類の量は約10000 m^{3}であり，首都圏における総発生量の約1万分の1に相当する．表2.10に示した各シナリオの防災・環境コストはおおむね大都市全域では1万倍のオーダーで増幅されるものと考えれば，既存不適格建物を防災・環境面で適切・早期に改修することが都市全体の経済損失および発生CO$_2$の削減に与える効果は甚大といえる．

図2.48 斜行制振ルーバー

図2.49 斜行制振ブレースによる耐震改修

以上のように，制振部材と環境制御型ファサードを組み合わせた耐震改修のコンセプトは，さまざまな形式での応用が可能である．図2.48は小容量（降伏軸力300 kN）の座屈拘束ブレースを日照を制御する斜行ブレースとして設計し[31]，耐震要素として使用しようとする試みである．図2.49は本システムを壁内側に設置し，既存のファサードを保持したまま耐震改修を行った事例である．

2.7 制振構造の応用と可能性

前節までは重層構造を主体に制振構造の設計について学んできた．これらを応用することにより，より多様な構造物の耐震性能を向上させることが可能となる．以下にいくつかの例を示す．

a. 空間構造への応用

体育館や鉄塔などで多用されるトラス構造は梁の曲げ塑性ヒンジで崩壊形が決まる重層構造と異なり，個材の座屈により耐力低下しながら崩壊するため，従来は塑性設計が困難であり，大地震に対しても弾性設計を基本とせねばならなかった．しかし，下図に示すように，クリティカルとなる部材を軸力型弾塑性制振部材（座屈拘束ブレースなど）に置き換えることにより，これらの部材を他部材の座屈に先行させて降伏させ，構造物全体を安定した崩壊系に改善することができる（図2.50）[32]．

このようなテクニックを用いた事例を図2.51に示す．同図（a）は座屈拘束ブレースを妻面に設置した学校体育館である．この体育館ではブレースのエネルギー吸収能力により，レベル2地震入力に対してもブレース以外の各部材を弾性範囲内に留める設計がなされている[32]．（b）は通信鉄塔を耐震補強するにあたって，クリティカルとなる斜材を座屈拘束ブレースに交換した例である[33,34]．この場合も，鉄塔に過大な地震入力が働いたときには座屈拘束ブレースが先行降伏し，付加減衰機能を発揮して応答を低減させることによって，他の部材を座屈より救うことができる．

速度依存型のダンパーを用いた空間制振構造の事例も出始めている．図2.52は粘弾性とばねを組み合わせたダンパーをケーブル材の端部に設置し，膜屋根構造の暴風時および地震時の応答を制御仕様としたサッカースタジアムの例である[35,36]．図2.53に示す振動測定の結果ダンパーの設置によって1次振動モードに対する減衰定数は約1％から4％にまで増加し，地震時応答は60〜80％に低減されることが確認されている．上記屋根構造における自由振動波形の例を示す．ダンパーのない場合の振動に対し，ダンパー負荷後の振動は，早期に収まっていることがわかる．第1章で示した式（1.25）を用いて減衰定数の評価を試みられたい．

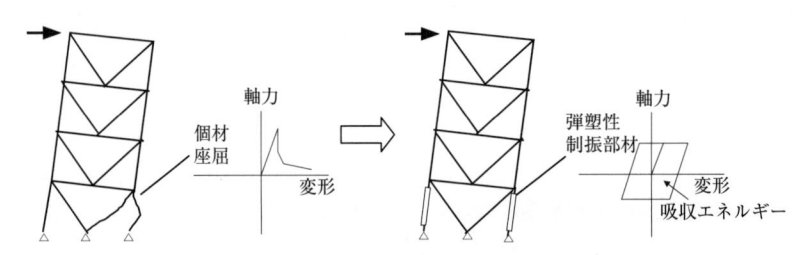

図2.50 弾塑性制振部材によるトラス構造の制振

（a）学校体育館　　（b）通信鉄塔

図2.51 弾塑性制振部材による制振トラス構造の事例

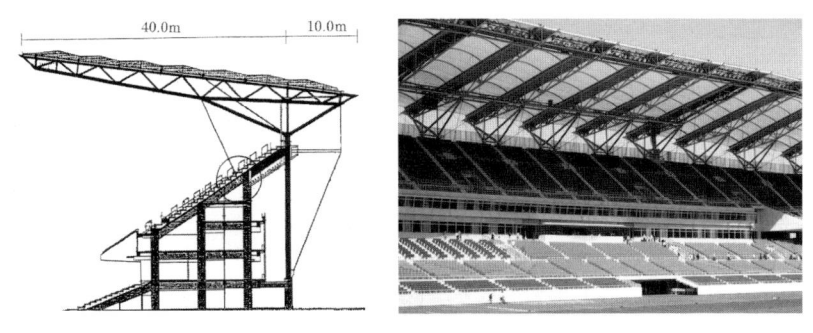

図 2.52 ばね付き粘弾性体ダンパーによるスタジアム屋根の制振

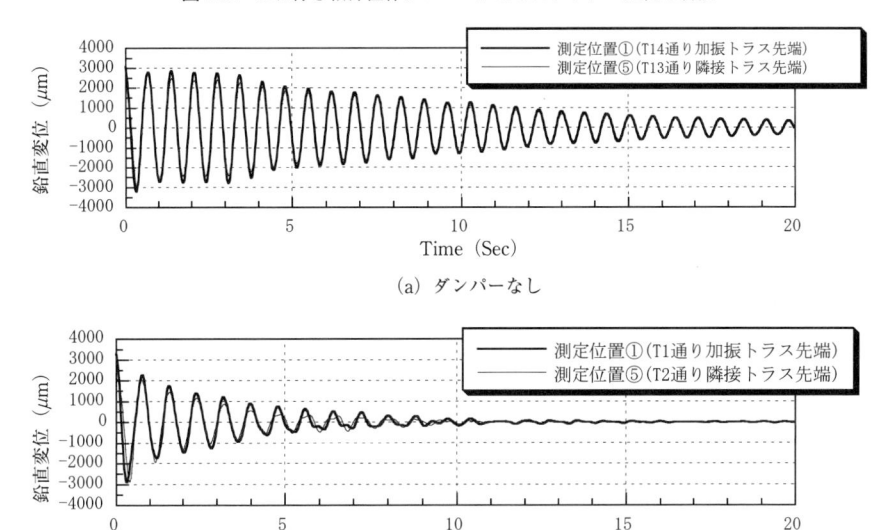

(a) ダンパーなし

(b) ダンパーあり

図 2.53 自由振動測定結果

b. 免震構造との組合せ

免震構造，制振構造はともに主構造の長周期化，特定部材でのエネルギー吸収により応答低減を図り，より被害を予測可能な安定した領域に限定することを指向するという点で同じコンセプトを有しており，その境域は次第に曖昧になりつつある．図2.54は地上14階，地下2階のオフィスビル（大阪弁護士会館：構造設計/日建設計）である．この建物は地上部に背骨として各層を貫く鋼板パネル制振壁を有しているものの，地下1階柱脚にピン支承を挿入して剛性を落とし，この層に変形を集中させて地下外壁との間にオイルダンパーや鋼材ダンパーを集中配置しエネルギーを吸収させる，「New Soft-first Story」とでも呼ぶべきコンセプトで構成されている．かつてのSoft-first Storyのコンセプトは第1層に変形を集中させることによる層崩壊の危険性を伴うことより用いられることが少なくなったが，本建物ではこれを地下に配置し，制振部材で応答変形量を害のないレベルに制御することで第1層に集中するエネルギーを処理している．広義的には免震構造の一種ともいえる構造形式であり，岡隆一による初期の免震構造（図2.55，不動貯金銀行，1934年）[37]にも似た構造形式となっている．特定層に入力エネルギーを集中させる以上，その層には十分なロバスト性をもたせることは必須であり，$P\Delta$効果などを考慮しても十分安全な設計を行うことでこのような構造形式が成立しうるといえる．

構造システム上，免震構造と制振構造を組み合わせた建物も出現している．図2.56は東京都内に建つ高層教育施設（代ゼミタワー：構造設計/大成建設）である．本建物では基礎部に減衰力を制御したオイルダンパーを用いた免震層を有しているのみならず，上部構造のＲＣ耐震壁の曲げ変形を利用しその間の上部各層に鋼材と粘弾性体を組み合わせたダ

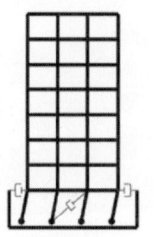

大阪弁護士会館
完成：2006年
設計：日建設計
構造：鉄筋

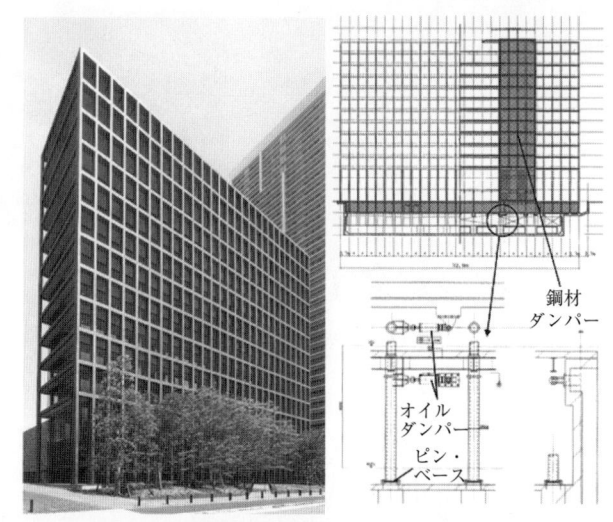

鋼材ダンパー

オイルダンパー
ピン・ベース

撮影：東出清彦

図 2.54　制御型ソフト・ファースト・ストーリー構造

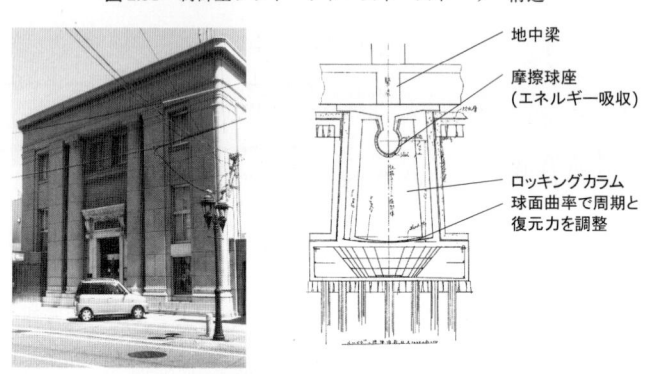

地中梁
摩擦球座
（エネルギー吸収）
ロッキングカラム
球面曲率で周期と復元力を調整

図 2.55　わが国で最初に適用された免震構造[28]

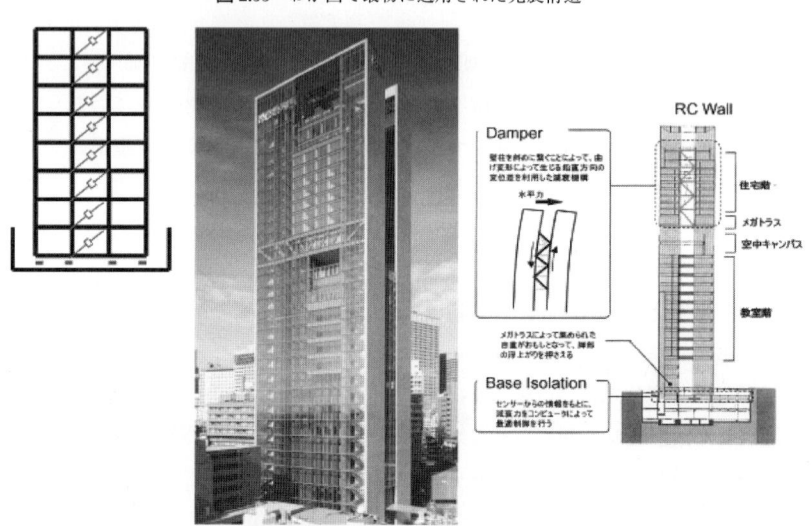

図 2.56　免震構造と制振構造を併用した建物

ンパーを配することで，免震構造でも抑え切れない上層部の応答増幅を制御している．中間層免震と相まって，今後免震構造と制振構造を組み合わせたさまざまなハイブリッド応答制御構造が設計されることが予想される．

2. 制振構造

第 2 章付表 代表的な制振部材の諸元

以下に，本テキストで使用するための代表的な制振装置の諸元を示す．現実のメーカーの製品を参考に，平均的な特性を示したものであり，必ずしもメーカー製品と対応するものではない．

付表 2.1 座屈拘束ブレース（弾塑性鋼材ダンパー）

芯鋼材種 LY225（$\sigma_y = 205 - 245\,\mathrm{N/mm^2}$, $\sigma_{yave} = 225\,\mathrm{N/mm^2}$）

降伏軸力タイプ（kN）	750	1000	1250	1500	1750	2000	2250
拘束鋼管径（mm）	216.3	267.4	267.4	318.5	355.6	355.6	355.6
拘束鋼管厚（mm）	4.5	6.0	6.0	6.0	6.4	6.4	6.4
芯材形状	−	−	−	−	−	−	−
芯材厚（mm）		19	22	25	25	25	32	32
芯材幅（mm）		175	206	222	267	311	278	313
限界座屈長さ（m）	5.27	7.22	6.46	7.7	8.71	8.14	7.67
接合部ボルト本数(M22)	32	32	40	48	56	64	80
接合部幅（mm）	197	206	222	267	311	278	313
接合部長さ（mm）	590	590	610	670	770	870	570

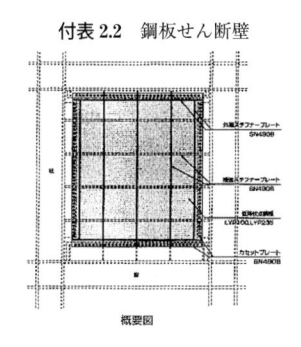

付表 2.2 鋼板せん断壁

概要図

使用鋼材	LY100			LY225		
F 値（N/mm²）	80			205		
耐力上限値（N/mm²）	200			300		
パネル幅（mm）	2000	2000	2000	2000	2000	2000
パネル高さ（mm）	3000	3000	3000	3000	3000	3000
パネル厚（mm）	6.0	9.0	12.0	6.0	9.0	12.0
降伏せん断力下限値(kN)	554	831	1109	1420	2130	2841
降伏せん断力上限値(kN)	1386	2079	2771	2079	3118	4157
弾性剛性（kN/mm）	324	486	648	324	486	648

付表 2.3　粘弾性ブレース

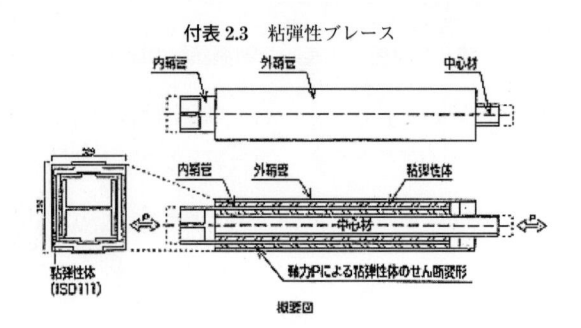

アクリル系粘弾性体 ISD111（損失係数 $\eta = 1.0:20℃\ 2.0\ Hz$ のとき）

粘弾性体厚（mm）	5	10	15	備考
粘弾性体面積（m²）	2.4	3.0	3.6	
最大軸力（kN）	1225	1520	1820	$f = 0.5\ Hz,\ 20℃$ 時
許容軸変形（mm）	15	30	45	$\gamma = 300\%$ 時
限界軸変形（mm）	22.5	45	67.5	$\gamma = 450\%$ 時
適用階高（m）	3.0〜3.8	3.8〜4.2	4.3〜6.5	角度45°を想定
ブレース長さ（mm）	2.1〜2.8	4.2〜4.8	4.7〜7.7	角度45°を想定
外形 W×H（mm）	309×380	329×380	349×392	
接合部ボルト本数(M22)	24	32	40	
接合部幅（mm）	250	250	250	
接合部長さ（mm）	350	390	390	

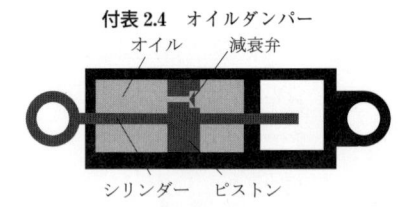

付表 2.4　オイルダンパー

最大減衰力（kN）	125	250	500	1000	1500	2000
1次減衰係数 c_{d1}(kN・sec/mm)	3.75	7.5	15	30	45	60
2次減衰係数 c_{d2}(kN・sec/mm)	0.05	0.09	0.18	0.37	0.55	0.74
リリーフ速度（mm/sec）	30.0	30.0	30.0	30.0	30.0	30.0
リリーフ荷重（kN）	113	225	450	900	1350	1800
最大速度（mm/sec）	150	180	210	240	270	300
ストローク（mm）	160	180	200	220	240	280
シリンダー外形（mm）	140	180	220	260	310	360

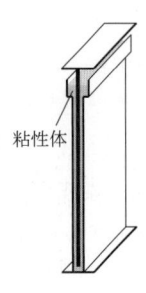

付表 2.5　粘性壁

$F = c \times V^{0.59}$ （4.0 mm/sec $< V <$ 40 mm/sec のとき）

パネル幅（mm）	1000	1500	2000	備考
パネル高さ（mm）	3000	3000	3000	
せん断隙間（mm）	4.0	4.0	4.0	
減衰係数 c(kN/(mm/sec)$^{0.59}$)	19	28	37	25℃のとき
せん断力上限値（kN）	3300	3300	3300	
参考速度（mm/sec）	125.6	125.6	125.6	1.0 Hz, ±20mm
参考最大反力（kN）	322	484	645	

付表 2.6　摩擦ダンパー（ボルト機構）

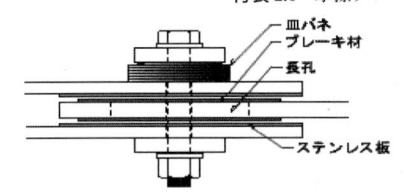

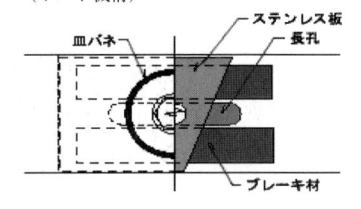

型式		FDB80	FDB100	FDB120	FDB130	FDB150
目標導入軸力（kN）		52.9	83.3	138.1	166.6	194.9
摩擦係数		0.32				
摩擦力（kN）		33.9	53.3	88.4	106.6	124.7
皿ばね最大並列枚数		13				
最小ボルト径（mm）		M20	M20	M24	M24	M27
皿ばね形状	外径 d1(mm)	80	100	120	130	150
	内径 d2(mm)	40	50	60	65	75
	板厚 t(mm)	2.1	2.6	3.2	3.6	3.9
	高さ h1(mm)	4.7	5.85	7.1	7.8	8.8
	たわみ f(mm)	2.6	3.25	3.9	4.2	4.9
皿ばね1枚あたりの目標導入軸力（kN）		4.07	6.41	10.62	12.82	14.99

参考文献

1) 和田　章，岩田　衛，清水敬三，安部重孝，川合廣樹：建築物の損傷制御設計，丸善，1998．
2) 秋山　宏：エネルギーの釣合いに基づく建築物の耐震設計，技報堂，1999．
3) 日本構造技術者協会：応答制御構造設計法，彰国社，2000．
4) 国土交通省住宅局：建築物の構造関係技術基準解説書（2001年度版），工学図書，2001．
5) 日本免震構造協会（編）：パッシブ制振構造設計・施工マニュアル第2版，日本免震構造協会，2005．
6) 竹内　徹，神田　亮，小崎　均，北嶋圭二：免震・制振構造の設計―学びやすい構造設計―，日本建築学会関東支部，2007．
7) 藤本盛久，和田　章，佐伯英一郎，渡辺　厚，人見泰義：鋼管コンクリートにより座屈を拘束したアンボンドブレースに関する研究，構造工学論文集，34B，249-258，1988．
8) 藤本盛久，和田　章，佐伯英一郎，竹内　徹，渡辺　厚：アンボンドブレースの開発，季刊カラム，115，91-96，1990．
9) 今井克彦・脇山広三他：二重鋼管の補剛効果に関する研究：日本建築学会大会学術講演集，C-II，1281-1282，1991．
10) AISC 2005：Seismic Provisions for Structural Steel Buildings, ANSI/AISC 341-05, American Institute of Steel Construction.
11) 日本建築学会：鋼構造座屈設計指針，3.5「座屈拘束ブレース」，2009．
12) 高橋泰彦，品部祐児：せん断降伏型薄鋼板の復元力特性に関する実験的研究，日本建築学会構造系論文集，494，107-114，1997．
13) 笠井和彦，伊藤浩資，渡辺　厚：等価線形化手法による一質点弾塑性構造の最大応答予測法，日本建築学会構造系論文集，571，53-60，2003．
14) 日本鋼構造協会，鋼材倶楽部：履歴型ダンパー付骨組の地震応答性状と耐震設計法，1998．
15) 笠井和彦，寺本道彦，大熊　潔，所　健：粘弾性体の温度・振動数・振幅依存を考慮した構成則（その1　線形領域における温度・振動数依存のモデル化），日本建築学会構造系論文集，543，77-86，2001．
16) 笠井和彦，大熊　潔：Kelvin体による線形粘弾性ダンパー簡易モデル化と精度に関する考察（その1　弾性・弾塑性フレームをもつ一質点制振構造の場合），日本建築学会構造系論文集，550，71-78，2001．
17) 笠井和彦，城台　顕：間柱型粘弾性ダンパーをもつ制振構造の動的特性と挙動およびそれらの簡易評価法に関する研究，日本建築学会構造系論文集，558，125-132，2002．
18) 笠井和彦，岩崎啓介：様々な形式の制振構造における自由度縮約法と水平バネ系への変換法，日本建築学会構造系論文集，605，37-46，2006．
19) 笠井和彦，伊藤浩資：弾塑性ダンパーの剛性・降伏力・塑性率の調節による制振構造の応答制御手法，日本建築学会構造系論文集，595，45-55，2005．
20) 笠井和彦，湊　直生，川鍋佳史：粘弾性ダンパーの等価剛性の調節による制振構造の応答制御手法，日本建築学会構造系論文集，610，75-83，2006．

21) 笠井和彦, 鈴木　陽, 大原和之：減衰力が速度の指数乗に比例する粘性ダンパーをもつ制振構造の等価線形化手法, 日本建築学会構造系論文集, **574**, 77-84, 2003.

22) 笠井和彦, 小椋崇之, 鈴木　陽：非線形粘性ダンパーの等価剛性調節による制振構造の応答制御手法, 日本建築学会構造系論文集, **618**, 97-104, 2007.

23) 笠井和彦, 西村忠宗：減衰力が速度にバイリニア的に比例するオイルダンパーをもつ制振構造の等価線形化手法, 日本建築学会構造系論文集, **583**, 47-54, 2004.

24) 笠井和彦, 伊藤浩資, 小椋崇之：オイルダンパーの等価剛性調節による制振構造の応答制御手法, 日本建築学会構造系論文集, **630**, 1281-1288, 2008.

25) 笠井和彦, 所　健：粘弾性体の温度・振動数・振幅依存を考慮した構成則（その2　温度上昇および歪・歪速度がもたらす非線形性のモデル化）, 日本建築学会構造系論文集, **561**, 55-62, 2002.

26) 笠井和彦, 湊　直生, 櫻井　馨：粘弾塑性ダンパーの等価剛性調節による制振構造の応答制御手法, 日本建築学会構造系論文集, **618**, 23-31, 2007.

27) 笠井和彦：5章-パッシブ制振構造の設計法,「特集：身近になったパッシブ制振構造を学ぶ」, 建築技術, 2005年8月号.

28) 竹内　徹, 市川　康, 中島秀雄, 笠井和彦：ダンパーが不均等配置された多層パッシブ制振構造の応答予測, 日本建築学会構造系論文集, **583**, 115-122, 2004.

29) 竹内　徹, 小谷野一尚, 安田幸一, 湯浅和博, 岩田　衛：ファサードエンジニアリングの統合に関する研究－統合ファサードの提案および性能評価－日本建築学会環境系論文集, **601**, 81-88, 2006.

30) 竹内　徹, 安田幸一, 湯浅和博, 岡山俊介, 宮﨑健太郎, 岩田　衛：統合ファサードによる既存不適格建物の耐震改修, 日本建築学会技術報告集, **24**, 161-168, 2006.

31) 金木洋平, 竹内　徹, 宮崎健太郎, 岩田　衛：ファサードエンジニアリングの統合に関する研究－統合ファサードの構造性能, 日本建築学会技術報告集, **14**(27), 137-142, 2008.

32) 竹内　徹, 小河利行, 鈴木達人, 熊谷知彦, 山形智香：立体トラス架構の損傷制御設計に関する基礎的研究, 構造工学論文集, **51B**, 31-37, 2005.

33) 竹内　徹, 内山智晴, 鈴木一弁, 大河内靖雄, 小河利行, 加藤史郎：座屈拘束ブレースによるトラス鉄塔の耐震補強　－実大架構繰返し実験－, 日本建築学会構造系論文集, **589**, 129-136, 2005.

34) 大河内靖雄, 竹内　徹, 加藤史郎, 鈴木一弁：座屈拘束ブレースを用いた既存通信鉄塔の耐震補強工事, 日本建築学会技術報告集, **22**, 179-184, 2005.

35) 竹内　徹, 岩田　衛, 大熊　潔, 黄　一華, 笠井和彦, 和田　章：ばね付き粘弾性体によるテンション構造の制振, 日本建築学会構造系論文集, **527**, 117-124, 2000.

36) 斎藤公男, 竹内　徹, 岡田　章, 鈴木一弁, 金田勝徳, 中村博志, 渡邊朋宏：テンション構造用付加減衰機構を有するスタジアム屋根の振動性状, 日本建築学会技術報告集, **16**, 121-128, 2002.

37) 岡　隆一：建築免震構造の研究, 建築雑誌, **43**(527), 1929.

3 耐震メンテナンス

3.1 はじめに

　ここでは既設の道路や鉄道などの鋼構造物に対する耐震メンテナンスについて述べる．兵庫県南部地震の経験から耐震についての要求性能が見直され，従来のそれに比べて格段に高くなった．すなわち，大部分の既設構造物については建設時に想定した設計地震荷重は現在のそれと比べるとはるかに小さいものであり，強度および変形性能を現在の所要性能のレベルまで向上するための構造改善，すなわちレトロフィットが必要とされる．そのような構造改善を耐震レトロフィットと呼ぶことにする．

　兵庫県南部地震では鋼製橋脚の基部や断面変化部で局部座屈し，その位置で脆性破壊すること，局部的に塑性ひずみが生じていわゆる低サイクル疲労の生じる可能性があることも経験しており，それらに対する補強が課題となる．橋梁の上部構造については支承部や落橋防止工などに多数の被害が生じた．また，トラス桁やアーチタイプの橋梁の横構の座屈なども発生している．既設の橋梁についてはそのような被害が生じないような対策をとっていく必要がある．

　耐震レトロフィットにおいては長年の供用により構造的な性能の劣化が生じている可能性も考えなければならない．首都高速道路に代表される都市構造物などの社会資本施設の多くは，1960年代から1970年代に整備されたものが多い．30年，40年使われてきたそれらの多くの構造物にさまざまな損傷の兆候が見え始めている．鋼構造物の損傷としては疲労と腐食が代表的である．したがって，鋼構造物の耐震レトロフィットとしては疲労と腐食を受けている構造物の耐震性能の評価と対策が重要な課題となる．図3.1は首都高速道路の開通時と最近の使用状況である．写真の神田橋では鋼製橋脚および鋼桁に疲労損傷が発生しており，補修と補強工事のための足場が見えている．

　社会資本施設については，需要の高い順に整備されるのは当然であるが，それはすなわち技術の成熟度からいえば逆順であり，技術が成熟していない状態で建設された施設ほど使用環境が厳しいという宿命を背負っている．たとえば高速道路や新幹線の建設順序と，その後の使われ方を考えればその意味は明らかである．図3.2は首都高速道路ネットワークでの疲労に対する厳しさの度合いを20 t軸重に換

図3.1　首都高速道路建設時と現在

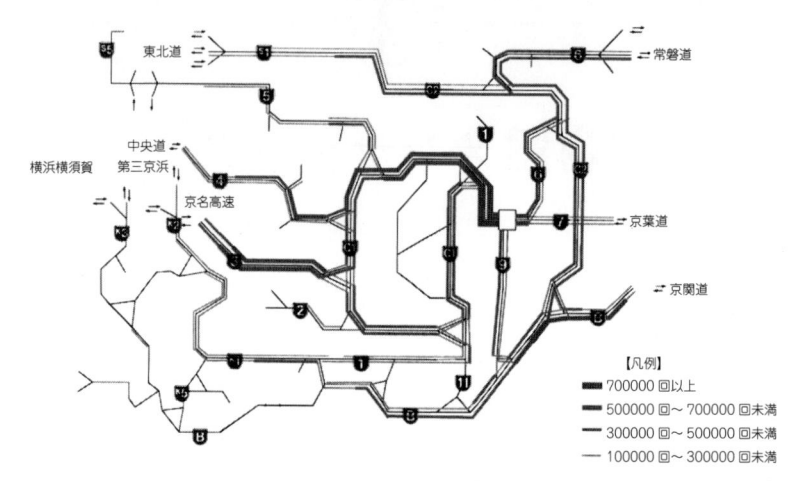

図 3.2 首都高速道路における 20 t 軸重換算時の車両通過台数

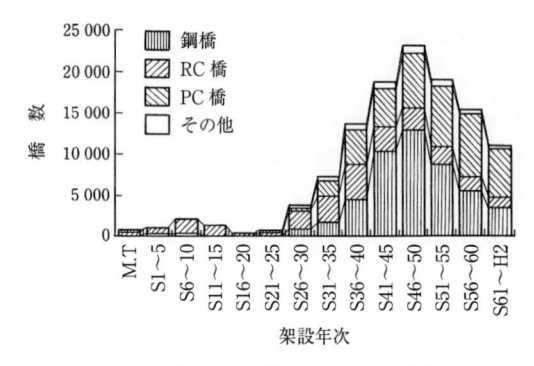

図 3.3 架設年次別橋梁数（H3.4.1 現在）

算してその通過回数で示したものである[1]．首都高速道路 3 号が東名高速道路につながってネットワークが整った 1972 年以降，3 号線，都心環状線，7 号小松川線の日本橋付近は継続的に厳しい疲労環境にある．湾岸線（B 線）は 1982 年に東関東自動車道と連結した以降，疲労環境が厳しくなっており，現時点では疲労環境が最も厳しい路線となっている．最も厳しい累積の状況はいわゆる日本橋の上を通過する神田橋と箱崎の間に生じている．

土木構造物については，財産管理上の寿命は 50 年程度とされている．図 3.3 は日本における橋梁の建設年の分布である．もしも 50 年を橋梁の寿命と考えるならば，これから大量の橋梁の架替えが始まる．しかし，近い将来，首都高速道路や東名高速道路の構造物の取替えが始まるなど，使用者であり，オーナーでもある国民は全く想定していない．また，たとえ老朽化してきたから，あるいは疲労亀裂が見つかったからといっても，社会的，経済的な影響度を考えれば，長期間の通行止めが伴う取壊しと再建設はほとんど不可能に近い．これが耐震レトロフィットの対象となる既設構造物のおかれている環境ともいえる．社会的・経済的な損失をコスト－ベネフィット評価に取り込めば[2]，このことは定量的に評価することが可能である．さらには，膨大な量になるであろう建設廃材の処理と新たな建設に伴うエネルギー消費といった環境負荷を考えれば，既設構造物を廃棄し新設する選択はますます難しくなるであろう．すなわち，首都圏の高速道路や幹線の橋梁については作り直すといった解はないといえる．既設の社会資本施設を時代とともに替わる要求性能に合わせてレトロフィットしながら使い続けること，またそのための技術こそが今必要とされている．

兵庫県南部地震において，都市内高速道路に大きな被害が生じ，さらに，それら主幹道路の復旧の遅れが，2 次災害の拡大を招いた．都市内高架橋などの構造物が地震発生後どのような状況にあるのかを迅速に把握し，緊急車両は通せるのか，一般車両も通行可能かどうかなどの判断をできることが，救援対策の効率化や，復旧の短期化につながる．このようないわゆる使用性能面での改善，あるいは道路をネットワークと捉えての耐震性能の向上も重要な課題である．

3.2 鋼材の性能

▶ 3.2.1 構造用鋼材の変遷

既設の構造物の補修や補強を行うには、そこに使われている材料の性質を知る必要がある。特に補修・補強工事に溶接を適用する場合には、既設構造物の鋼材が溶接可能かどうかを十分確認する必要がある。表3.1に橋梁構造で使用されてきた鋼材の呼称と現在のJIS規格での名称を示す。橋梁にはさまざまな鋼材が使われているが、引張り強度が400 MPa程度のいわゆる軟鋼材が使われていた時代が長い。500 MPaクラスの鋼材の橋梁への本格的な使用は1954年から始まっており、1959年にはSM50のJIS規格が制定され、溶接の採用とともに急速に普及していった。現在、最も橋梁への使

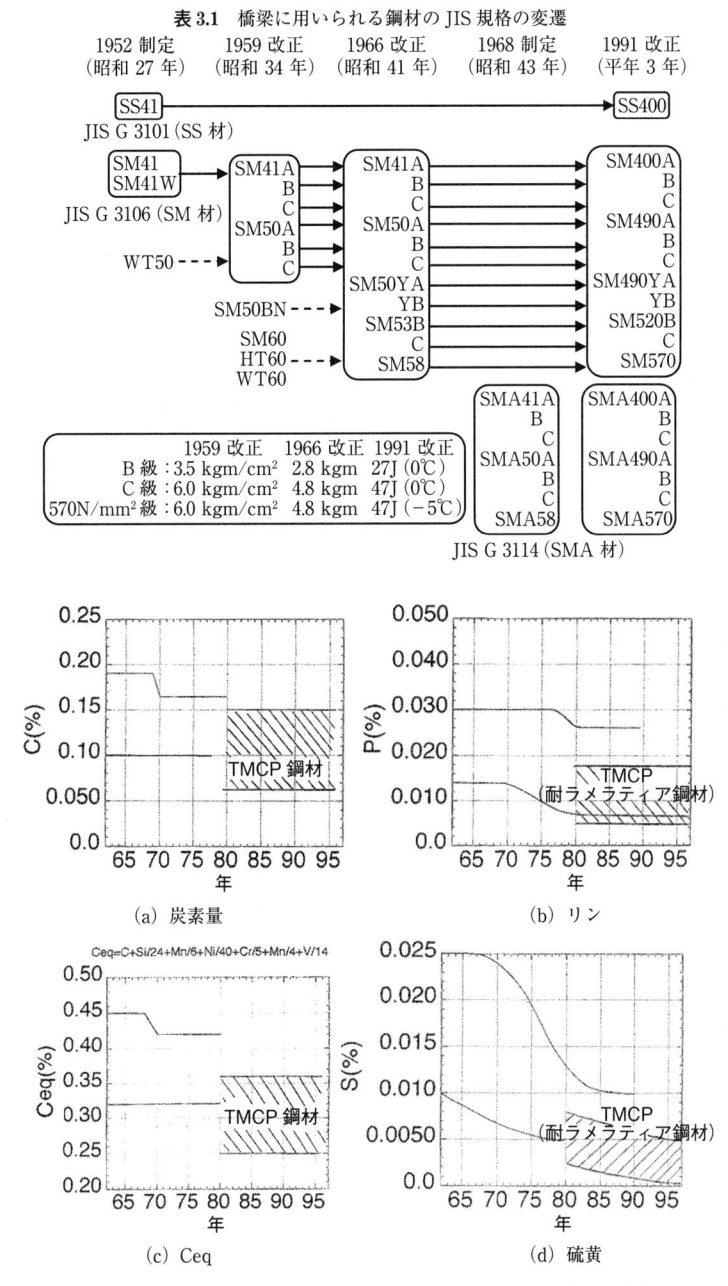

表3.1 橋梁に用いられる鋼材のJIS規格の変遷

1952 制定 （昭和27年）	1959 改正 （昭和34年）	1966 改正 （昭和41年）	1968 制定 （昭和43年）	1991 改正 （平成3年）
	SS41		→	SS400
JIS G 3101 (SS材)				
	SM41 SM41W	SM41A B C	SM41A B C	SM400A B C
JIS G 3106 (SM材)		SM50A B C	SM50A B C	SM490A B C
	WT50		SM50YA YB	SM490YA YB
		SM50BN	SM53B C	SM520B C
		SM60 HT60 WT60	SM58	SM570

	1959 改正	1966 改正	1991 改正
B 級	3.5 kgm/cm²	2.8 kgm	27J (0°C)
C 級	6.0 kgm/cm²	4.8 kgm	47J (0°C)
570N/mm² 級	6.0 kgm/cm²	4.8 kgm	47J (−5°C)

SMA41A B C SMA50A B C SMA58	SMA400A B C SMA490A B C SMA570

JIS G 3114 (SMA材)

(a) 炭素量

(b) リン

$Ceq = C + Si/24 + Mn/6 + Ni/40 + Cr/5 + Mn/4 + V/14$

(c) Ceq

(d) 硫黄

図3.4 1960年から1990年代の溶接構造用圧延鋼材の化学成分の変化

用の多いSM490Y鋼材はSM520とともに1966年にSM50YとしてJIS規格化されている．引張り強度が600 MPaクラスの鋼材は1950年代から開発が進められ，名神高速道路などのいくつかの橋で使われてきたが，1966年にSM58としてJIS化されている．この過程でSM60と表記された鋼材もかなりの量使用されている．これらのJIS規格鋼材に加えて1974年完成の港大橋や1988年完成の瀬戸大橋，1998年完成の明石海峡大橋ではHT70, HT80と呼ばれる引張り強度が680 MPa, 780 MPaクラスの高張力鋼が大量に使用されている．

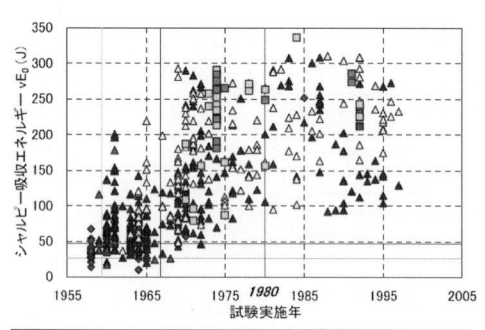

(a) 400 N/mm^{2}級鋼材

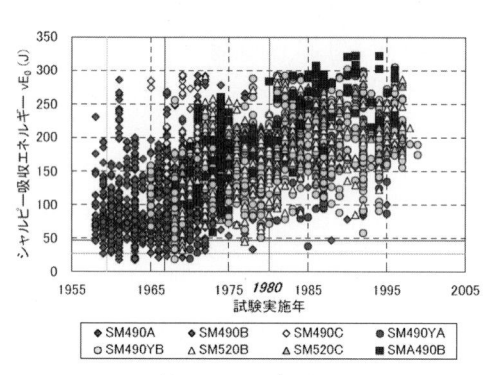

(b) 490 N/mm^{2}級鋼材

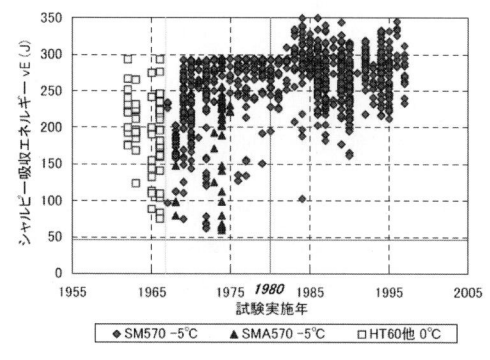

(c) 570 N/mm^{2}級鋼材

図3.5 シャルピー吸収エネルギーの年代変化

JIS規格上での成分規定や機械的性質は，JIS規格の制定以来ほとんど変化はない．しかし，実際の鋼材の化学成分やミクロ組織は鋼材の製造過程の発展とともに変化しており，同じ規格の鋼材であっても，日本で社会基盤整備が急速に進められた1960年代の鋼材と現在の鋼材とは異なるものと考えた方がよいくらいである．すなわち，ある補強を溶接で実施する場合，現在の鋼材で試験を行い可能であっても，40年前の鋼材に適用した場合，溶接割れなどが生じるような事態がありうる．

図3.4に1960年代以降の30年間での構造用鋼材の代表的成分の変化を示す[5]．不純物成分はどんどん減る傾向にある．特に，1980年代のTMCP鋼材の登場とともにリン（P），硫黄（S）といった不純物は減少し，炭素（C）を下げて必要な強度を実現することが可能となってきた．特にS量の減少は著しく，JISの規格値との差はきわめて大きい．

機械的性質ではシャルピー値の改善が著しい．図3.5は1958年から1997年の間に橋梁製作工場で実施されたシャルピー衝撃試験の結果である．全体的な傾向としては，シャルピー吸収エネルギーは1980年頃まで上昇し，それ以降は差ほど大きな変化はないといえる．また，1975年頃までに製造された400 MPa級，500 MPa級の鋼材ではシャルピー吸収エネルギーがかなり低いものが含まれている．図3.6は1970年と1990年のシャルピー吸収エネルギーの試験結果を示す．ここでも最近の鋼材でのシャルピー吸収エネルギーの向上が顕著であり，現在日本の高炉メーカーで製造されている鋼材では，もはやJIS規格値を割るような鋼材は稀になったといえよう．

▶3.2.2 サブサイズの材料試験

既設構造物の鋼材の性質がわからない場合，構造物からサンプルを採取して試験を行うことになる．サンプルは既設構造物の性能を損なうことのないように採取するため，通常の材料試験を実施することが困難なことも多い．ここでは通常の試験より小さいサンプルを用いての材料試験について述べる．

a. 化学成分分析

溶接性を判定するうえでは化学成分が必要とな

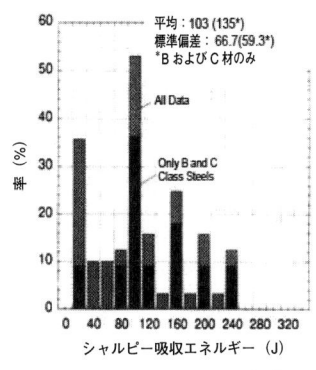

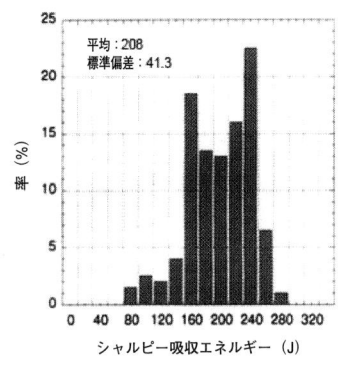

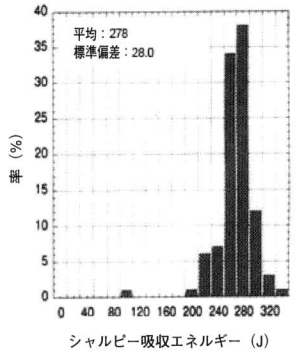

(a) JIS構造用鋼材 1970年代 (b) SM490YB 1990年代 (c) SM570Q 1990年代

図3.6　1970年代と1990年代のシャルピー吸収エネルギー[3)]

表3.2　化学分析の方法と適用性

方　法	資　料	特　徴
切　粉	1成分0.5 g（min 0.2 gただし，失敗の場合は再分析不可）．	最も精度が高い．酸素の計測不可能．窒素は可能．
カウントバック	現場で非破壊で可能（機器もモバイル）ごく表面の成分を拾う．	ボロンの計測不可．軽元素の精度は0.01%（C＝0.14とすると0.13～0.15の間）．
EPMA	SEMの試験体．	精度はあまりよくない．

る．表3.2に化学成分分析の方法を示す．既設構造物の鋼材の化学分析についてはドリルなどで孔開けをした際に出てくる切粉を用いての成分分析が一般的である．

b. 機械的性質

(1) 引張り特性

降伏強度や引張り強度などの引張り特性については多少サンプルが小さくともそこから得られる性質はほとんど変わらない．したがって，採取できる試験材から切り出して試験片を加工すればよい．鋼材の圧延方向（L方向）と圧延直角方向（C方向）については引張り特性にはほとんど影響しない．

試験材が小さい場合，あるいは板厚方向（z方向）の引張り試験を行う場合には，試験片のつかみ部を溶接や圧接で付けることにより，試験片を製作することができる．ただし，その場合の接合の熱影響部は2～3 mmであり，そこから平行部の加工を行うことになる．したがって，板厚方向引張試験片を加工しようとすると，板厚が10 mmくらいがほぼ限界と考えられる．板厚方向引張り試験については次項で説明する．

試験片が極端に小さくなると平行部の加工をした際の表面での加工硬化の影響で，降伏棚がなくなっ

てくる傾向がある．ただし，降伏棚の出るひずみの範囲は試験片の形状や寸法，とくに平行部の長さにも影響されるため，降伏棚が極端に狭い結果が得られ，その原因を特定したい場合には，試験片のサイズを変える，あるいは熱処理をするなどの対応が必要となる．小さい試験片を作る場合は，それが板のどっちの方向で採取しているのか，たとえば板厚より小さい場合は，板厚のどの部位で取っているのか，そういうことをきちんと記録しておく必要がある．

(2) シャルピー衝撃試験

シャルピー衝撃試験は通常10 mmの標準試験片が用いられる．しかし，標準試験片を採取することが困難な場合はその1/2の5 mmの試験片がしばしば用いられる．さらに小さい試験片での試験も可能である．また，試験材が小さい場合には引張試験片と同様に，試験部の両側に支持材を圧接などにより取り付けて試験片を加工することもある．しかし，シャルピー衝撃試験の吸収エネルギーは亀裂の発生と伝播の両方から成り立っており，小さい試験片では伝播により吸収されるエネルギーが小さくなり，結果として標準試験片より小さめの吸収エネルギーが得られることがある．破壊力学コンセプトで使われるCTOD値は亀裂発生の特性のみであり，デリ

ケートな判定が必要な場合には破壊力学的なアプローチも有用である.

▶ 3.2.3 ラメラティア特性

ラメラティアは鋼構造物に発生する典型的な溶接欠陥であり，溶接部の熱影響部の近傍あるいは熱影響部を含んだ形で表面に平行に生じる割れである．ラメラティアは硫化系介在物（MnS）を起点し，板に平行な割れ部分をテラス，それらをつなぐ垂直部分をウオールと呼ぶ．ラメラティアの発生は鋼材中のSの量に強く影響され，その発生の可能性は板厚方向引張り試験（図3.7）により得られる絞り値 ϕz から推定できるとされている.

ラメラティアの発生は鋼材の化学成分と板厚や継ぎ手の形状に起因する拘束応力に関係する．多くの鋼製橋脚が製作された1960年から1970年にかけて発生が数多く報告され，その防止が大きな課題とされていた．しかし，鋼材の清浄度が上がったことや，製作における工夫がされたことから，最近では話題になることがほとんどなくなっていた．しかし，首都高速道路の鋼製橋脚の補強工事に溶接を用いた際に発生し，その後の研究により，鋼製橋脚の補強では，原則として溶接を使うことは禁止し，全てをボルト接合で構成することとした.

a. 補修溶接によるラメラティアの発生

図3.8に示すような円形断面の柱と箱断面の梁から構成されている橋脚の梁フランジおよび内側のダイアフラムと柱との間に発生した疲労亀裂を溶接で補修しようとした際にラメラティアが発生した．この疲労亀裂はそもそも完全溶込み溶接と設計されて

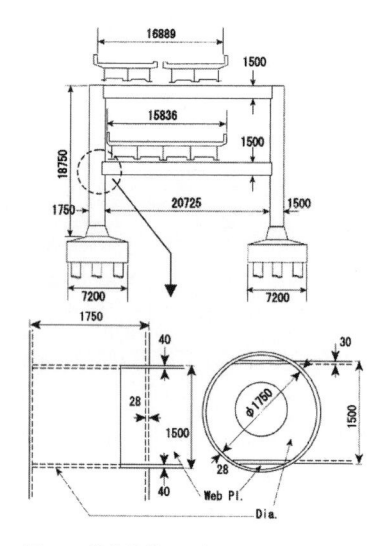

図3.8 補修溶接によりラメラティアの発生した橋梁

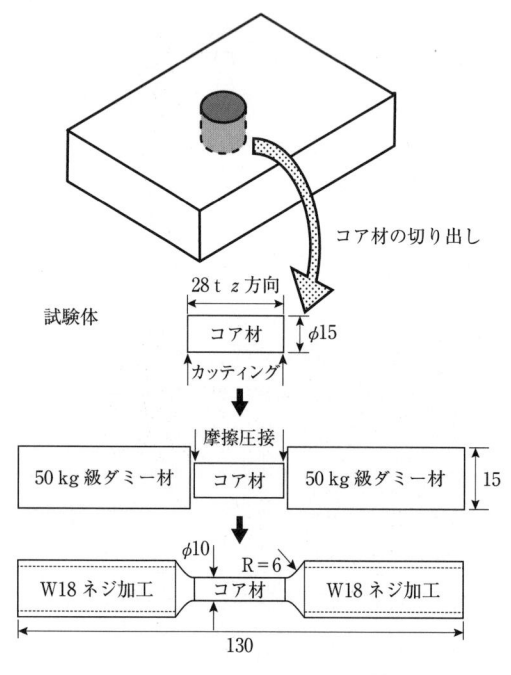

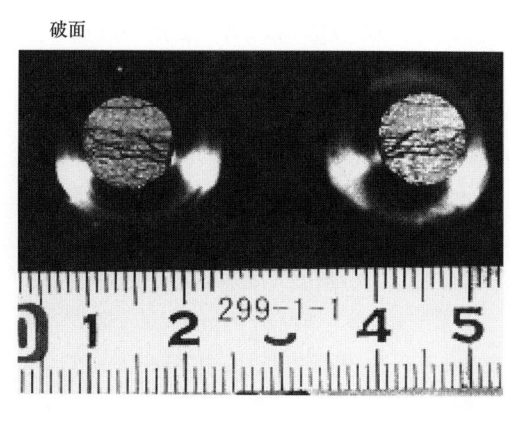

図3.7 鋼材の板厚方向引張り試験

3. 耐震メンテナンス

いたものが広いギャップを残した状態での隅肉溶接で施工され，きわめて小さいのど厚の溶接であったために生じたものであり，梁フランジと柱との間の溶接部の亀裂を除去して本来の設計である完全溶け込み溶接に直すことで補修しようとしたものである．図 3.9 にその施工手順を示す．まず，外側の梁フランジと柱との継ぎ手を完全溶込み溶接に変え，さらに内側ダイアフラムと柱との間の溶接部の疲労亀裂を除去し完全溶込み溶接の開先加工した後，溶接を行ったときにラメラティアは発生した[11]．このラメラティアの発生は溶接後の詳細な超音波探傷試験により発見されたものである．超音波探傷試験での欠陥エコーは溶接部を外れて母材部から返っている．欠陥の存在および種別の特定が困難であったことから，図 3.10 に示すように欠陥エコーの返ってくる部分を含むようにコアを抜いてその表面を観察し，ラメラティアの存在を確認したものである．ラメラティアの特徴であるテラスとウオールが認められる．また，割れを開いた面には丸いMnS が見えている．

図 3.11 に補修補強のプランと完成後の橋脚を示す．この添接ジャケットのプランは補修溶接工事のための仮設として設計されたが，耐震強度の照査を

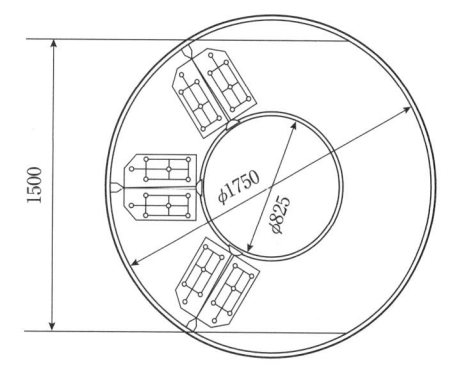

1. 外側の梁フランジと柱の溶接（完全溶込み）
2. 内側のダイアフラムと柱の溶接（完全溶込み）
拘束を低減するためダイアフラムを分割し，スカラップ間を埋めるように溶接

図 3.9 補修溶接の手順

行ったところ，ボルトの本数を増すことで所要の性能が確保できることから，恒常的な補強構造として採用したものである．

b. 鋼材の化学成分とラメラティアの発生

図 3.12 は 1974 年の調査結果であり，鋼製橋脚の製作においてラメラティアの発生した鋼材と発生しなかった鋼材について板厚方向引張試験の絞り値 ϕz を調べたものである．これよりラメラティアを防止するには 15% 以上の絞り値が一つの条件であることがわかる．

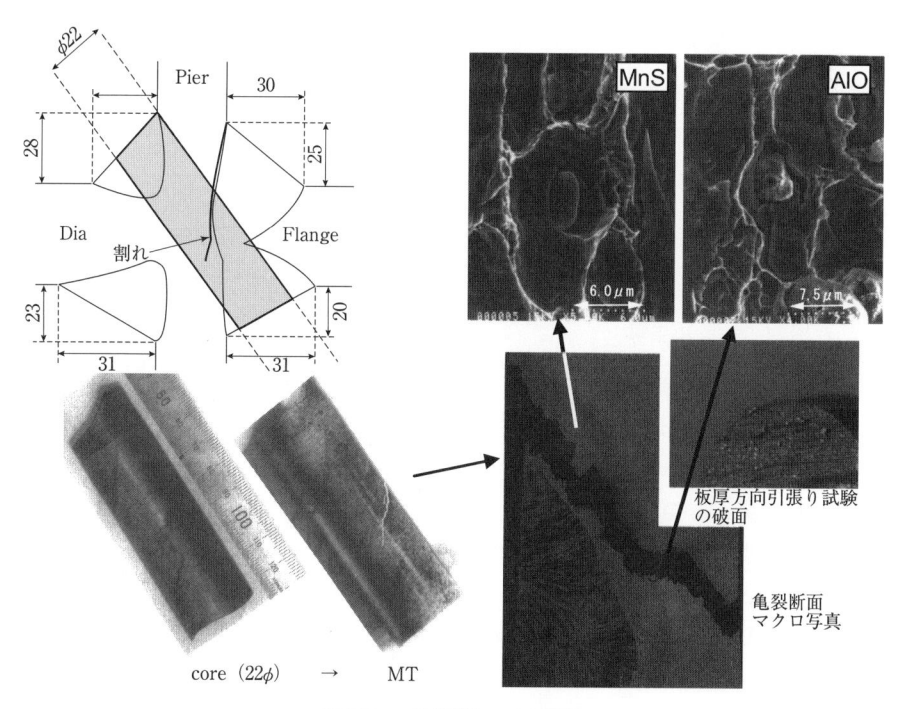

図 3.10 コア採取とコアの観察

3.2 鋼材の性能

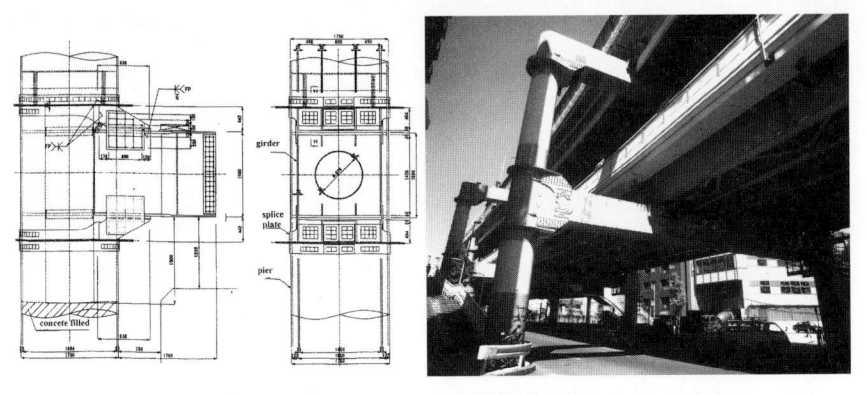

図3.11 補修プランと補修終了後の状況

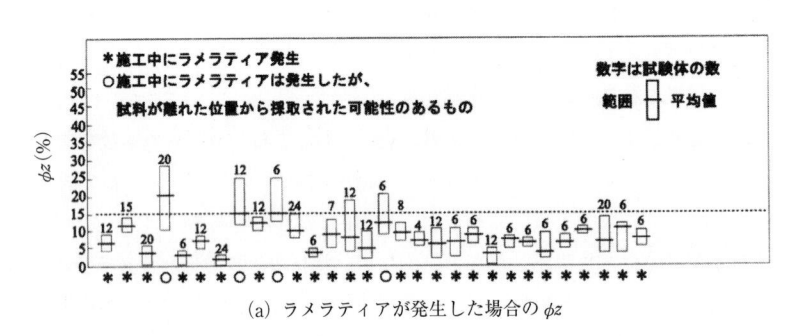

(a) ラメラティアが発生した場合の ϕz

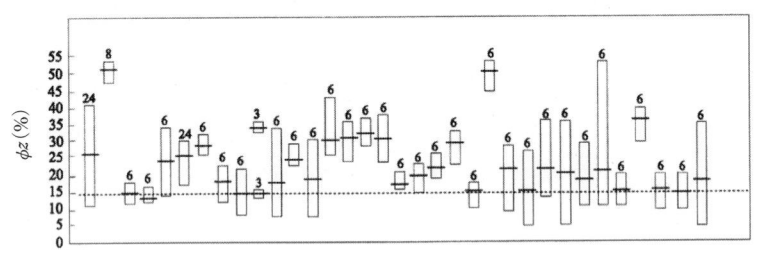

(b) ラメラティアが発生しなかった場合の ϕz

図3.12 ラメラティアの発生と板厚方向引張りによる絞り値

図3.13は ϕz とS量との関係を示す．S量が少ないと ϕz は大きくなり，耐ラメラティア特性は向上する．

耐ラメラティア仕様の鋼材はS量を下げる，酸化物系の介在物を除去するなどの製鋼上の改善によりラメラティアの発生を抑えた鋼材であり，その性能を示す $z15$, $z25$, $z35$ の数値はそのような絞り値の保証値をさしている．それぞれに対応するS量は 0.010% 以下，0.008% 以下，0.006% 以下となっている．ただし，S量の規定のみでは耐ラメラティア特性の保証はできないとのことである．

図3.14は日本の製鉄会社（高炉5社）での鋼材の製造過程におけるS量の下限値の実現可能範囲の変遷である．鋼材を連続鋳造するためにS量を

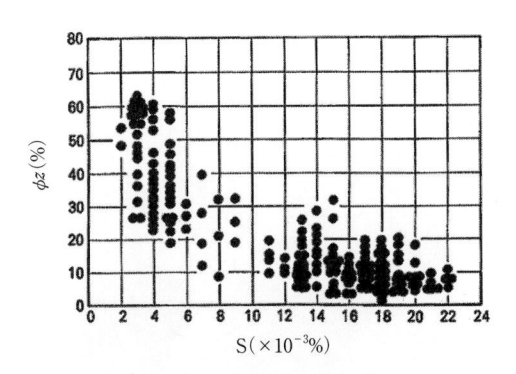

図3.13 硫黄Sの量と絞り値

下げる必要があり，各製鉄会社ともSを減らす努力がされている．最近の鋼材中のS量はJIS規格値に比べてきわめて低いレベルに抑えられている．一方，1975年以前に製造された鋼材のS量は現在の

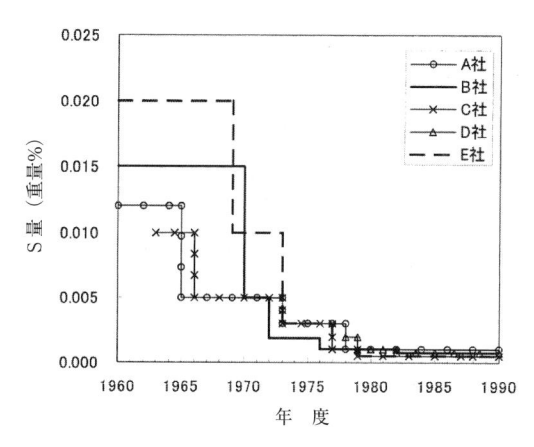

図3.14 製鉄過程における硫黄の除去の限界

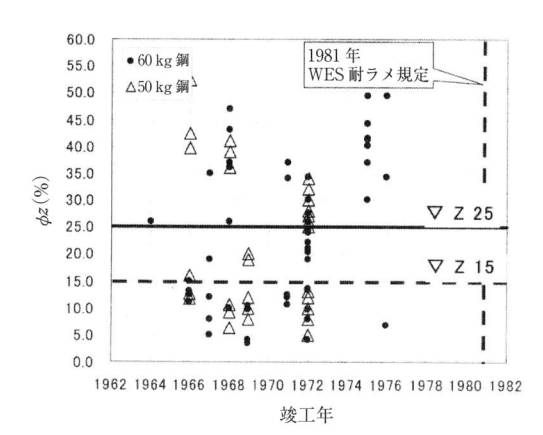

図3.15 採取したコアを用いた板厚方向引張試験による絞り値

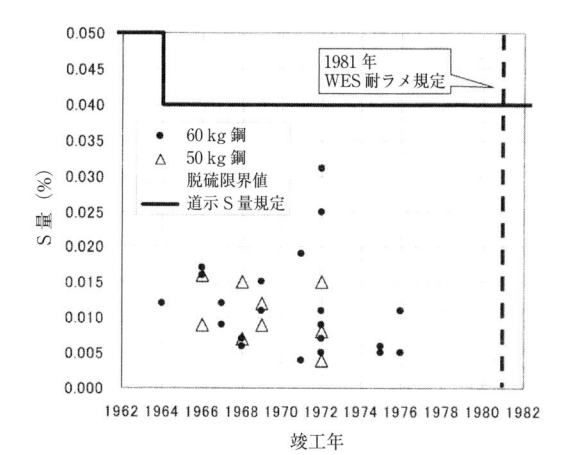

図3.16 採取したコアのS量

鋼材とそれとは比較にならないほど多いといえる．

首都高速道路の鋼製橋脚から採取した鋼材を対象に実施した板厚方向引張り試験の結果を図3.15，3.16に示す．S量は図3.12の製造限界に従った傾向を示している．また，絞り値も15％を割るような

きわめて低い鋼材もかなり高い割合で存在している．

以上のようなことから，1975年頃までに建設された鋼製橋脚に使用されていた鋼材はラメラティアを防止する観点からは注意を要する．すなわち，既設構造物の中にはラメラティアが残存している可能性もあるといえる．さらに重要なことは，疲労亀裂などに対する補修に溶接を用いる場合にはラメラティアの発生に注意を要すること，補修溶接は通常は局物的であり拘束度がきわめて高いため，事実上，補修や補強には通常の溶接は使えないともいえる．

3.3 鋼製橋脚隅角部の疲労補修が耐震性能に及ぼす影響

高架道路の鋼製橋脚隅角部に発生した疲労亀裂の補修・補強対策はその損傷個所の数，影響度の高さ，さらには技術的な困難度から見てトップレベルのレトロフィットプロジェクトといえる．首都高速道路については定期点検で3号渋谷線池尻のランプ部の橋脚で発見され，その後の点検で，約2000基の鋼製橋脚のうちの約300基の橋脚に疲労と考えられる亀裂が発見されている[10]．現在，全国の全ての鋼製橋脚について点検が実施されつつあるが，相当な数の橋脚に製作時の溶接欠陥やそれを起点としての疲労亀裂が発見されている．疲労亀裂は地震などによる過大な力を受けた場合の脆性破壊の起点になる可能性が高く，その補修においては脆性破壊を防止するといった耐震性能の確保も重要である．

▶3.3.1 疲労亀裂の発生と補修・補強対策

図3.17は首都高速道路で最初に疲労亀裂が発見された池尻ランプの事例である．亀裂は隅角部のコーナーの表面に発見された．しかし，亀裂の様相からルート亀裂の可能性があるため，亀裂先端から約100 mm内側の位置に観察孔を設けてスンプ検査をしたところ，図3.18のようにこの溶接には，板厚の半分程度にも及ぶ不溶接部が残されていること，疲労亀裂はその上下端から発生していることが明らかになった．すなわち，この疲労亀裂は部分開

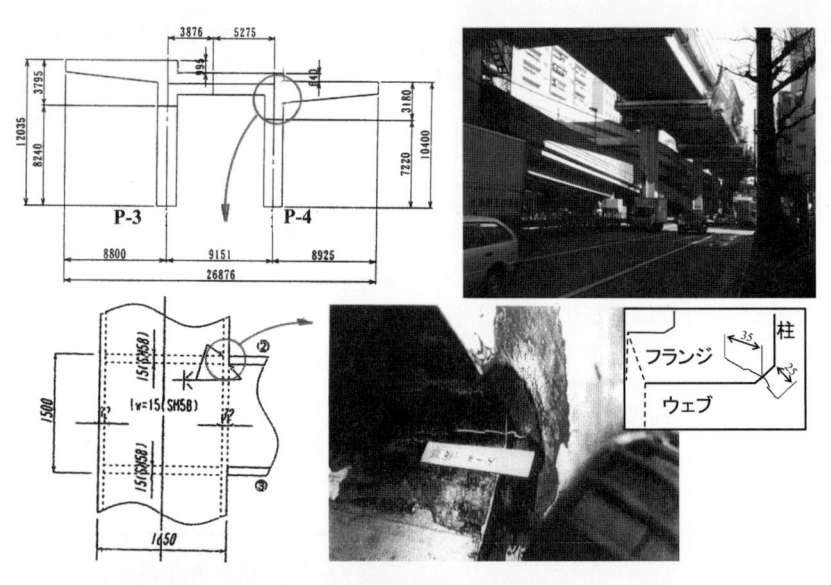

図 3.17　鋼製橋脚隅角部の疲労亀裂

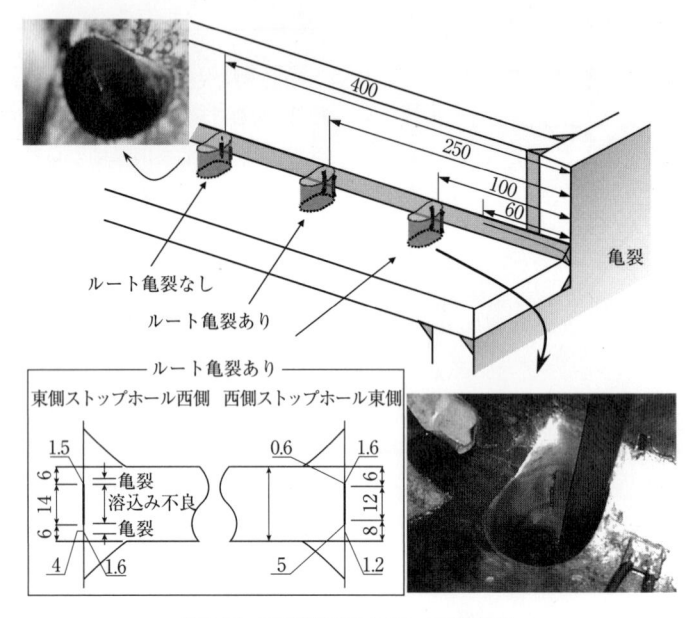

図 3.18　溶接部に残されていた不溶接部

先溶接のルートから発生して表面に現れたものであり，そのためその寸法は表面での長さよりはるかに長いことが判明した．この部分の溶接については完全溶け込み溶接が要求されているが，この橋脚の設計図ではK開先と表示されているのみで，寸法が示されていない．しかし，この疲労亀裂発生にこのような溶接が関係していること，補修においてはルート亀裂の除去とルートの溶込み改善が不可欠であるといえる．

鋼製橋脚の疲労問題を考えるうえで重要な要素は，このような構造を構成する板要素の板組みと溶接の手順から派生してくる欠陥と考えている[12]．鋼製の橋脚は柱部材が箱断面か円形断面かに大別され，さらに隅角部において柱が貫通するか梁が貫通するかに分かれる．図 3.19 は箱断面の梁と箱断面の柱との接合部の板組みの例である．板組みによって溶接が不完全となる場所が異なるが，どのような板組みを取ってもどこかに溶接が困難な溶接線が存在する．特に3方向からの溶接線があう位置は溶接が不可能となる．このような溶接が困難で本質的に

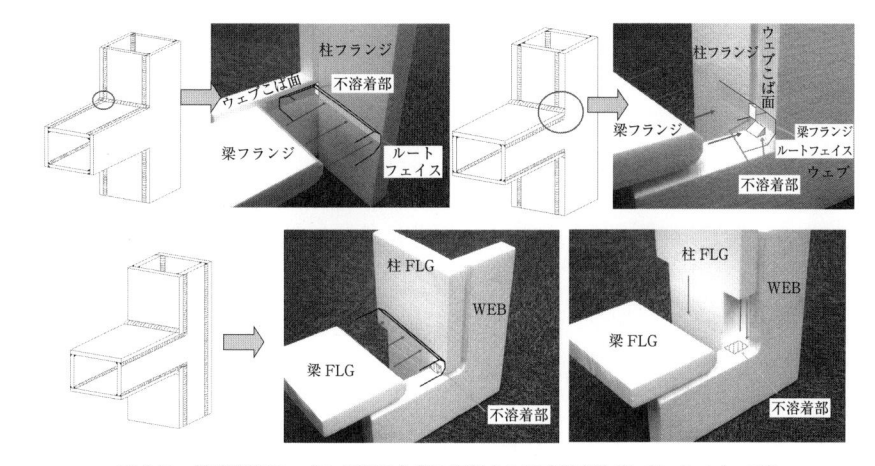

図 3.19　箱型断面ラーメン橋脚隅角部の板組みと固有溶接欠陥（δゾーン）の例

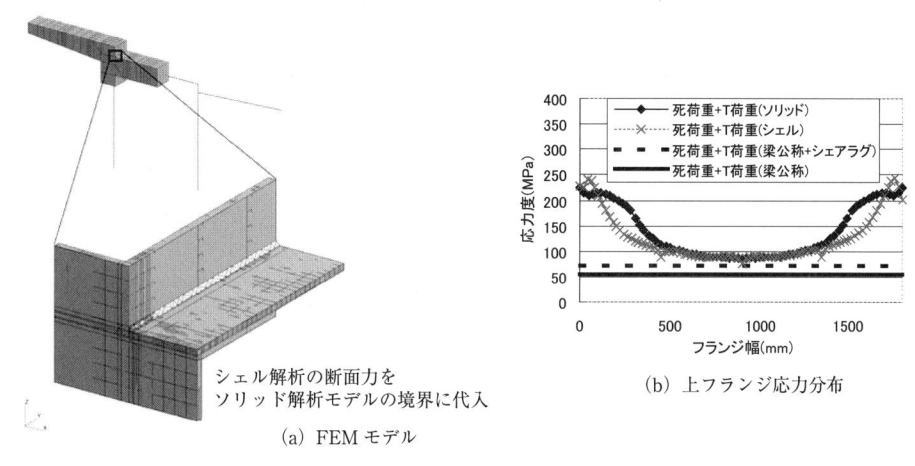

(a) FEM モデル

(b) 上フランジ応力分布

図 3.20　鋼製橋脚の FEM 応力解析結果と設計応力値との比較

残される部分を筆者らはδゾーンと呼んでいるが，疲労亀裂の多くはδゾーンから発生しており，δゾーンの存在こそがこの構造の疲労損傷の特徴といえる．また，開先溶接であるにもかかわらず，溶接の始終端についてエンドタブを取り付けるなどの配慮がされていないことも特徴的であり，溶接の特に終端に発生する微細な欠陥がかなりの数の橋脚で発見されている疲労亀裂の原因となっていることが推定される．

疲労損傷のもう一つの原因は隅角部の応力集中にある．隅角部の応力集中に対しては設計においてシヤーラグの影響として考慮されているが，それが実際の応力挙動を反映しているかが問題である．すなわち，梁や柱のサイズや骨組み形状によっては，骨組みとしての解析が適切ではないケースがあることや，板要素で構成される接合部の応力分布は局部的な面外方向の板曲げなども相まって複雑であり，きわめて高い応力集中が生じることがある．図 3.20 は池尻の橋脚で疲労亀裂が発生した隅角部についての FEM 解析の結果であるが[10]，この橋脚の隅角部については設計計算で求められる応力の 3 倍程度高い応力が発生しており，この局部的な応力集中がこのような疲労亀裂の発生原因の一つである．

図 3.21 はこの橋脚に対する補強である．打ち込み式高力ボルトを用いて板を添接しており，FEM による事前検討で 50% 程度の応力低減効果があることを確認のうえ施工し，施工後の応力測定で，ほぼその程度の効果があったことを確認している．通常の高力ボルト摩擦接合ではなく打ち込み式高力ボルトを使用した理由は，すべりを回避して高い剛性を確保することにあり，施工の途中で打ち込み式高力ボルトがせん断破壊することを防ぐために，添接

板と母板との相対変位の小さい内側から中心を巻くようにボルトをセットし，順次，軸力の導入を行っている．打ち込み式高力ボルトと孔とのクリアランスは $-1.2\,\text{mm}$ であり，工場で加工された添接板の孔をガイドとして本体側の孔開け作業を行っている．

補修の最終工程として疲労亀裂を δ ゾーンとともに除去する．添接板の中央部に設けている孔を用いて，図 3.22 のように，径 100 mm の大コア施工により，亀裂と δ ゾーンを除去した．コアを除去するためには内側の柱フランジおよびダイアフラムにあらかじめ孔を開けておく必要がある．全ての加工が終了後，孔の切断面の仕上げを行い，一連の補修補強工事の終了となる．図 3.23 はこのような方法で開けられた孔の状況である．このような観察により，溶接施工の状況を知ることができる．

箱断面の梁と円形断面の柱との接合部については板組みがさらに複雑であり，残される欠陥も多様で

図 3.21　ボルト添接による応急補強対策

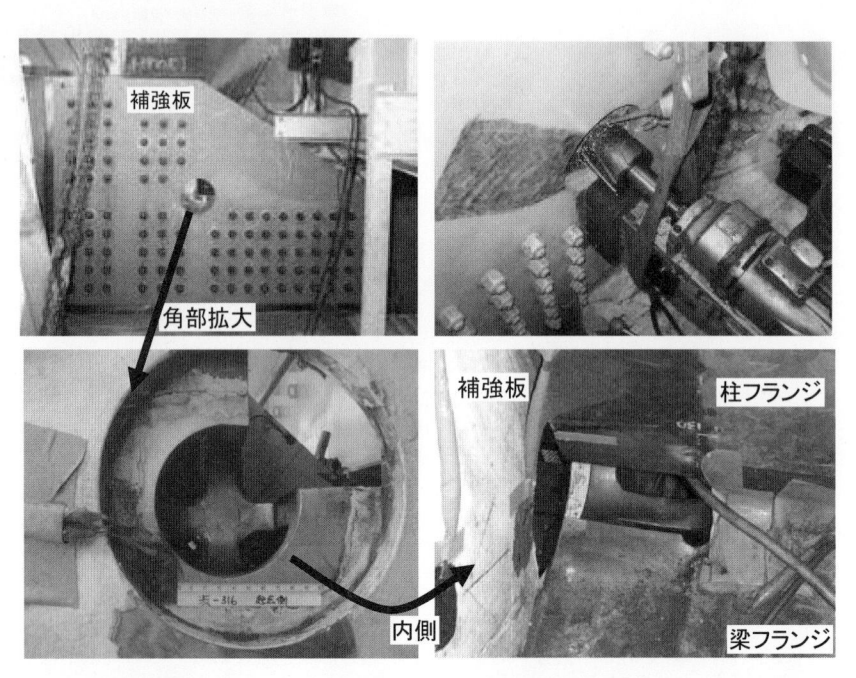

図 3.22　大コアの施工

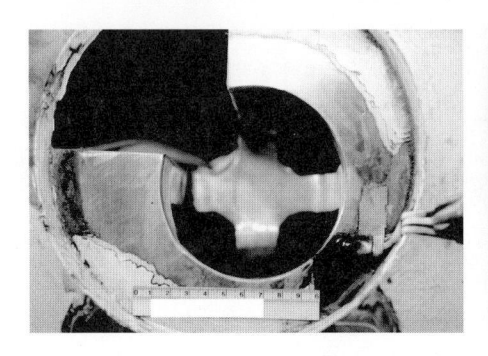

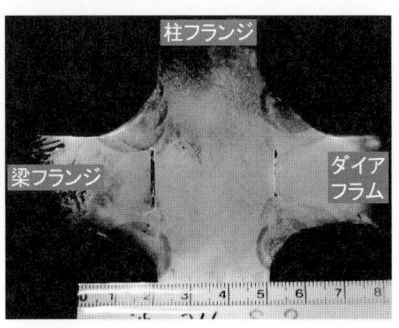

図 3.23　大コア施工後の孔の状況

ある．首都高速道路における調査によれば，発見されている大部分の疲労亀裂が表面ではなく溶接内部から発生しており，その多くがδゾーンに関係していることは重大な事実といえよう．

▶ 3.3.2 疲労損傷に対して補強を行った鋼製橋脚隅角部の耐震性能

隅角部に発生する疲労亀裂への対策としては，隅角部の応力集中の軽減と，疲労亀裂と固有内在欠陥除去のための大コア施工の組合せで成り立っている．前者についてはリブや[14]，補剛板の取付け[10]が行われるが，いずれもその部分の剛性が高くなるため，耐震性能が低下する恐れはない．一方，大コア施工により，隅角部の疲労亀裂とその発生原因である固有内在欠陥をともに除去することが可能となるが，局部的には剛性が低下し，また，新たな応力集中源を作ったことになり，耐震性能を低下させる恐れもある．

鋼製ラーメン橋脚の隅角部の板厚は，その設計方法に起因して，図3.24に示すように一般部と比較して厚くなっている．このため，隅角部は地震時にクリティカルになるとは限らず，兵庫県南部地震後に制定された要求レベル以上の耐荷力を保持している可能性が高い．また，隅角部の板厚が十分に厚い場合，隅角部において大コアのように局部的に断面欠損が生じた場合においても，隅角部は要求耐力を保持している可能性がある．特に，柱や横梁の断面変化部に塑性ヒンジが形成されるような場合においては，大コアの施工は耐震性能の低下にはつながらないことが想定される．

a. 有限要素解析による地震時挙動への影響評価

図3.25は，一般的な寸法をもつ実在の橋脚から選択された2橋脚の有限要素モデルである．疲労補修としては，大コア施工および大コアに加えて隅角部の応力集中の軽減を目的としてコーナー部にリブを取り付けたモデルも解析の対象とした．疲労補修を行った隅角部を図3.26のようにモデル化し，固有振動モード解析と地震応答解析を実施した．地震応答解析の入力波としては，兵庫県南部地震のJR鷹取駅および神戸海洋気象台で観測された波形の東西方向成分と鉛直方向成分を使用している．解析の結果を表3.3および図3.27に示す．疲労補修が局所

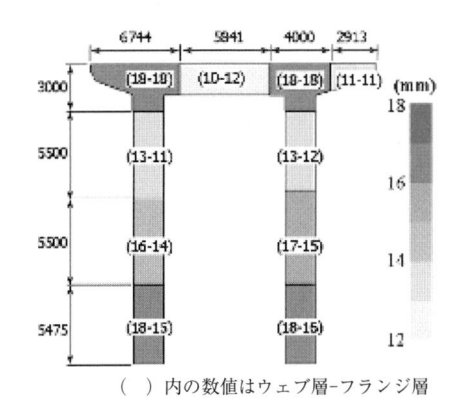

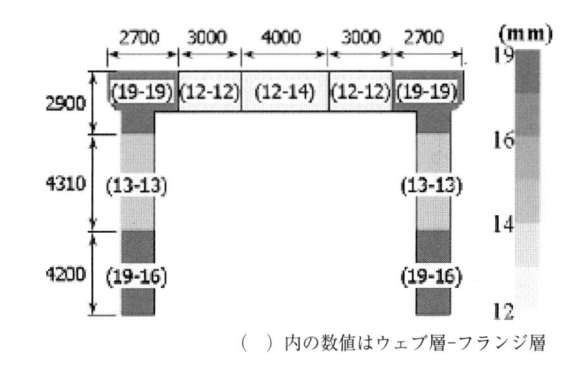

図3.24 ラーメン橋脚の板厚分布の例

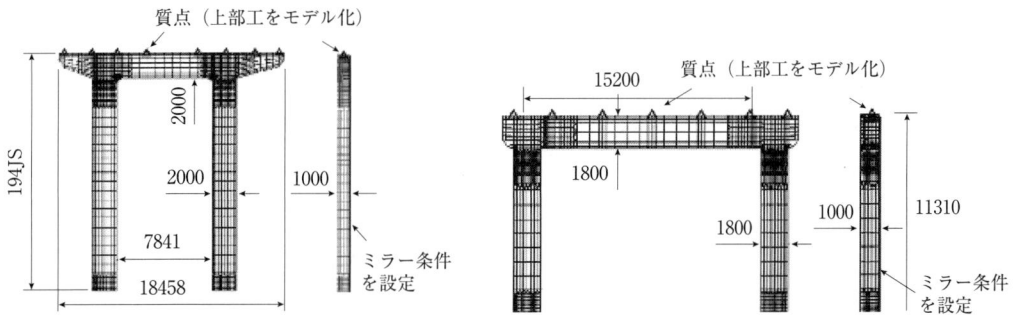

図3.25 有限要素モデル

(a) 拡大図位置

(c) 大コアモデル

(b) 基本モデル

(d) 大コア＋リブ取付モデル

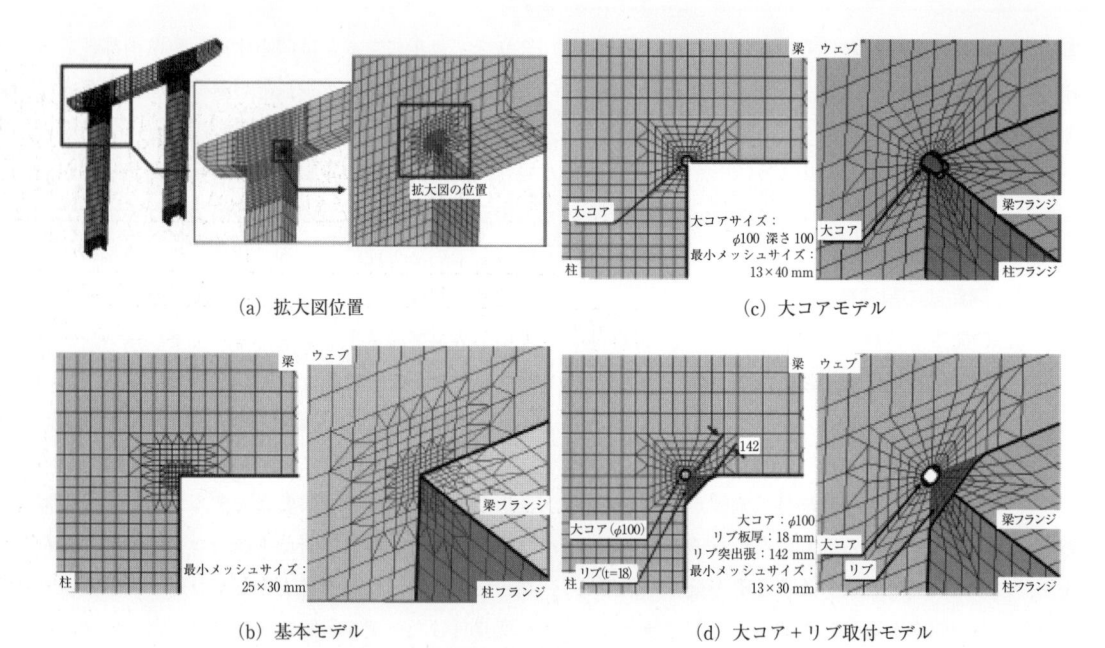

図 3.26 疲労補修のモデル化

表 3.3 繰返し載荷実験の供試体一覧

試験体	疲労補修法	製作時の溶接法（柱梁間および角溶接）
Type-A	—	部分溶込み溶接（50％溶込み）
Type-B	大コア	部分溶込み溶接（50％溶込み）
Type-C	リブ	部分溶込み溶接（50％溶込み）
Type-D	大コア＋リブ	部分溶込み溶接（50％溶込み）
Type-E	大コア＋リブ	すみ肉溶接

的であるため，脚全体としての固有振動数および水平方向変位の時刻歴とも変化は見られていない．図 3.28 は最大応答時の塑性ひずみ分布である．大コアのみを施した場合においても損傷は隅角部の外部に集中していることから，疲労補修は橋脚全体の応答には影響していないことがわかる．また，大コア周辺のひずみもさほど高いものではない．大コア施工

(a) 橋脚 A に JR 鷹取波を入力

(b) 橋脚 A に神戸海洋気象台波を入力

(c) 橋脚 B に JR 鷹取波を入力

(d) 橋脚 B に神戸海洋気象台波を入力

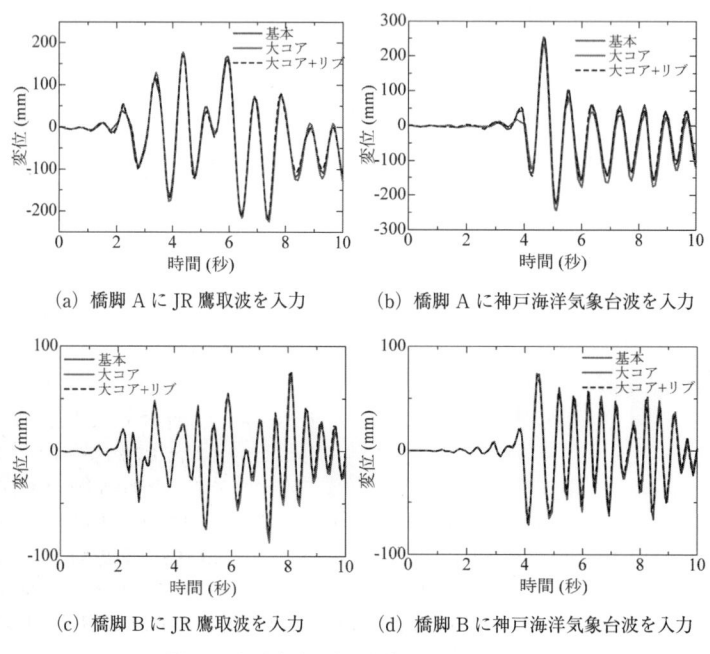

図 3.27 梁中央点の水平方向変位応答の時刻歴

(a) JR鷹取波入力時

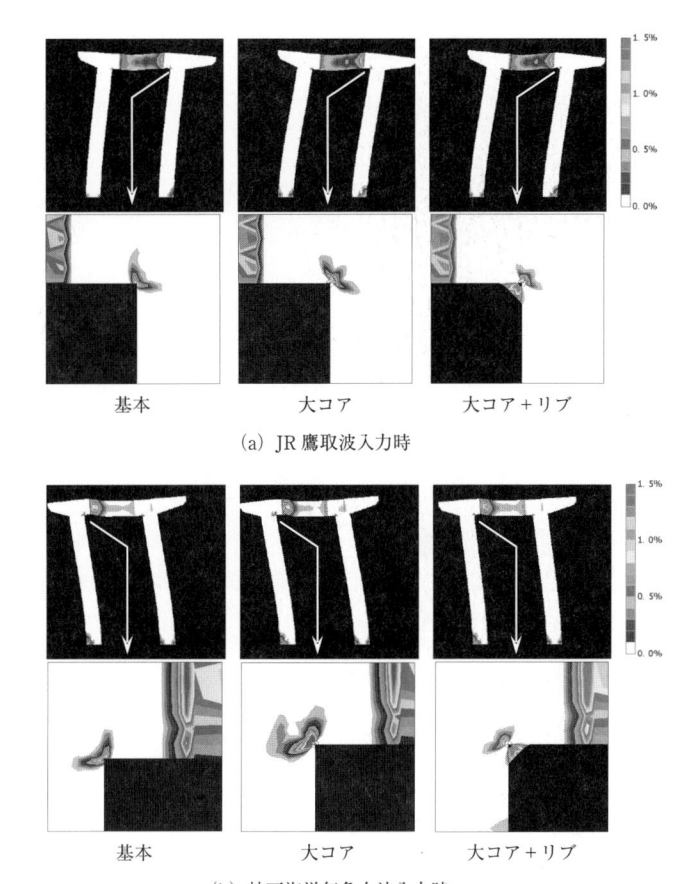

(b) 神戸海洋気象台波入力時

図 3.28 橋脚 A の最大応答時の塑性ひずみ分布

による局部的なひずみの耐震性能に及ぼす影響ついては次項に示す実験により検討している．

b. 繰返し載荷実験による耐力の評価

　柱，梁，および隅角部の板厚や剛性のバランスによっては，地震時の隅角部の状況が前節の検討から外れて厳しくなることも想定される．隅角部に対する大コア施工による疲労補修が隅角部の耐力に与える影響について，図 3.29 および表 3.4 に示す試験体に対する繰返し載荷実験により検討されている．幅厚比と溶接条件を実橋に合わせた供試体 1 体とそれに 3 種類の疲労補修（コアのみ，コーナーリブのみ，リブ＋コーナーコア）を施した 3 体と，梁および柱部材を構成する溶接を隅肉溶接としてリブ＋コアを施工した供試体 1 体の計 5 体が実験に供されている．図 3.30 は載荷実験のセットアップ状況である．供試体は山形にセットアップされ，一端ピン他端ローラーの支持条件で，隅角部を開閉口させるという載荷条件となっている．実験では図 3.31 に示す一般的な載荷パターンを使用している．

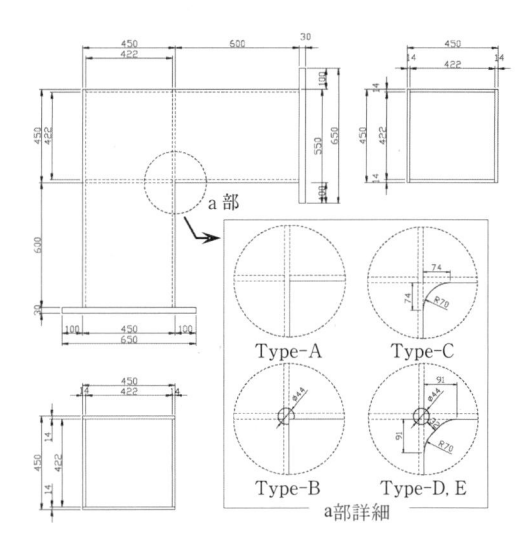

図 3.29 試験体の形状・寸法

　実験の結果得られた荷重-変位関係からスケルトンカーブ（各載荷段階の最初のループにおけるピークを結んだ曲線）を作成し相互比較を行ったものが

表3.4 許容水平変位（δ_a/δ_y）と終局水平耐力（P_u/P_y）

補強工法	タイプⅡの地震動に対する許容水平変位 δ_a/δ_y	タイプⅠの地震動に対する許容水平変位 δ_a/δ_y	終局水平耐力 P_u/P_y
角補強	4.5（$C_R \leq 0.017$） $-125C_R + 6.63$ （$0.017 < C_R \leq 0.025$） 3.5（$C_R \geq 0.025$）	左欄の値から1.0低減した値とする．	1.4

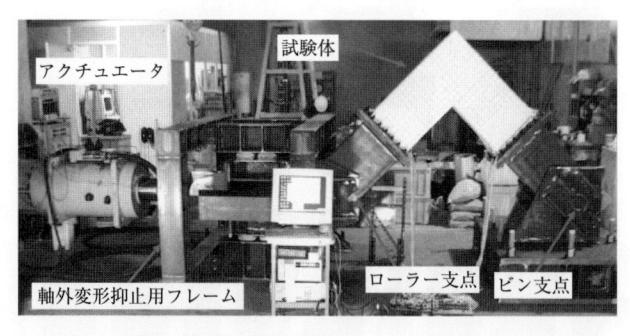

図3.30 繰返し載荷実験セットアップ状況

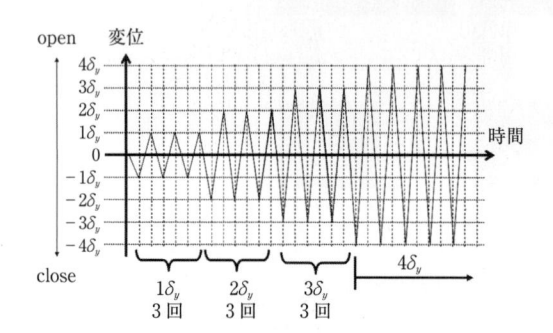

図3.31 繰返し載荷実験の載荷パターン

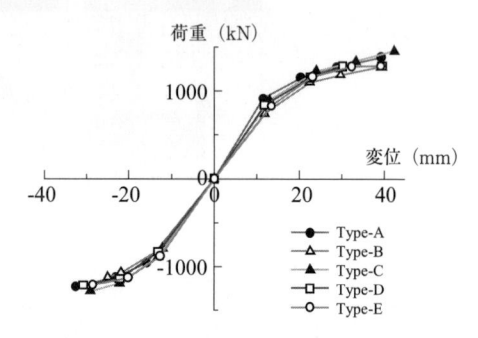

図3.32 繰返し載荷実験結果のスケルトンカーブによる相互比較

図3.32である．先の有限要素解析により求めた実地震による変形は降伏変位の1.5倍程度であり，このことを考慮すると，全ての供試体が十分な耐震性能を保持していることがわかる．

繰返し載荷実験では，供試体の耐力は亀裂の発生と進展により低下した．図3.33は亀裂の発生と進展の性状をまとめたものであり，図3.34は供試体に発生した亀裂の例である．リブ供試体が最も長寿命であり，補修前よりも長くなっている．大コア施工を施した供試体では，全て補修前よりも低い載荷レベル，少ない繰返し回数で疲労亀裂が発生し，進展している．したがって，この実験結果からは疲労補修として大コアを施工した場合，地震時のいわゆる低サイクル疲労に対して注意が必要であり，地震時に橋脚のどの部分にヒンジが形成され，そのときに隅角部のコーナー周辺にどの程度のひずみが生じ

る可能性があるかについて照査する必要がある．ただし，さまざまなプロポーションの鋼製橋脚に対して行った動的応答解析結果によれば，橋脚全体が崩壊する前に隅角部に生じ得る変位は$2\delta_y$以下であり，通常のプロポーションの橋脚においては大コア部での低サイクル疲労亀裂の発生の可能性は低い．

▶3.3.3 鋼製橋脚の耐震性能とその向上策

3.1節で記述したように，兵庫県南部地震で鋼構造物は大きな被害を受けた．特に，鋼製橋脚については，初めて大きな被害を受け，そのうち2基の鋼製橋脚は倒壊に至っている[17]．兵庫県南部地震以前の鋼製橋脚の設計法は許容応力度設計法[18]であり，塑性域での耐力および変形性能は考慮されていなかった．そこで，兵庫県南部地震での鋼製橋脚の被害をふまえ，塑性域での耐力および変形性能を考

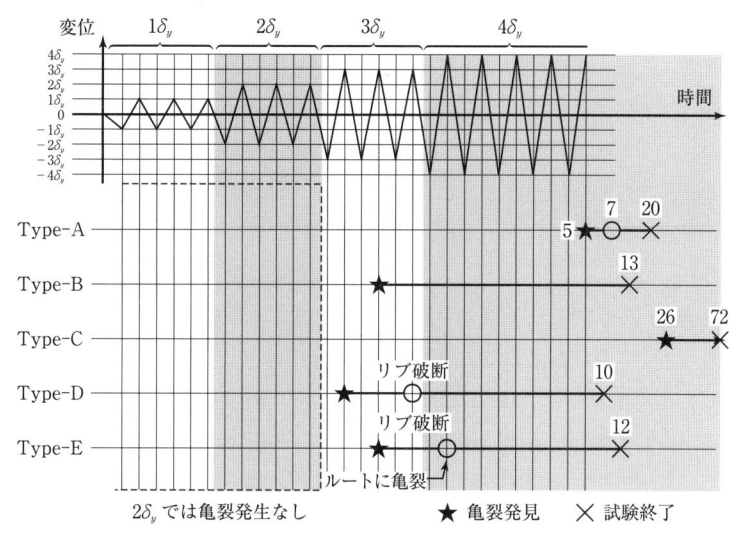

図 3.33 疲労亀裂の発生と進展の性状

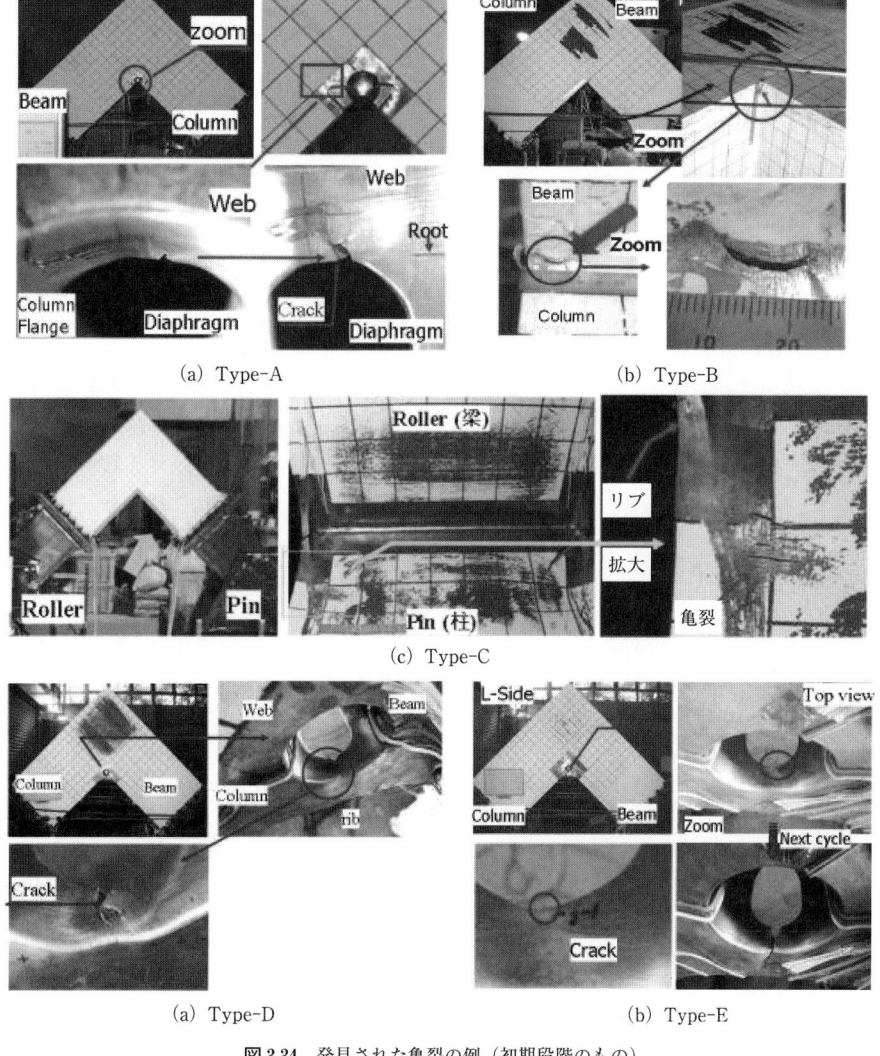

(a) Type-A
(b) Type-B
(c) Type-C
(a) Type-D
(b) Type-E

図 3.34 発見された亀裂の例（初期段階のもの）

3.3 鋼製橋脚隅角部の疲労補修が耐震性能に及ぼす影響

慮した鋼製橋脚の耐震設計法の確立の必要性が改めて認識された．さらに，既設の鋼製橋脚の耐震補強および新設の鋼製橋脚の耐震設計において，兵庫県南部地震クラスの非常に大きな地震動に対して弾性設計を適用することは非常に非経済的となることから，早急に具体的な鋼製橋脚の耐震設計法を確立することが切望された．

鋼製橋脚の耐震補強法，耐震設計法を確立するには，塑性域での耐力および変形性能といった鋼製橋脚の耐震性能を把握する必要がある．しかしながら，兵庫県南部地震以前，鋼製橋脚の耐震性能評価に関する研究は少なく，具体的な耐震補強，耐震設計法を確立するうえで必要となる鋼製橋脚の耐震性能に関する情報が十分に得られていない状況にあった．そこで，兵庫県南部地震以降，鋼製橋脚の具体的な耐震補強，耐震設計法を開発するため，実験および解析により鋼製橋脚の耐震性能評価および耐震性能向上策のための研究が非常に活発に行われた．その結果，鋼製橋脚の耐震性能に関する有用な情報が多く得られ，それらの研究成果を基に，具体的な耐震補強法[19]，耐震設計法[20),21)] の提案がいくつか行われている．

本項では，既往の鋼製橋脚の耐震性能評価および耐震性能向上策に関する研究のうち，土木研究所等の共同研究[22)] について紹介する．なお，地震時脆性破壊の防止については，次節以降で詳述する．

a. 土木研究所などの共同研究

鋼製橋脚の大地震時の弾塑性挙動，抵抗メカニズムといった耐震性能を明かにして，鋼製橋脚の耐震性能の評価や耐震性能向上策について検討を行い，耐震補強法および耐震設計法の開発を行うため，土木研究所および関係機関との共同研究（以下，本項で「共同研究」という）では，実験を中心とした研究が行われた．その共同研究では，1本柱形式の鋼製橋脚を対象に，主として正負交番載荷実験が行われた他，単調載荷実験，ハイブリッド地震応答実験等も行われ，共同研究全体で合計99体の供試体が用いられた．

(1) 供試体

既往の鋼製橋脚の耐震性能評価のための実験で用いられた供試体は，実験設備の容量などの関係で外形寸法をある程度小さくしなければならず，その結果，縦リブ配置（矩形断面の場合）などの構造諸元が供試体と実際の鋼製橋脚とで異なる場合が多かった．そこで，共同研究では，可能な限り実際の鋼製橋脚に近い構造諸元を再現できるように，実際の鋼製橋脚の1/3～1/4程度といった既往の研究と比較して大きな供試体を用いて実験が行われた．

図3.35(a)～(d) に矩形断面の供試体の例，図3.36(a)～(d) に円形断面の供試体の例をそれぞれ示す．また，以下に，各図の供試体の目的を示す．

(a) 矩形断面供試体

- 図3.35(a)：平成8年道示より以前の道示で設計された既設の鋼製橋脚を対象とした供試体である．
- 図3.35(b)：図3.35(a) の供試体にコンクリート

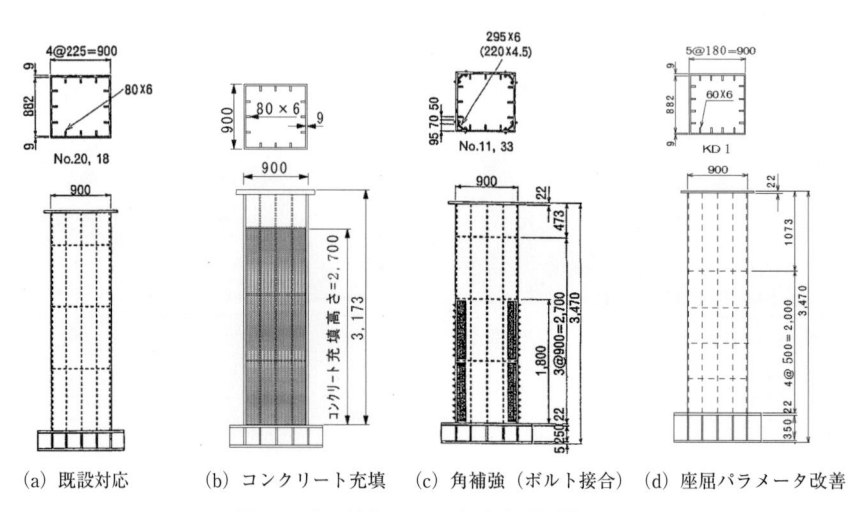

(a) 既設対応　(b) コンクリート充填　(c) 角補強（ボルト接合）　(d) 座屈パラメータ改善

図3.35 共同研究における矩形断面供試体の例

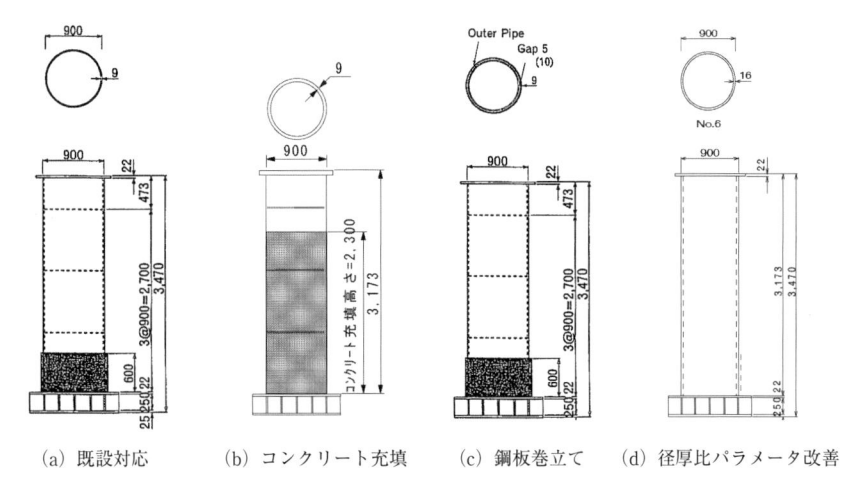

(a) 既設対応　　(b) コンクリート充填　　(c) 鋼板巻立て　　(d) 径厚比パラメータ改善

図 3.36 共同研究における円形断面供試体の例

を適切な高さまで充填することにより，鋼製橋脚の耐力および変形性能の向上を図ることを目的とした供試体で，既設および新設両方の鋼製橋脚の耐震性能向上策に対応するものである．

- 図 3.35(c)：図 3.35(a) の供試体の角部に補強材を高力ボルトで取り付けることにより，角溶接部の割れを防ぐとともに鋼製橋脚の耐力の上昇は抑え変形性能の向上を図ることを目的とした供試体で，既設橋の耐震性能向上に対応するものである．
- 図 3.35(d)：図 3.35(a) の供試体と比較して，幅厚比パラメータを小さく，補剛材剛比を大きくするなど，座屈パラメータを改善して鋼製橋脚の耐荷力および変形性能の向上を図ることを目的とした供試体で，新設の鋼製橋脚の耐震性能向上策に対応するものである．

(b) 円形断面供試体

- 図 3.36(a)：平成 8 年道示より前の道示で設計された既設の鋼製橋脚を対象とした供試体である．
- 図 3.36(b)：図 3.36(a) の供試体にコンクリートを適切な高さまで充填することにより，鋼製橋脚の耐力および変形性能の向上を図ることを目的とした供試体で，既設および新設両方の鋼製橋脚の耐震性能向上策に対応するものである．
- 図 3.36(c)：図 3.36(a) の供試体の周りに母材板厚の 1/2 程度の隙間を空けて鋼板を巻立てた供試体である．外巻きの鋼管により高さ方向の座屈波形を多段化し変形領域が分散されることにより，変形の集中や割れを防ぎ，かつ耐力の上昇を

抑え変形性能の向上を図ることを目的として供試体で，既設の鋼製橋脚の耐震性能向上に対応するものである．

- 図 3.36(d)：図 3.36(a) の供試体と比較して，径厚比パラメータを小さくして鋼製橋脚の耐荷力および変形性能の向上を図ることを目的とした供試体で，新設の鋼製橋脚の耐震性能向上策に対応するものである．

(2) 載荷方法

図 3.37 に載荷の概要図，図 3.38 に実際の載荷状況を示す．図 3.37 に示すように，載荷方法は上部構造死荷重を想定した所定の軸力（多くの実験で降伏軸力の約 10～15% 程度）を載荷し，その軸力を一定に保った状態で，柱部の所定の位置に地震力を想定した水平荷重を準静的に加えた．なお水平荷重の載荷は変位制御により行われた．水平荷重の繰返し載荷の方法は，供試体の下端の応力が降伏応力に達するときの水平荷重載荷位置の水平変位 δ_y を基本とし，図 3.39 に示すように δ_y の整数倍の変位を片振幅とした両振りの交番載荷で $\pm 2\delta_y$，$\pm 3\delta_y$ というように振幅を漸増させている．また，繰返し載荷回数が鋼製橋脚の耐震性能に与える影響を検討する場合を除き，各 δ_y における繰返し回数は原則として 1 回となっている．なお，この共同研究における載荷方法は，その他の研究においても同様の載荷方法により多数の実験が行われている．その意味で鋼製橋脚を対象とした正負交番載荷実験における標準的な載荷方法であるということができる．

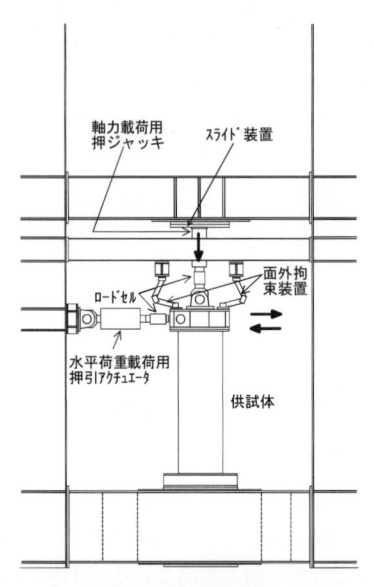

図 3.37 載荷の概要

図 3.38 載荷状況

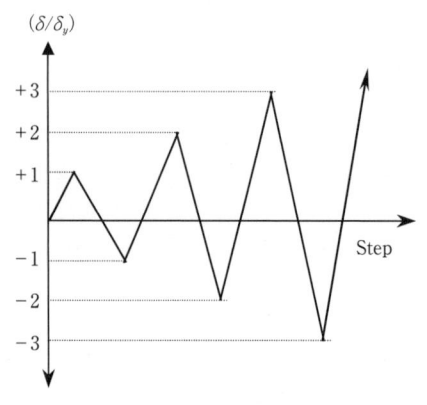

図 3.39 水平力の載荷パターン

(3) 実験結果に基づく鋼製橋脚の耐震性能向上策

共同研究の実験結果などから，鋼製橋脚の耐震性能に関する有用な知見・情報が多く得られた．それら得られた知見などを基に，既設の鋼製橋脚の補強法，新設の鋼製橋脚を対象とした耐震設計法が提案されている．共同研究の実験結果から得られた耐震性能に関する知見などのうち，既設の鋼製橋脚の耐震性能向上策について記述する．

(a) 矩形断面鋼製橋脚の耐震性能向上策

図 3.40 に既設鋼製橋脚を対象とした矩形断面供試体（図 3.35(a)）と，その供試体にコンクリートを適切な高さまで充填した供試体（図 3.35(b)），角部に補強材を高力ボルトで取り付けた供試体（図 3.35(c)）の正負交番交番載荷実験から得られる包絡線をそれぞれ示す．図 3.40 より，コンクリートを適切な高さまで充填することにより，鋼製橋脚の耐力および変形性能が大きく向上していることがわかる．それに対して，角部に補強材を高力ボルトで取り付けた供試体では，耐力の上昇を抑えつつ変形性能を向上できていることがわかる．鋼製橋脚の耐震補強では，補強により橋脚の耐力が上昇しすぎるとアンカー部や基礎への負担が増えるため，アンカー部などの耐力が十分でない場合，変形性能のみを向上させ耐力上昇を抑えたいことがある．このような場合，角部に補強材を高力ボルトで取り付ける補強法は非常に有効であるといえる．なお，角部への補強材を高力ボルトではなく溶接で取り付けた場合，変形性能だけでなく耐力も向上するので，その点には注意が必要である．

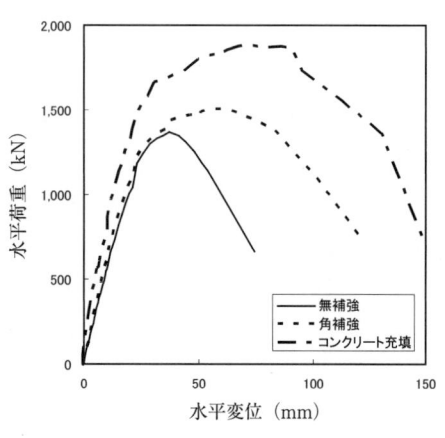

図 3.40 矩形断面供試体の包絡線

(b) 円形断面鋼製橋脚の耐震性能向上策

図 3.41 に既設鋼製橋脚を対象とした円形断面供試体（図 3.36(a)）と，その供試体にコンクリートを適切な高さまで充填した供試体（図 3.36(b)），母材板厚の 1/2 程度の隙間を空けて鋼板を巻き立てた供試体（図 3.36(c)）の正負交番交番載荷実験から得られる包絡線をそれぞれ示す．図 3.41 から，矩形断面と同様，コンクリートを適切な高さまで充填することにより，鋼製橋脚の耐力および変形性能が大きく向上していることがわかる．それに対して，母材板厚の 1/2 程度の隙間を空けて鋼板を巻き立てた供試体では，耐力の上昇を抑えつつ変形性能を向上できていることがわかる．よって，アンカー部などの耐力が十分でない場合，耐震補強母材板厚の 1/2 程度の隙間を空けて鋼板を巻き立てる補強法は非常に有効であるといえる．

b. 既設の鋼製橋脚等の耐震補強法

既設道路橋の耐震補強を円滑に行うことができるように，設計の流れや計算例を資料としてとりまとめた「既設道路橋の耐震補強に関する参考資料」[19]（以下，本項では「参考資料」と呼ぶ）が平成 9 年 8 月に（社）日本道路協会から出版された．その中では，上述の（3）で記述した共同研究から得られた鋼製橋脚の耐震性能，耐震性能向上策に関する知見・情報などを基に，鋼製橋脚の具体的な耐震補強が記述されている．ところで，兵庫県南部地震のような非常に大きい地震動に対して既設の鋼製橋脚等の鋼部材の耐震補強を行う場合，コンクリート充填などによる鋼部材自身の耐震性能向上には限界があり，所要の耐震性能が得られない場合がある．そのような場合には，免震・制震技術を活用して橋梁としての所要の耐震性能が得られるようにすることも行われている．そこで，以下では，参考資料に示される鋼製橋脚の耐震補強法の概要，その手法に基づく矩形断面鋼製橋脚の角補強構造（角部に補強材を高力ボルトで取り付けた構造）による耐震補強法の実例を記述するとともに，制震・免震技術を活用した鋼トラス橋の耐震補強検討についても紹介する．

(1) 参考資料に基づく耐震補強法の概要

参考資料では，コンクリートを充填しない鋼製橋脚の耐震性能照査は非線形時刻歴応答解析によると規定されている．これは，コンクリートを充填しない鋼製橋脚ついては，鉄筋コンクリート橋脚に適用されているエネルギー一定則による地震時の最大応答変位の推定の妥当性が十分に検証されていないことによるものである．非線形時刻歴応答解析を行うには，鋼製橋脚の復元力モデルを設定する必要がある．参考資料では，鋼製橋脚の復元力モデルとして橋脚の塑性ヒンジ位置を固定とした 1 自由度系のバネに置き換えた図 3.42 に示すバイリニアモデルとしてよいと規定されている．そして，図 3.42 のバイリニアモデルを用いた非線形時刻歴応答解析から得られる最大応答変位 δ_m，残留変位 δ_R が，それぞれ許容変位 δ_a，許容残留変位 δ_{Ra} 以下となるかどうかで，耐震性能の評価を行うものとされている．なお，角補強構造の図 3.42 のバイリニアモデルの P_u，δ_a の値は，共同研究の実験から得られた耐震性能，耐震性能向上策に関する知見を基に，当面の間，表 3.4 に示す値を用いてよいとされている．その他，参考資料では，角補強構造の構造細目など，耐震補

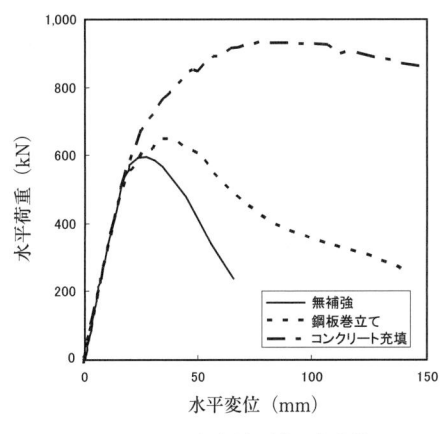

図 3.41 円形断面供試体の包絡線

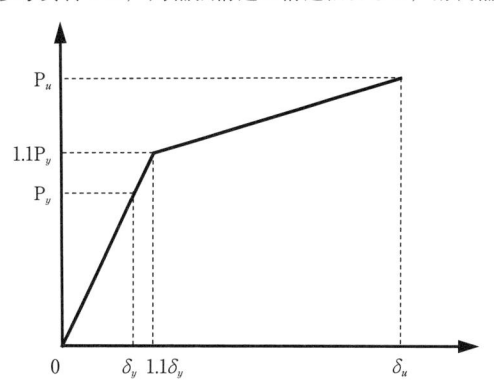

図 3.42 鋼製橋脚の復元力モデル（バイリニアモデル）

強で必要となる事項の記述がなされている．

(2) 角補強による鋼製橋脚の耐震補強の実例

実際に行われた鋼製橋脚の耐震補強として，東京都の新交通システム「ゆりかもめ」（図3.43）の鋼製橋脚で行われた，角補強構造の施工事例[23]を以下に紹介する．

角補強構造は，図3.35(c)で示したように，コーナープレートを高力ボルトにより橋脚の4隅に取り付けるもので，補強による鋼製橋脚の耐力の上昇を抑え，変形能の向上を図れることがその特徴としてあげられる．そのため，基礎やアンカー部の負担を少なくできる耐震補強工法の一つである．

「ゆりかもめ」における角補強の施工手順の概略を以下に示す．

① 鋼製橋脚のマンホールに入る大きさに分割されたコーナープレート（曲げ加工したもの）を橋脚内部に搬入する．
② コーナープレートの取付け位置に合わせて，ボルト孔を開ける．
③ 高力ボルトによりコーナープレートを鋼製橋脚の四つの角部に接合する（図3.44）．

なお，これらゆりかもめの鋼製橋脚にも車両衝突による変形防止用の中詰めコンクリートが充填されていたが，ダイアフラム位置までは充填されていなかった．そこで，角補強構造の採用とあわせて，ダイアフラムの位置までコンクリートが充填された（図3.45）．

(3) 免震・制震技術を活用した耐震補強の検討例

制震・免震技術を活用した耐震補強検討として，阪神高速道路の港大橋の検討例[24]を以下に紹介する．

港大橋（図3.46）は阪神高速道路湾岸線にかかる

図3.43 ゆりかもめ[23]

図3.44 角部のプレート[23]

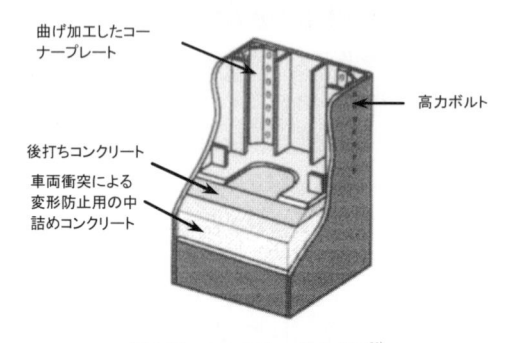

図3.45 コンクリートの充填[23]

図3.46 港大橋[25]

全長980 m（中央支間長510 m）のゲルバートラス橋で1974年に完成し，その中央支間長は世界第3位である．1995年に発生した兵庫県南部地震では大きな被害は受けなかったが，それ以後のレベル2地震動の考え方に基づく耐震補強が実施されている．なお，港大橋では，免震，制震技術を用いた地震に対する性能向上を主としていることから，文献24)においては，一般に用いられている耐震補強の代わりに対震性能向上という言葉が用いられている．

港大橋の耐震補強検討では，小箱断面であるトラス部材補強はその施工性に課題が多いことから，長周期化，高減衰化等による応答低減手法が望ましいと判断された．そこで，固有周期と応答スペクトルの関係から応答制御特性について考察を行い，橋軸方向については免震化を，橋軸直角方向については高減衰を付与する制震化が基本構造として選択された．そして種々の方策に関する地震応答解析の結果，損傷制御技術として，橋軸方向には鋼床版桁を免震化する床組免震が，橋軸直角方向には鋼製履歴ダンパーによる応答低減が最適であると判断された．以下にそれぞれの手法の概要を示す．

まず，床組免震の概要を示す．港大橋の元構造の鋼床版桁（床組）は，固定-可動条件の支承板支承で横桁上に支持された構造となっており，検討で使用した設計入力地震動に対しても応力超過することが確認された．そこで，全橋応答低減が可能でしかも支承補強も回避できるすべり支承を用いた免震化構造（図3.47）による床組免震の採用が考えられた．なお，このシステムの特性は，すべり材の摩擦

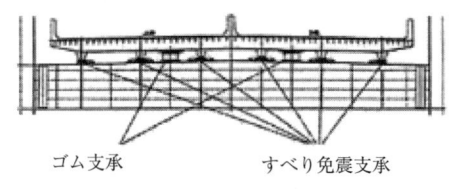

図3.47　すべり免震[24]

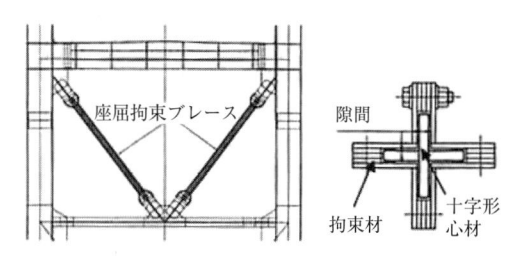

図3.48　座屈拘束ブレース[24]

係数と水平荷重分散装置であるゴムバネの剛性に依存することが知られており，一般橋については種々の解析や試算が行われている．しかし，一般橋において効果的とされるすべり材の摩擦係数と水平荷重分散装置の剛性の組合せがそのまま港大橋には適用できないことから，新たに検討を行い，その結果が床組免震に反映されている．そして，元構造と床組免震構造の時刻歴応答解析を行い，床下免震の採用によって，橋軸方向地震時に部材に発生する応力が低減することが確認されている．

次に鋼製履歴ダンパーの概要について示す．港大橋では，変形モードと元構造を勘案して，2次部材である中間支点上における主塔対傾構および側径間における横構に履歴ダンパーを用い安定した荷重-変位履歴特性をもたせることによる減衰効果が期待されている．そして，履歴型ダンパーとしては，施工性を考慮して，図3.48に示す座屈拘束ブレースが選定されている．なお，実験による座屈拘束ブレースの降伏後の2次剛性が決定されるとともに，パラメトリック解析により設計降伏力の最適化，エネルギー比率による最適配置の決定を行い，より効率的は補強効果が得られるための検討が行われた．そして，橋軸方向と同様，橋軸直角方向についても時刻歴応答解析を行い，座屈拘束ブレースの採用によって，地震時に部材に発生する応力が低減することが確認されている．

3.4　非破壊検査

▶3.4.1　メンテナンス検査に用いられる非破壊検査

鋼構造物の溶接継手の溶接欠陥は，継手性能に大

きな影響を与える．大きな欠陥が残留すれば，十分な性能を発揮する前に崩壊する．したがって，既設鋼構造物のメンテナンスや耐震性能を評価するうえで，溶接継手の品質を非破壊的に確認することは重要である．さらには3.3節で述べたように鋼製橋脚については経年とともに溶接欠陥からの疲労亀裂の報告されており，地震を受けたときにそれらの亀裂を起点として脆性破壊が発生する可能性があり，疲労亀裂の実態を把握することもきわめて重要である．兵庫県南部地震におけるハーバーハイウェイの橋脚隅角部の脆性破壊などは隅角部のいわゆる δ ゾーンを起点としており，破面観察からは疲労亀裂の存在は確認できていないが，今後の耐震メンテナンス上注意が必要な事例である．

現在，溶接鋼構造物のメンテナンス検査で用いられている非破壊探傷試験には，X線探傷試験，超音波探傷試験，渦電流探傷試験，浸透探傷試験がある．表3.5に鋼構造物の検査に用いられる非破壊検査とその適用性を示す．図3.49にそれぞれの非破壊検査の機器と使い方の概要を示す．メンテナンス検査においては特別な装置が不要でしかも簡便な浸透探傷試験が適用されることが多い．しかし，浸透探傷試験では染料が欠陥内部に浸透することが条件であり，表面に開口した欠陥に対してのみ検出が可能である．疲労亀裂については表面から発生した亀裂であっても染料が浸透するだけの開口がない，あるいは応力状態によっては亀裂が閉口しているなど，浸透探傷試験によるメンテナンスで対象とするような表面の長さが10 mm程度の疲労亀裂を浸透探傷試験で検出することは困難といえる．

疲労亀裂や溶接割れなど亀裂の開口が期待されない欠陥の検出には湿式蛍光磁粉探傷が適している（図3.50）．その際は表面に付着している塗膜を溶剤によって丁寧に剥離する必要がある．表面から発生した疲労亀裂の検出は塗膜上からの目視検査が最も検出精度が高い．亀裂の発生しやすそうな位置に特

表3.5 非破壊検査の適用性比較

G：良好 F：やや良好 P：不良 空欄：適用外			一般					板		溶接部				使用状態			
										ビード有		ビード無					
			微小表面亀裂	深い表面亀裂	内部亀裂	内部空洞	板厚	冶金的変化	板厚	ラミネーション	内部亀裂	スラグ巻き込み／融合不良／ポロシティ	内部亀裂	スラグ巻き込み／融合不良／ポロシティ	表面亀裂	疲労亀裂	応力腐食	ふくれ	板厚減少	腐食ピット
放射線透過		(X線)		F	F	G	F	F	G		G	G	G	G	P	P	F	P	F	G
超音波	接触法	垂直			G	G	G	F	G	G					G		G		G	G	P
		斜角	P	G	G	G		P		F	G	P	G	F	P	F	F				P
		タンデム			G	G	G	P							G	G	G	G		G	G	G
		表面波	G	G												P	F	F			
	透過法			F	G				G		F	G					F				
	板厚計					G			G	G									G	G	F
磁粉探傷	AC	湿	G	G					F	F		F			G	G	G				
		乾	F	G					F	F		F			G	G	F				P
	DC	湿	G	G	P				G	F		G			G	G	G				
		乾	F	G	F	P			G	G		G	G	G	G	G	G				P
過電流			F	G			F	G	P			P		P	F			F			
浸透探傷		目視探傷剤	F	G					F						G	P	P				F
		蛍光探傷剤	G	G					F						G	G	G				F

(a) 浸透探傷（PT）

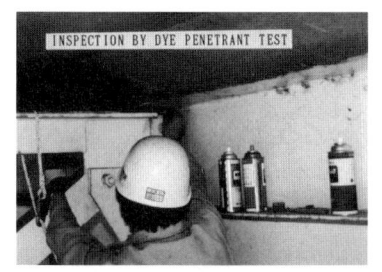

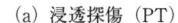

(b) 渦流探傷（ET）

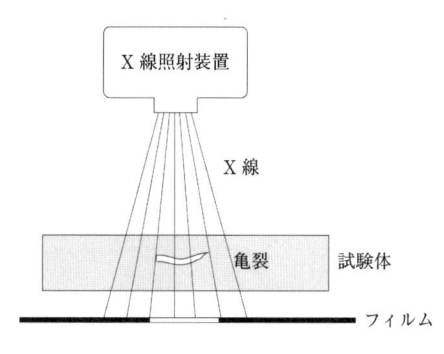

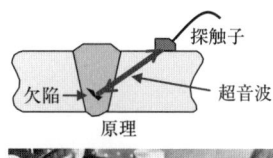

(c) X線探傷（RT）

(d) 超音波探傷（UT）

図 3.49　非破壊検査の機器と使い方の概要

徴的な錆を含んだ塗膜の割れが出現する（図 3.51）．

▶3.4.2　超音波探傷法の発展

　超音波探傷試験は探触子から鋼材内部に超音波を入れて，溶接内部の欠陥やキズからのエコーを検知することで，欠陥やキズの有無を判断する手法である．鋼構造物に対しては周波数が 2〜5 MHz の超音波が一般的に使われる．高い周波数の超音波は波長が短くなるため小さい欠陥が検出できるが，減衰が早くなるので欠陥からのエコーの特定が難しくなるなどから，このような周波数が用いられるようになった．探傷方法としては表面から垂直な超音波を入射して欠陥からのエコーを受信する垂直探傷と，表面から斜めに超音波を入射する斜角探傷がある（図 3.52）．探触子を選ぶことによりさまざまなモードの超音波を入射することができる．垂直探傷には縦波を，斜角探傷には横波を利用することが多い．斜角探傷試験での入射角は 45〜70° が一般的である．

　斜角探傷試験には超音波の発信と受信を一つの探触子で行う一探触子法と発信と受信を別の探触子で行う二探触子法がある．図 3.53 に示すように面状

3.4　非破壊検査　　99

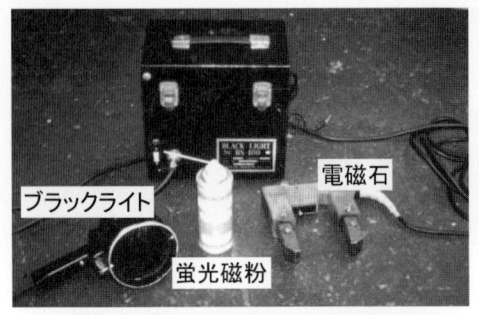

の欠陥からの超音波のエコーは必ずしも発信された方向には返らないこと，欠陥の見落としなどの原因となる．メンテナンス検査で疲労亀裂などの面状の欠陥を対象とする場合は，存在しうる欠陥を予測し，超音波の入射の方向や位置などを工夫するなどして確実にエコーを受信できるようにすることが必須の条件である．超音波を直接欠陥に当てる直射法の他，底面などに反射させて欠陥を狙う反射法もしばしば適用される．

　超音波探傷試験で取得されるデータはA-スコープ（Aスキャンとも呼ばれる）の形式で表示される（図3.54）．最も一般的な超音波探傷は手探傷と呼ばれるものであり，検査技師はA-スコープ上に表示されるエコーから欠陥の位置とサイズ，形状を判定する．A-スコープ画像は，超音波が反射源までの往復に要した時間から計算されるビーム路程を横軸に，エコー高さを縦軸として表示される．横軸

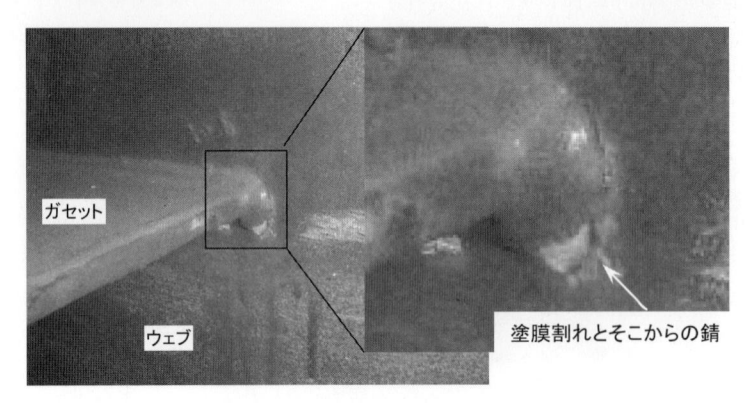

図3.50　湿式蛍光磁粉探傷（MT）

図3.51　塗膜の割れによる亀裂の検出

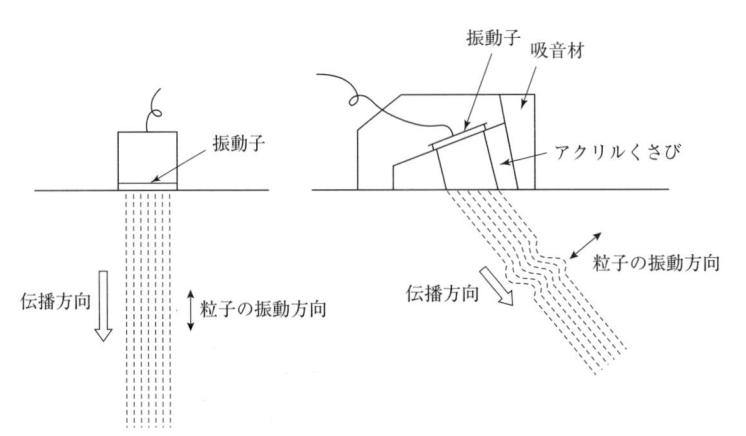

(a) 垂直探傷　　　　　　　　(b) 斜角探傷

垂直探傷は縦波を利用することが多い　　斜角探傷は横波を利用することが多い

図3.52　超音波探傷

3. 耐震メンテナンス

(1) 探触子 平面状欠陥
(2)
(3)
(4)

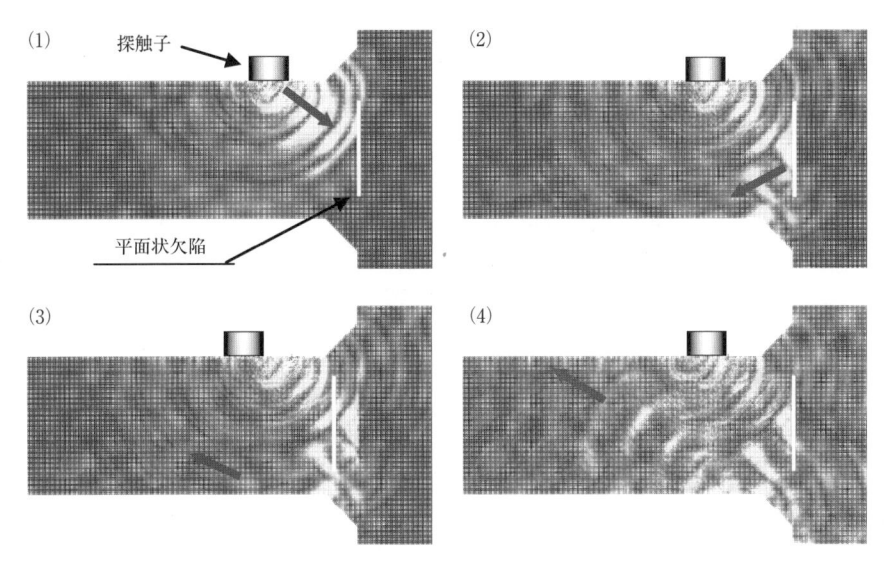

図3.53 FEMによる超音波伝播のシミュレーション結果

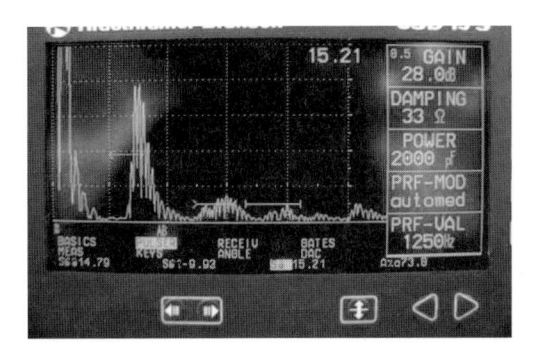

図3.54 A-スコープ

のビーム路程の設定には縦波か横波かなどの波の種類が関係する．超音波探傷試験では超音波の伝播距離が長くなるにしたがってエコー高さが低くなるために，同じ反射源からのエコーであっても探触子から遠い場合には低くなる．そのために，あらかじめA-スコープ上の横軸（時間，ビーム路程）と縦軸（エコー高さ）のキャリブレーションを標準試験片を用いて行い，距離振幅特性曲線を設定する．通常は図3.55に示すようにSTB A-2標準試験片の$\phi4\,\text{mm}\times4\,\text{mm}$の孔を用い，0.5スキップ（裏面からの直射）

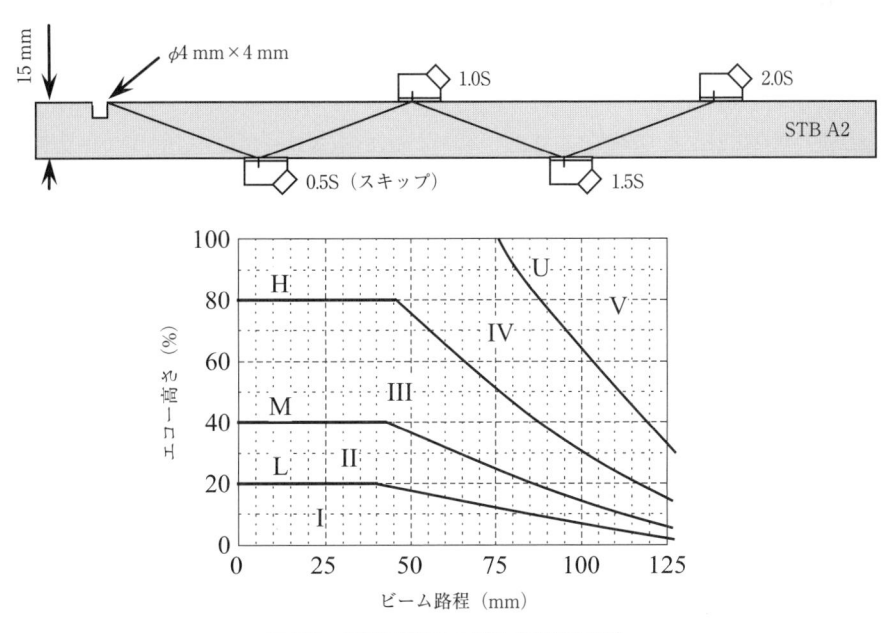

図3.55 超音波探触子の距離-振幅特性曲線

3.4 非破壊検査

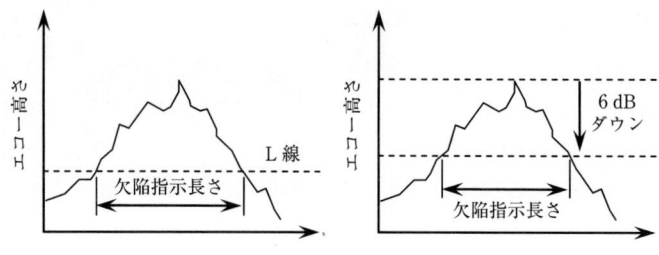

(a) 感度レベルを基準とする方法（閾値法）
（L 線を閾値とする場合）

(b) 最大エコーを基準とする方法
（De＝6 dB の例）

図 3.56 超音波探傷試験での欠陥長さの推定方法

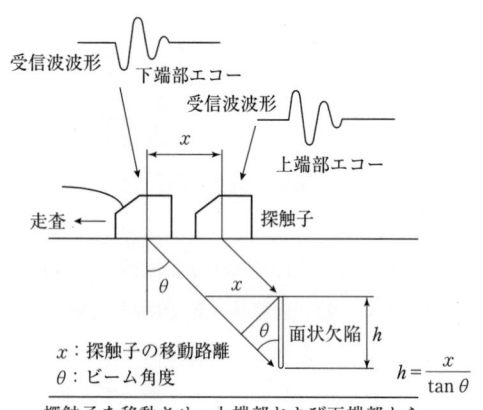

図 3.57 端部エコー法

(a) B-スコープ　　(b) C-スコープ

図 3.58 自動超音波探傷（AUT）による探傷結果の画像

エコー高さが 80％ となるように調整し，それを H 線と呼び，それから 6 dB ずつの差となるように U, M, L, の各線を設定する．感度を上げて探傷するために L/2 線を設定することもある．それぞれの線で区切られた領域を I-V と呼ぶ．

欠陥の指示長さは図 3.56(a) に示すようにエコーのレベルが設定した感度レベル（閾値）を超えている領域とする場合が多い．この方法を閾値法と呼ぶことがある．また，図 3.56(b) に示すように最大エコーからあるレベル（De デシベル）落とした範囲を欠陥寸法をすることもある．ここで注意すべきは超音波探傷結果としての欠陥寸法は実寸法とは異なる点である．

疲労亀裂などが存在した場合の耐震性能の照査においては，亀裂の深さがきわめて重要となる．亀裂の深さの測定には超音波探傷試験のうちの端部エコー法（図 3.57）が用いられる．しかし，その測定は亀裂がある程度の深さまで進展した後にはじめて可能となる．

以上のような超音波探傷試験では欠陥の判定は検査技師により A-スコープ上で判断し，記録される．そのために超音波探傷は記録性と客観的評価に欠けることがしばしば指摘される．そこで，超音波自動探傷（AUT）と呼ばれる，探触子を自動的にスキャンし，その探触子の位置データとエコーとを組み合わせて B-スコープおよび C-スコープ画像を構成する探傷方法が使われている（図 3.58）．B-スコープ，C-スコープは欠陥エコーが一定の閾値を越えたイベントとその伝播時間の関係を表示したものであり，エコー高さの情報はほぼ無視されてしまう．また，波形データ自体も通常は保存されないため，欠陥と判定されたエコーについて追跡検討ができないなど，そこから得られる探傷結果の精度には限界がある．今後，閾値を決定するためのキャリブレーションの方法や精度に十分な注意が必要である．逆に，熟練した検査技師による手探傷では，探触子の位置や角度を変えながら欠陥を探す，あるいはエコーの形から欠陥の種別を予測する，疑問があれば繰り返

し探傷するなど，AUTでは実現できないことも多い．AUTのもつ客観性，記録性と熟練検査技師による手探傷の長所をどのように組み立てるかがメンテナンスでの非破壊検査の今後の課題といえる．

▶ **3.4.3 超音波探傷の高精度化**

疲労亀裂のような面状欠陥の検出精度を高めることの解決策としては，送信と受信を別の探触子に分けた二探触子法の適用が考えられる．また，画像再構成システムもB-スコープやC-スコープではなく，開口合成法（SAFT：Synthetic Aperture Focusing Technique）を用いることにより，信頼性を高めることが可能となる．ここでは鋼製橋脚の隅角部で多発した溶接部の開先残しや溶接割れなどの面状の溶接欠陥やそこから発生する疲労亀裂に対する非破壊検査を目的として開発された超音波探傷システムを紹介する．

a. タンデムアレイ探触子と経路を考慮した開口合成

前述のように斜角超音波にはその送受信に強い方向性が存在し，面状の欠陥からのエコーは発信位置にエコーが返ってこないケースが多い．この問題の解決策として，図3.59に示すような複数の探触子を一列に並べたタンデムアレイ探触子を開発した．

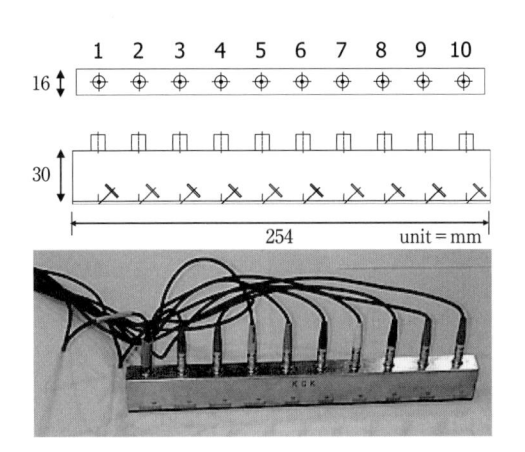

図3.59　タンデムアレイ探触子

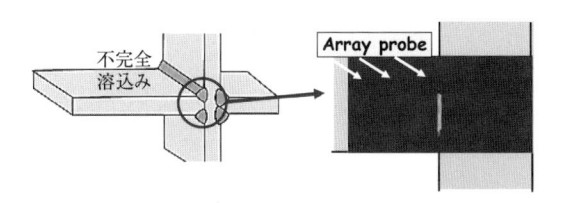

図3.61　タンデムアレイによる再構成画像

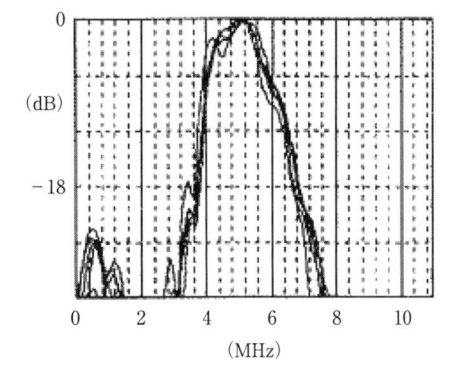

図3.62　タンデムアレイ探触子を構成する探触子の周波数特性

探触子の方向が固定されているために方向ズレの問題は発生せず，電気的スイッチングと組み合せることにより長手方向のスキャンニングを省略することが可能となる．スキャニングを不要としたことにより，欠陥位置の精度が高くなり，また，接触物質の厚さが変化しないためにエコー強度も変化しなくなる．また，斜角探触子の強い方向依存性を逆に利用し，超音波の反射経路を考慮した開口合成法を使用することで，より精度の高い画像化が可能となる．図3.60のような超音波エコーの伝播経路を考慮して開口合成を行うと，図3.61に示すような再構成画像が得られる．これまで画像化が困難であった平面欠陥を精度よく画像化できている．なお，このようなアレイ探触子を開口合成に使用する場合には，個々の探触子の特性（入射波の周期）がほぼ等しい必要がある．（図3.62）

b. プラナーアレイ探触子と3次元開口合成

リニアタンデムアレイ探触子は，探触子の方向に対して，水平方向の傾きをもった平面欠陥や球面な

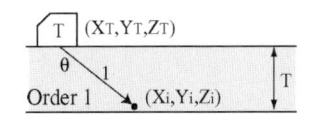

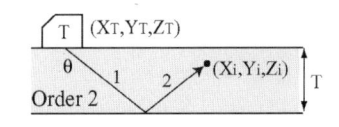

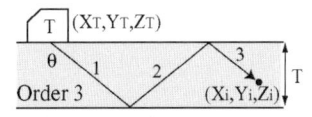

図3.60　タンデムアレイの一般的な探傷経路

3.4　非破壊検査　103

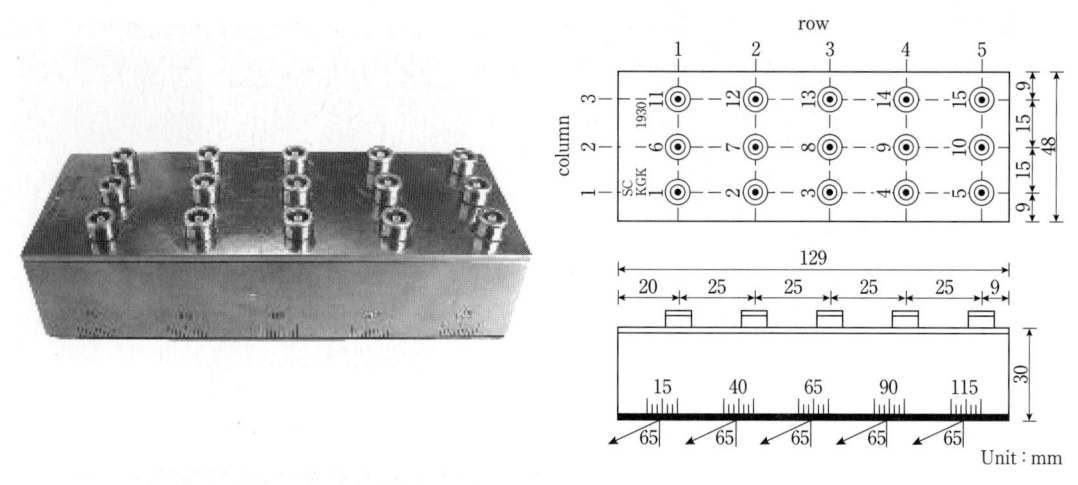

図 3.63　3×5 タンデムアレイ探触子

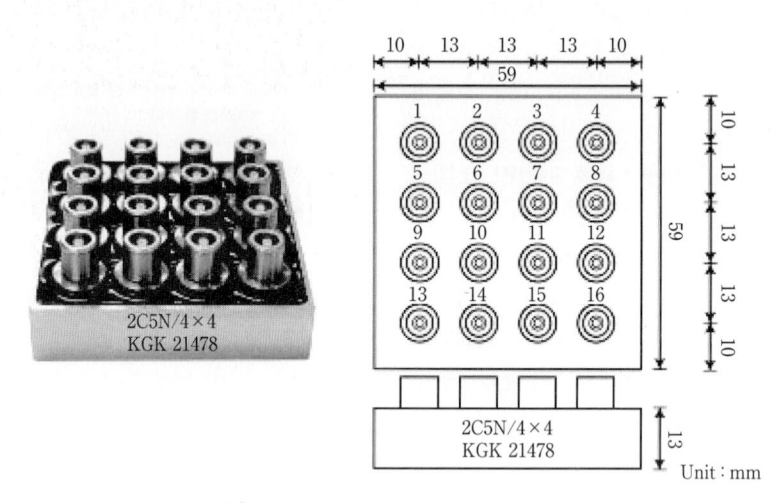

図 3.64　4×4 ピッチキャッチアレイ探触子

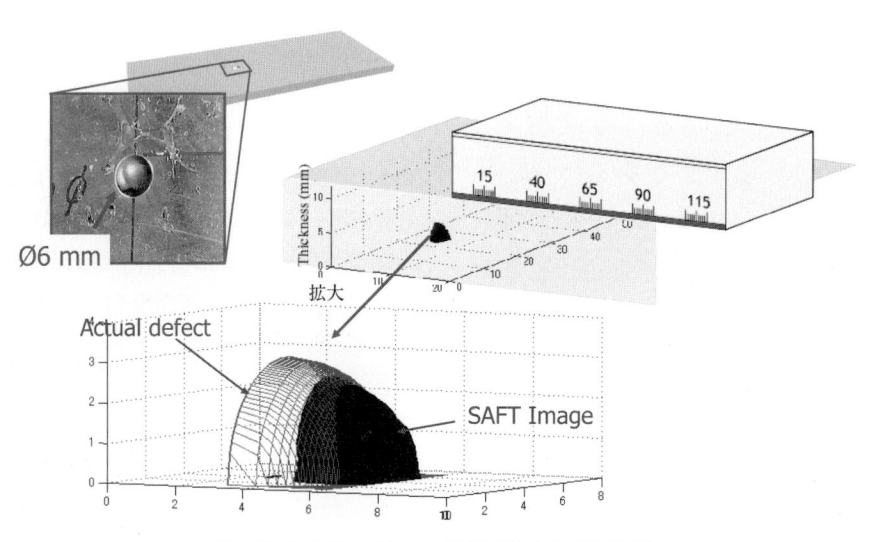

図 3.65　3×5 タンデムアレイ探触子による再構成画像

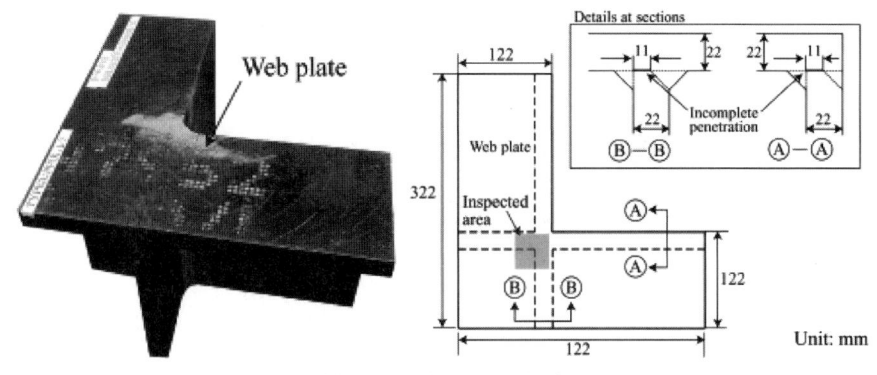

(a) 試験体（鋼製橋脚隅角部）

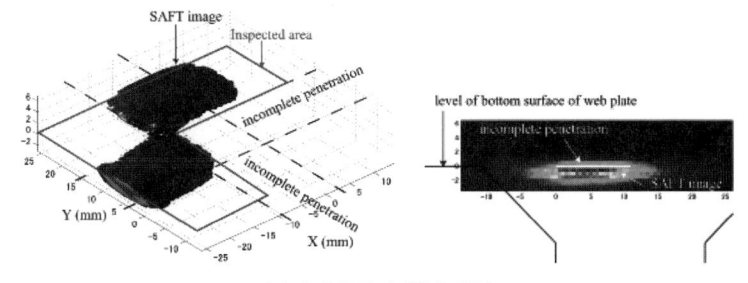

(b) 探傷結果（再構成画像）

図3.66　4×4ピッチキャッチアレイ探触子による実欠陥の再構成画像

どの立体欠陥の検出がやや苦手である．そこで，探触子アレイを平面に展開した，多チャンネルプラナーアレイ探触子（Multi-Channnel Planer Array probe）を開発した．この探触子では欠陥エコーを面として受信できるため，欠陥検出性能が大幅に向上する．また，その性能を有効に活用するためには，ソフトウェア面からの対応も必要であることから，開口合成法も3次元に拡張された．これらを組み合わせることにより，欠陥を立体的に画像化可能となった．図3.63はタンデム型探傷のための3×5ダンデムアレイ探触子，図3.64はピッチキャッチ型探傷のための4×4ピッチキャッチアレイ探触子である．

図3.65は部分溶け込みT字溶接継手（K開先）を3×5タンデムアレイ探触子で探傷した結果を3次元開口合成によって画像化したものである．板中心部に残留している不溶着部を精度よく再構成可能である．4×4ピッチキャッチアレイ探触子を用いて図3.66(a)に示す様な鋼製橋脚隅角部角部の3溶接線交差部の実物大模型（WW型）に対して，ウェブ面から探傷した結果を図3.66(b)に示す．このよ

うに，実構造物内部の溶接欠陥を十分な精度で探傷可能である．

▶3.4.4　フェーズドアレイ超音波探傷

先端的な超音波探傷システムとしてフェーズドアレイ探傷が上げられる．フェーズドアレイとは超音波の波長よりも小さいサイズの超音波素子を多数並べ，それらを電子的にコントロールして探傷に相応しい超音波を発信するものであり，図3.67に示すように角度を振るステアリング機能や任意の位置に焦点を当てるフォーカシング機能などを実現できる．受信についても同様であり，ステアリング機能やフォーカシング機能を駆使して必要なエコーを選んで受信することが可能となる．素子の数としては64や124などが用いられている．

図3.68はリニアフェイズドアレイ探触子とそのための探傷システムである．図3.69は探傷結果をTOFD（Time Of Flight Fiffraction）により画像化したものであるが，探触子に対して任意の方向にある欠陥を探傷可能である．

図3.70はプラナーフェイズドアレイ探触子であ

(a) ステアリング　　　(b) フォーカシング

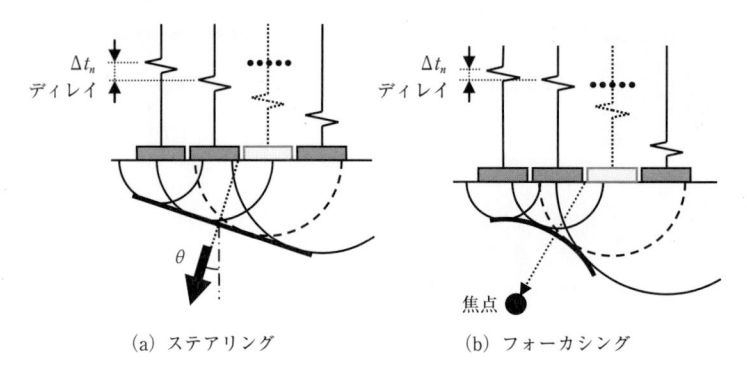

図 3.67　フェイズドアレイ探触子によるステアリングとフォーカシング

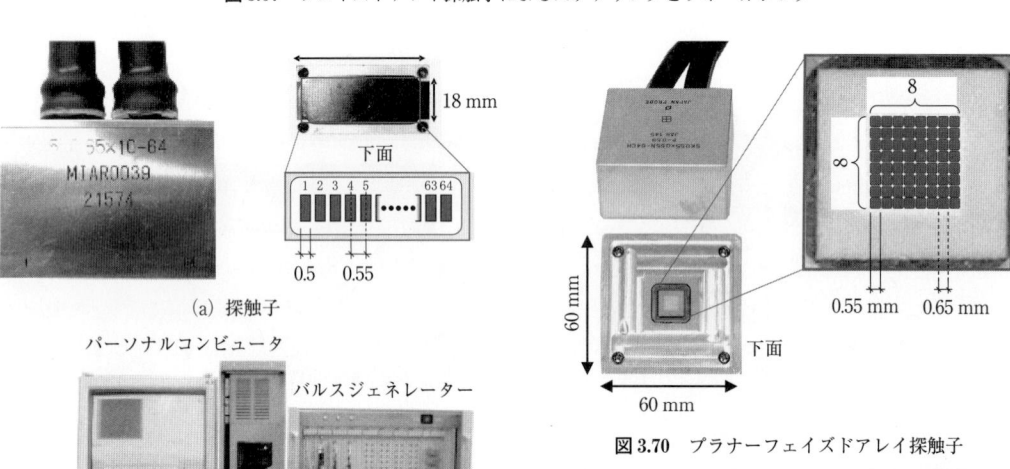

(a) 探触子

(b) 探傷システム

図 3.68　リニアフェイズドアレイ探触子および探傷システム

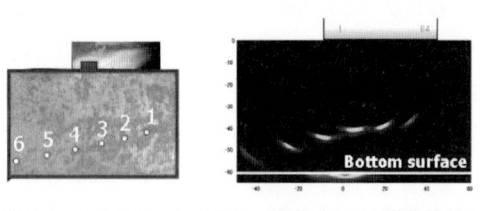

図 3.69　リニアフェイズドアレイ探触子による再構成画像

図 3.70　プラナーフェイズドアレイ探触子

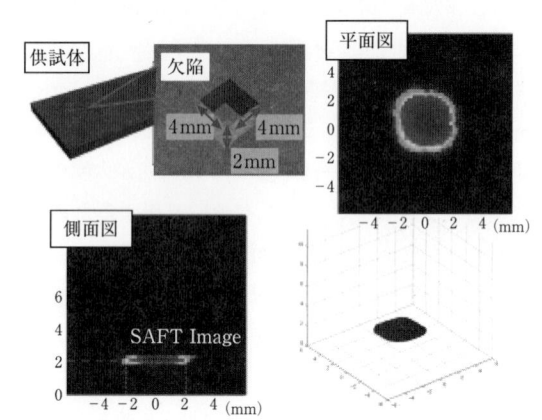

図 3.71　プラナーフェイズドアレイ探触子による再構成画像

る．プラナーフェイズドアレイ探触子は，微細な探触子を平面的に配置したものであり，3次元的なスキャニング・フォーカシングが可能となっている．図 3.71 に板の裏面に箱状の切り欠きが入った板を表面から探傷した結果を示す．ここでは，再構成領域の各点にフォーカシングを行った場合のエコーを画像化してある．このようにきわめて精度よく探傷が可能である．フェーズドアレイ超音波は将来的にはきわめて有望な探傷システムである．

▶ 3.4.5　ま と め

鋼構造物のメンテナンスを考えるうえで，溶接継手部の欠陥を把握することは必須項目である．そのため，容易かつ高精度な非破壊検査ができる超音波探傷はきわめて重要な技術である．3次元形状を有するような複雑な溶接欠陥の非破壊検査の必要性から，超音波探傷法は1次元から3次元へ，特殊技能が必要なものから一般にもわかりやすいものへと急速に発展してきており，現在もその高精度化や客観

性の強化が進められている．本節で述べた高精度な探傷法は現在実用化が始まったところであるが，今後はこれらの技術を使用することで，適切なメンテナンスの実施が期待される．

3.5 橋梁の健全度評価のためのモニタリング

近年，鋼橋の健全度あるいは損傷度をモニタリングする試みがされるようになってきた．そのような橋梁のパフォーマンスを対象としたモニタリングにおいては，どのような損傷を想定し，どの位置で，何をセンサリングするのか，また，その得られた情報をどのように蓄積し，処理するのか，さらには情報をどのように必要な場所，たとえば道路の管理センタなどに送るのか，などが課題となる．また，モニタリングシステムを構築するうえで，情報の転送の手段と量が問題であり，現場で情報をどの程度処理してから転送するかがシステム設計に大きくかかわる．東工大は国土交通省や首都高速公団の協力の下で，鋼橋のモニタリングシステム構築の研究を行っている．

▶3.5.1 荒川河口橋のモニタリングシステム

荒川河口橋は東工大と国土交通省でパイロット的に実施しているモニタリングのうちの1橋梁である．ここで構築しようとしているモニタリングシステムでは各種のセンサにより取得したデータをそのまま転送し，メンテナンスセンターで必要な情報を抽出して使用することを考えている．これは全国の国道に，情報ボックスと呼ばれる大容量の道路管理用光通信網が整備されることから，その情報通信網を活用しての構造物のモニタリングシステム構築しようとするものである．最近では商用のデータ通信を用いても大量のデータが安価に転送することが可能となっている．

2005年7月23日16時35分頃に千葉県北西部に発生した地震に対して，この荒川河口橋のモニタリングシステムにより興味深い記録が得られた．この地震によってはアクアラインの照明灯具が落下するなど，さまざまな被害が報告されている．

a. 橋梁とモニタリングシステムの概要

図3.72に荒川河口橋の概要を示す．荒川河口橋は国道357号にあり，全長840 mの橋梁の一部の2径間連続桁部でモニタリングを行っている．支承条件はP1橋脚上が固定，A1橋台およびP2橋脚上が可動となっている．桁部や可動シュー部などにさまざまなセンサが取り付けられており，2002年7月より継続的にモニタリングが行われている．図3.73に取り付けられているセンサの概要を示す．

図3.74に31.8 tのトラックが通過したときのセンサの出力の例を示す．縦リブには大きなひずみが生じているが，横リブおよび主桁下フランジに生じるひずみは小さい．

荒川河口橋は湾岸域に位置することから，重量車両の割合が高い．そのためWeigh-in-Motion（動的なひずみ応答を用いた車両重量測定）を行っている．橋梁は支間長が長く桁高が高いことから，日射や外気温の変化による変形量が大きい．そこで桁内の温度と支承変位動を取得し，その相関性から支承機能の健全度をモニタリングしている．図3.75に桁内の温度と支承の変位との相関を示す．さらに，支間中央部の鉛直方向に加速度計を設置している．

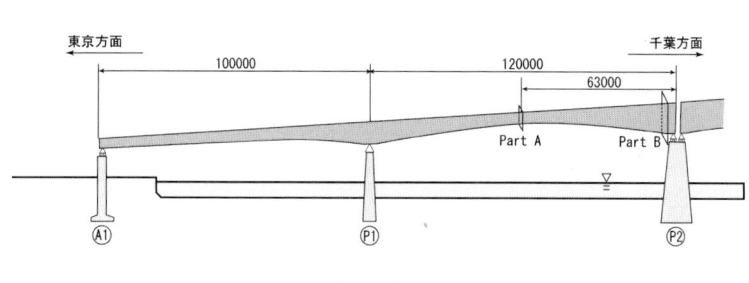

(a) 全体図　　　　(b) 位置

図3.72 荒川河口橋の概要

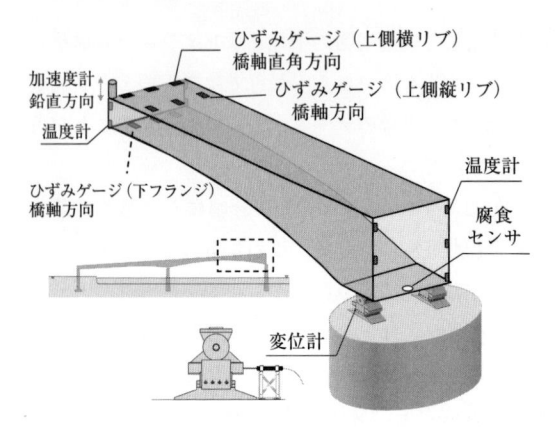

図 3.73 センサ配置

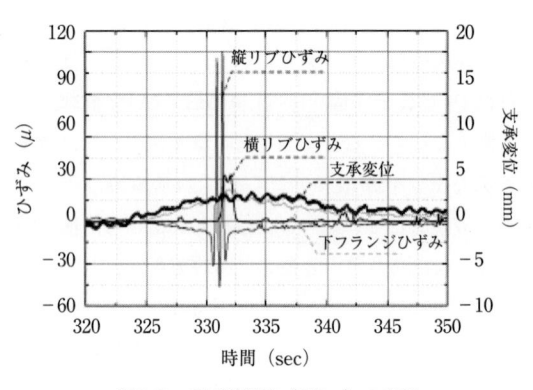

図 3.74 車両通過時 (31.8 tf) の応答

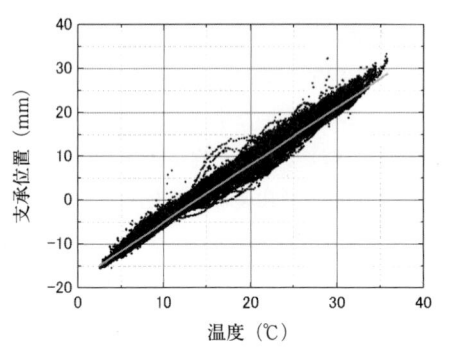

図 3.75 温度と支承変位

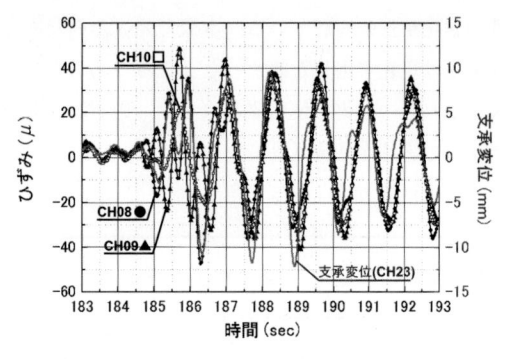

図 3.76 地震時の応答

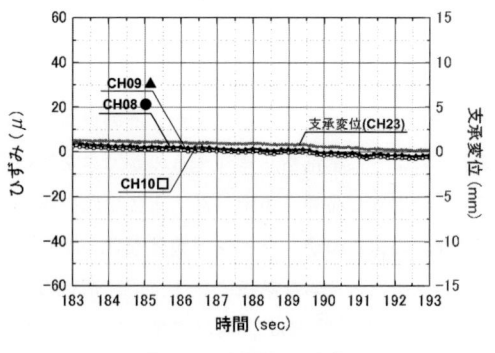

図 3.77 地震翌日の応答

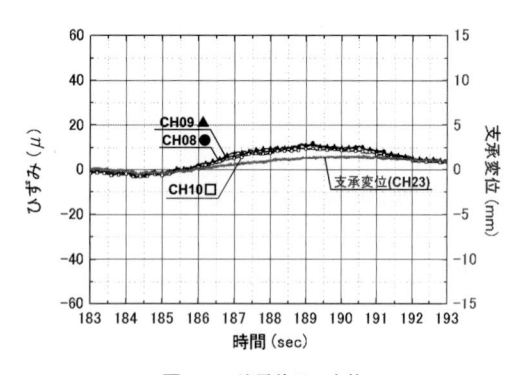

図 3.78 地震前日の応答

b. 地震時の挙動

橋梁の挙動：荒川河口橋至近の千葉県浦安市の観測データでは100Galに達する加速度を記録した。ボックス下フランジのひずみと変位計は最も鋭敏にその応答を示した。地震の初期は部位によって応答の位相差が生じているものの，時間の経過とともに位相が同期してくることが見てとれる（図3.76）。地震翌日の応答（図3.77）は地震前日（図3.78）と同様の挙動を示しており，橋梁の機能健全性は地震後も保持されていると考えられる．

▶3.5.2 異常検知モニタリング

a. 損傷のシナリオ

遠隔地から橋梁の異常を検知するためには，橋梁にどのような損傷が発生し得るのかを把握する必要がある．ここでは，高架橋を例にとり，地震時に発生し得る損傷事例を調査し，その整理を行う．そのうえで，損傷のプロセスや関連性をシナリオとして把握する．

地震時損傷の調査は，1995年の兵庫県南部地震の損傷事例を基に行った．高架橋梁における損傷は

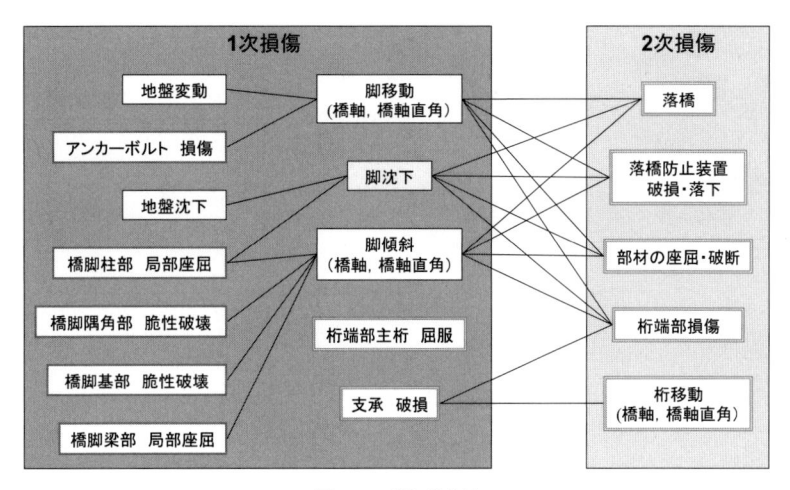

図 3.79 損傷樹木図

主に橋脚などの下部構造に集中していた．兵庫県南部地震において被災した鋼製橋脚，箱型断面ラーメン橋脚，および鋳鋼管ラーメン橋脚の損傷パターンは以下の6つに集約される．

① 橋脚柱部の局部座屈および破断（パイプ断面柱，箱型断面柱）
② 橋脚柱頭部の溶接および母材の割れ（ラーメン橋脚）
③ 橋脚梁部の局部座屈（ラーメン橋脚）
④ 橋脚柱の圧壊（単柱式T形橋脚）
⑤ アンカーボルトの伸び
⑥ 橋脚基部の母材の脆性割れ

一方，橋梁の鋼上部構造における損傷形式は以下のとおりである．

① 支承の破損
② 桁移動（橋軸方向，橋軸直角方向）
③ 耐震連結装置および伸縮継手の損傷
④ 隣接橋梁との衝突による桁端部損傷
⑤ 落橋
⑥ 連続桁フランジおよびウェブの局部座屈，および横構の座屈（鋼製）
⑦ 桁端部の橋軸直角方向への屈服（鋼製）

以上のような損傷について，地震力により直接生じた損傷を1次損傷とし，1次損傷を受けた構造部材・部位の変位や機能損失によって発生した損傷を2次損傷とすれば，上記の鋼橋における損傷形式はそのいずれかに分類することができる．分類した結果，1次損傷と2次損傷は［脚移動（橋軸方向，橋軸直角方向）］，［脚沈下］，［脚傾斜（橋軸方向，橋軸直角方向）］，という橋脚の変位・変形状態に関する項目によって樹形図的にお互いに関連付けられる．その樹形図的なものを損傷樹木図と呼べば，それは，図 3.79 のようである．この図からわかるように，［脚移動（橋軸方向，橋軸直角方向）］，［脚沈下］，［脚傾斜（橋軸方向，橋軸直角方向）］を検知できるような場所に，センサを設置すれば，1次損傷と2次損傷の発生プロセスを分析できると考えられる．

3.5.3 光ファイバ系モニタリング
a. コンセプト

いくつかの種類の光ファイバセンサを直結し，管理センタから対象橋梁の遠隔モニタリングを行うことのできる光ファイバ系モニタリングについてその特徴とコンセプトを以下に述べる．図 3.80 は，光ファイバ系モニタリングシステムの概念図を示したものである．

各種光ファイバセンサ（FBG，OTDR など）を設置し，それぞれの特性に応じて用途を分け，それらを組み合わせて，橋梁の常時から異常時に至るあらゆる状況に対して，使用環境や健全度を総合的に長期診断するシステムとなっている．特に異常時については，主なターゲットを地震時とし，大地震発生後，各対象橋梁に対して，通行可能か，緊急車両のみ通行可能とするのか，一般車両まで交通規制するのかなどの損傷レベルを即時に判断するシステムの確立を目指した検討となっている．

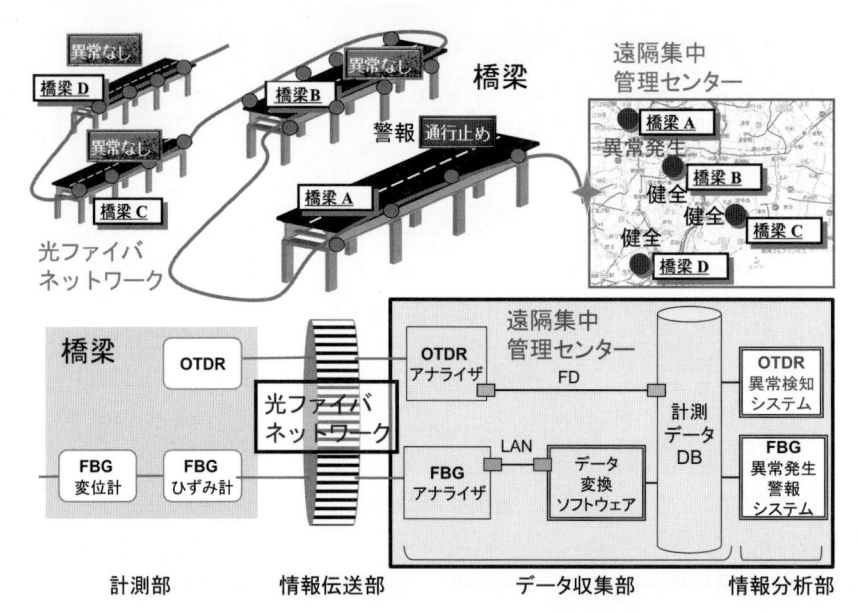

図3.80 光ファイバ系モニタリングシステムの概念図

光系モニタリングシステムの特徴として，その利点および最大の特徴であるセンサの使い分けについて以下のようなことがいえる．

(1) システムの利点

現地に電源を置く必要がない．地震などで現地の電源がダウンした場合でも，管理センタから橋梁の状況が迅速に把握できると考えられる．

多数のアンプを設置する必要がない．ひずみゲージのように現地に多数のアンプを置くと，ほこりなどのため故障しやすいが，その可能性が低減される．

接着・設置方法などの改善は必要であるが，長期間の耐久性が保障できる．

(2) 光ファイバセンサの種類と使い分け

(a) FBG センサ（ひずみ測定）
- 常時：Weigh-in-Motion による交通荷重リアルタイム分析
- 地震時などの異常時：異常変形などの迅速把握

(b) FBG センサ（変位測定）
- 常時：路面段差などの日常的な確認
- 地震時などの異常時：桁の回転・移動・段差，接合部（エクスパンジョン）の隙間，橋脚の傾き・沈下（地盤変形によるものも含む）

(c) OTDR センサ
- 常時：使用しない
- 地震時などの異常時：桁あるいは支承の落下，

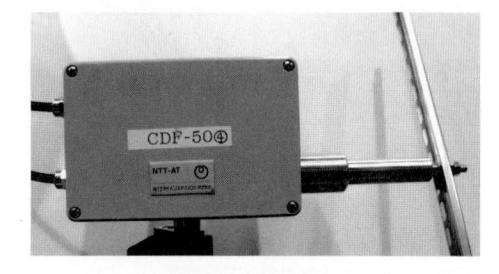

図3.81 FBG 変位計

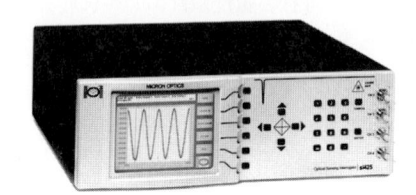

図3.82 FBG アナライザ

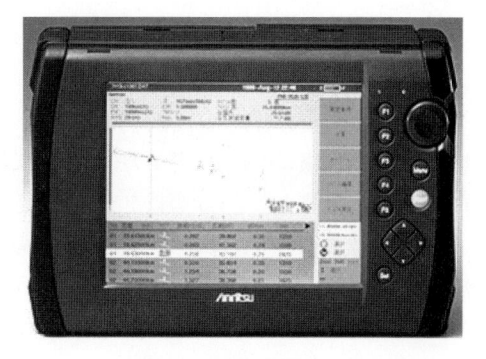

図3.83 OTDR アナライザ

移動

このうち，FBG変位計とその情報を取得するFBGアナライザ，および，OTDRセンサ（光ファイバケーブルそのものを利用）からのデータを取得するOTDRアナライザは，それぞれ，図3.81，図3.82，図3.83に示すような機器である．

b. 異常検知システム

(1) 橋梁の異常検知に適したセンサ配置の検討

橋梁の地震時の異常検知では，地震により損傷が発生したかどうかを把握するとともに，最終的に，地震直後にモニタリング対象橋梁が使用できるのかどうか，緊急車両が通れるのかどうかなどの交通規制レベルを提示することが求められる．この交通規制レベルは，損傷により発生した，桁間の隙間，横ずれ，段差の程度によって決定されると考えられる．橋梁の異常検知に適用するセンサ配置は，このことを考慮したうえで決定しなければならない．たとえば，連続高架橋のケースでは，図3.84に示すように，高架橋における桁間の隙間，横ずれ，段差を変位計で直接計測し，さらに，桁を橋脚あるいは橋台との相対変位を測定することにより，［脚移動（橋軸方向，橋軸直角方向）］，［脚沈下］，［脚傾斜（橋軸方向，橋軸直角方向）］を間接的に，総合的な判断として検知することが有効である．このセンサ配置では，表3.6のように，［脚移動（橋軸方向，橋軸直角方向）］，［脚沈下］，［脚傾斜（橋軸方向，橋軸直角方向）］を，いずれかのセンサで検知できると考えている．

各センサの検知しうる橋梁の変位・変形状態を橋梁の変位・変形状態別に整理しなおすと，表3.7が得られる．一つの脚（支承を含む）に発生した損傷は，その脚上のセンサのみならず，片隣あるいは両隣の脚上のセンサも反応を示す．よって，たとえば，四つの脚を有する3連高架橋の場合を考えると表3.8において，脚3上の支承が損傷して桁が橋軸方向に移動したならば，赤か青で囲われた部分のセンサの異常検知結果が得られるはずである．片方か，あるいは両方のセンサが反応するかは，その損傷形式による．したがって，この表を連続する脚上のセンサについて並べれば，異常検知したセンサから脚の損傷形式を推測できる．以下，その方法の説明をする．

一つの各損傷について，異常検知したセンサの列

表3.6 提案したセンサ配置による1次損傷の検知

1次損傷		X	Y	Z	L		X	Y	Z	L
桁移動（橋軸）	センサが設置してある脚	○		○	○	隣接する脚	○		○	○
桁移動（直角）		○	○		○		○	○		○
脚移動（橋軸）					○					○
脚移動（直角）		○	○				○	○		
脚傾斜（橋軸）				○					○	
脚傾斜（直角）		○					○			
脚沈下		○		○	○		○		○	○

表3.7 隣接センサとの組合せによる橋梁の変位・変形状態の検知

		X	Y	Z	L
センサが設置してある脚	桁移動（橋軸）	○		○	○
	桁移動（直角）	○	○		△
	脚移動（橋軸）				
	脚移動（直角）	○	○		
	脚傾斜（橋軸）				△
	脚傾斜（直角）	○			
	脚沈下	○		○	○
隣接する脚	桁移動（橋軸）	△		○	
	桁移動（直角）	△	△		
	脚移動（橋軸）				
	脚移動（直角）	△	△		
	脚傾斜（橋軸）	△		△	△
	脚傾斜（直角）	△	△	△	
	脚沈下	△		○	○

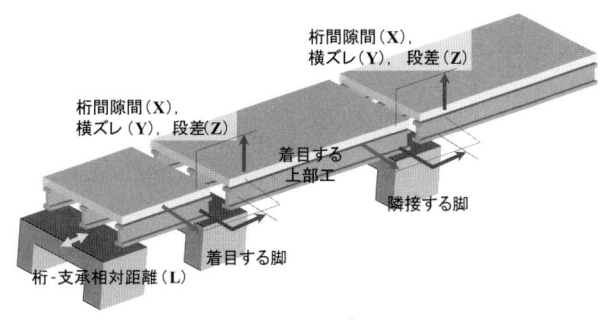

図3.84 センサ配置の提案

表 3.8 隣接センサとの組合せによる橋梁の変位・変形状態の検知（3連高架橋の場合）

		脚1				脚2				脚3				脚4			
		X	Y	Z	L	X	Y	Z	L	X	Y	Z	L	X	Y	Z	L
桁移動（橋軸）	センサが設置してある脚	○		○	○	△		○						△		○	
桁移動（直角）		○	○		△	△	△		○					△	△		
脚移動（橋軸）		○															
脚移動（直角）		○								センサが設置してある脚							
脚傾斜（橋軸）		○			△			△	△							△	△
脚傾斜（直角）		○	○			△	△		△					△	△		
脚沈下		○		○		△		○						△		○	
桁移動（橋軸）	隣接する脚	△		○		センサが設置してある脚				隣接する脚				センサが設置してある脚			
桁移動（直角）		△	△														
脚移動（橋軸）						○											
脚移動（直角）						○	○										
脚傾斜（橋軸）		△			△	○			△				△				△
脚傾斜（直角）		△	△			○	○		△								
脚沈下		△		△		○		○									

にある○および△のそれぞれの総数（これらを k, l とする）と，異常検知しなかったセンサの列にある○および△の総数（同様に m, n）を数える．

① m の値の小さいもの
② k の値の大きいもの
③ l の値の大きいもの
④ n の値の小さいもの

このとき上記の条件（若い番号のほど優先度が高い）を用いて損傷を比較したときに，上位にくるものが，脚に発生していると推測される確信度の高い損傷であるとする．

(2) 橋梁の異常検知モニタリングのためのソフトウェア開発

異常検知モニタリングソフトウェアは，地震後に早急に橋梁の損傷状態を把握し，交通管理に役立てることを目的としている．よってここでは，走行性の面から考えて物理的に橋梁が使用可能であるかどうか，すなわち道路上に隙間，横ズレ，段差が生じているかどうかを検知する．また閾値による利用可能レベル（全車両通行止め，許可車両のみ，速度制限，異常なし，など）の判定も行う．これらの閾値（管理値）は，道路管理団体によって異なる値が定められている．異常検知ソフトウェアではそれらを参考に，たとえば，表 3.9 のように管理値を設定し適用する．

図 3.85, 図 3.86 は本ソフトウェアの画面例である．

表 3.9 FBG 異常検知ソフトウェアにおける管理値

	C 速度制限等	B 許可車両のみ	A 通行止め
桁間の隙間 (mm)	50～80	80～100	100～
桁間の横ズレ (mm)	50～80	80～100	100～
桁間の段差 (mm)	10～15	15～20	20～
OTDR 異常検知	正常	正常	異常

画面は2種類ある．そのうち，図 3.85 は各橋梁の図であり，図 3.86 は管理センタ内全域の道路図である．

橋梁図には，橋梁の各センサ設置位置にランプがあり，その点において異常を検知したセンサが一つでもある場合には点灯するようになっている．その脇には三つのセンサそれぞれに対応した数値表示欄とコメント表示欄があり，各成分の値（mm）と，それがどのレベル（全車両通行止め，許可車両のみ，速度制限，異常なし，など）の値であるかの表示がされる．そして画面の左上のコメント欄には，橋梁全体の利用可能状況が表示されるようにした．これは橋梁に設置してあるセンサの結果から，一番悪い状況のものを示すようにしてある．

管理センタ内全域の道路図では，各橋梁に対して一つずつランプを設置した．橋梁に設置したセンサのうち，一つでも異常を検知した場合は点灯する仕組みになっている．

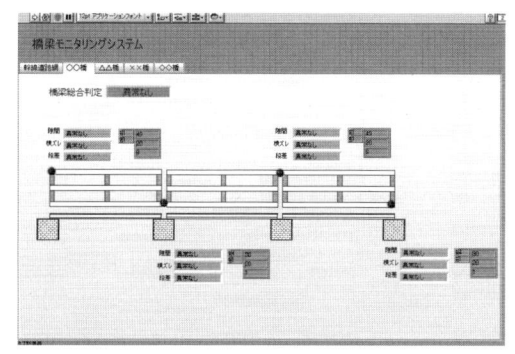

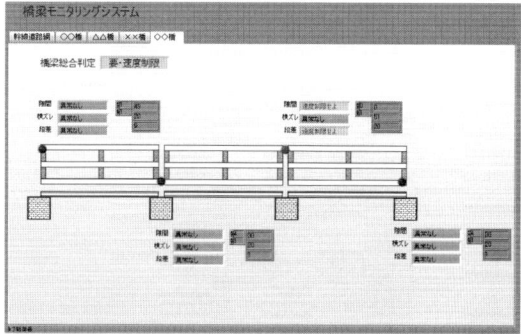

(a) 健全な状況　　　　　　　　　　　　(b) 速度制限警告

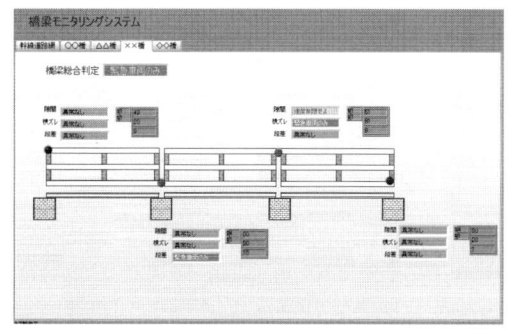

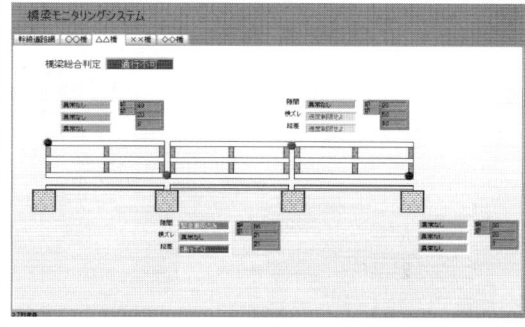

(c) 緊急車両以外通行止め　　　　　　　　(d) 全面通行止め

図3.85　異常検知ソフトウェアの橋梁図

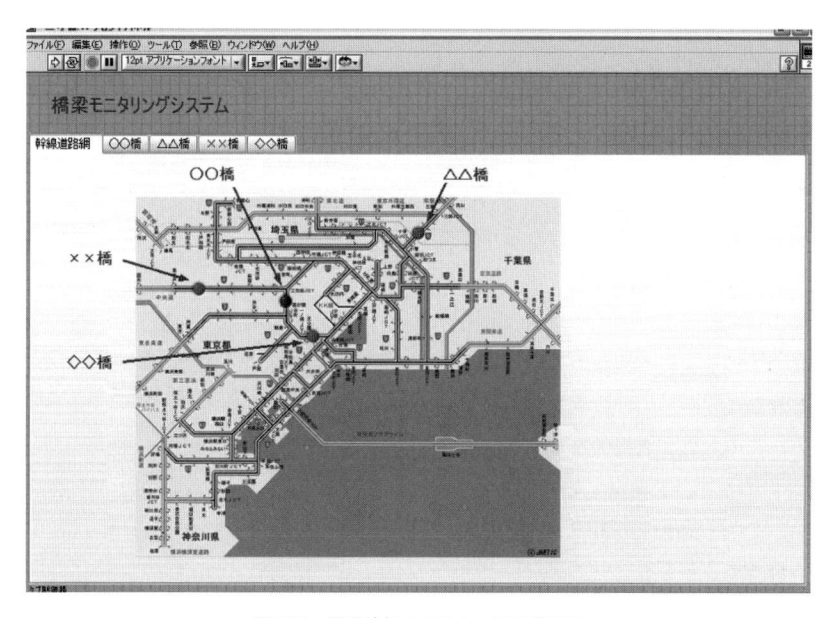

図3.86　異常検知ソフトウェアの道路図

(3) 異常検知モニタリングに関する技術開発

橋梁の異常検知モニタリングでは，センサの開発，センサの配置，センサからの情報の活用が重要となるが，上記以外にも以下のような技術開発が進められている．

図3.79に示した損傷樹木図において，重要な損傷形態である，桁あるいは橋脚の傾斜について，近年では，新しいセンサとして，光ファイバ傾斜計（図3.87）の開発と適用[40]が進められ，異常検知の精度向上が図られている．さらに，前出の桁間の段差な

3.5　橋梁の健全度評価のためのモニタリング

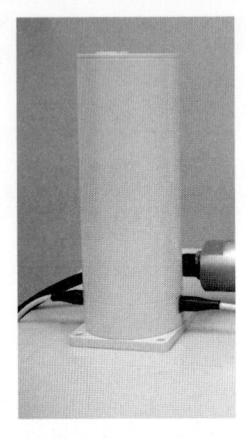

図 3.87 光ファイバ傾斜計

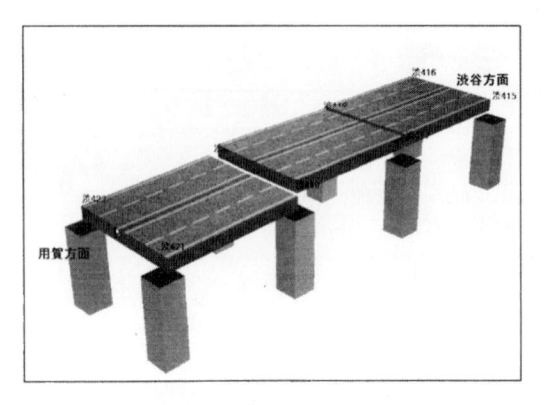

図 3.88 桁姿勢異常検知ソフトウェア

などを利用して，リアルタイムに桁姿勢を3D画像表示できるシステムの開発も進んでいる（図3.88）．

c. まとめ

　既設構造物の耐震メンテナンスはいわゆる「既存不適格」問題の典型ともいえる．安全，安心そして利便性の高い社会の実現の上で既設構造物の耐震メンテナンスを含めての社会資本施設の再生は火急の課題である．しかし，現状は，社会資本施設に対する関心の低さと，この分野が直接的なビジネスにならないこととが相まって，大変厳しい状況である．米国での1980年代の「America in Ruins」報告に近い状況あるいはそれよりも厳しい状況が目の前に来ていることに気づかなければならない．米国は，その後，強力にインフラの再生に取り組んでいるが，構造物の劣化の進行の方が対策よりも速いのが現実のようである．わが国においてはそのような事態は避けなければならない．

参考文献

1) 時田英夫，永井政伸，三木千寿：交通データをベースとした首都高速道路の疲労環境の評価，土木学会論文集，**794**/I-72, 55-65, 2005.
2) 山口亮太，伊藤裕一，三木千壽，市川篤司：社会的損失を考慮した道路橋のライフサイクルコスト評価の試み，構造工学論文集，**47A**, 983-989, 2001.
3) 西川和廣：道路橋の寿命と維持管理，土木学会論文集，**501**/I-29, 1-10, 1994.
4) 本間宏二，三木千壽，征矢勇夫，笹尾英弥，奥村建人，原口修一：冷間加工を受けた構造用鋼材のひずみ時効と冷間曲げ加工の許容値に関する研究，土木学会論文集，**570**/I-40, 153-162, 1997.
5) 一宮 充，平林泰明，下里哲弘，柳沼安俊，三木千寿：既設構造物の鋼材の年代的な特徴とその溶接性について（その2）—鋼材のシャルピー吸収エネルギーの年代変化—，土木学会年次学術講演会I部門, 2006.
6) Miki, C.: Maintaining and Extending the Lifespan of Steel Bridges in Japan, IABSE Symposium San Francisco 1995, Extending the Life Span of Structures, pp. 53-68.
7) 阪神高速道路公団：阪神高速道路における土木構造物補修事例集, 1982.
8) Fisher, J.: Fatigue and Fracture in Steel Bridges, John Wily & Sons, 1984.
9) 日本道路協会：鋼橋の疲労，日本道路協会, 1997.
10) 森河 久，下里哲弘，三木千寿，市川篤司：箱断面柱を有する鋼製橋脚に発生した疲労損傷の調査と応急対策，土木学会論文集，**703**/I-59, 117-183, 2002.
11) 三木千壽，冨永知徳，渋谷 敦，下里哲弘：既設鋼橋脚の補修溶接におけるラメラテアの発生の可能性検討，土木学会論文集，**759**/I-67, 69-77, 2004.
12) 三木千壽，平林泰明，時田英夫，小西拓洋，柳沼安俊：鋼製橋脚隅角部の板組み構成と疲労亀裂モード，土木学会論文集，**745**/I-65, 105-119, 2003.
13) Sasaki, E., Tanahashi, R., Ishikawa, Y., Miyazaki, S. and Yamada, H.: Development of Fiber Optic Inclinometers for Bridge Monitoring, First World Congress on Engineering Asset Management (1st WCEAM), 2006.
14) 田辺篤史，三木千壽，市川篤司，佐々木栄一，下里哲弘：既設箱型断面鋼製ラーメン橋脚隅角部のリブ取付けによる疲労強度向上，土木学会論文集，**773**/I-68, 2004.
15) 奥村敏恵，石沢成夫：薄板構造ラーメン隅角部の応力計算について，土木学会論文集，**153**, 1-18, 1968.

16) 佐々木栄一,三木千壽,市川篤司,高橋和也：鋼製ラーメン橋脚の大規模地震時挙動,構造工学論文集,**50A**,1467-1477,2004.

17) 兵庫県南部地震道路橋震災対策委員会：兵庫県南部地震における道路橋の被災に関する調査報告書 平成7年,建設省道路局,1995.

18) (社) 日本道路協会：道路橋示方書・同解説Ⅱ鋼橋編 平成8年12月改訂版,日本道路協会,1996.

19) (社) 日本道路協会：既設道路橋の耐震設計に関する参考資料 平成9年8月改訂版,日本道路協会,1997.

20) (社) 日本道路協会：道路橋示方書・同解説Ⅴ耐震設計編 平成8年12月改訂版,日本道路協会,1996.

21) (社) 日本道路協会：道路橋示方書・同解説Ⅴ耐震設計編 平成14年3月改訂版,日本道路協会,2002.

22) 建設省土木研究所,首都高速道路公団,阪神高速道路公団,名古屋高速道路公社,(社) 鋼材倶楽部,(社) 日本橋梁建設協会：道路橋橋脚の地震時限界状態設計法に関する共同研究報告書 (I)〜(Ⅷ),(総括編),1997-1999.

23) 村越 潤,上仙 靖：鋼製橋脚の耐震補強—ゆりかもめで矩形橋脚を角補強—,土木技術資料,**40**(10),1998.

24) 金治英貞,鈴木直人,香川敬生,渡邊英一：長大トラス橋の対震性能向上化における設計入力地震動と損傷制御構造,土木学会論文集,**787**/I-71,1-19,2005.

25) 土木学会田中賞専攻委員会編：田中賞の橋,鹿島出版会,1999.

26) 三木千壽,西川和広,白旗弘実,高橋 実：鋼橋溶接部の非破壊検査のための超音波自動探傷システムの性能確認,土木学会論文集,**731**/I-63,103-117,2003.

27) 三木千壽,白旗弘実,西田朱理,柳沼安俊：タンデム探触子による突き合わせ溶接継手の超音波非破壊検査特性,土木学会論文集,**654**/I-52,131-142,2000.

28) Narongsak Rattanasuwannachart, Takahashi, K., Miki, C. and Hirose, S.: Development of 3D Flaw Detection System with Multi-Channel Planar Array Probes and 3D SAFT Algorithms, Structural Eng./Earthquake Eng., JSCE, Vol. 22, No. 1, pp. 27s-39s, Apr. 2005

29) 三木千壽,水ノ上俊雄,小林祐介：光通信網を使用した鋼橋梁の健全度評価モニタリングシステムの開発,土木学会論文集,**686**/VI-52,31-40,2001.

30) 小林裕介,三木千壽,田辺篤史：リアルタイム全自動処理Weigh-In-Motionによる長期交通荷重モニタリング：土木学会論文集,**773**/I-69,99-111,2004.

31) 小林裕介,三木千壽,田辺篤史；鋼床版箱桁橋梁の温度変形挙動を利用した健全度評価モニタリング：土木学会論文集A,**62**(4),794-807,2006.

32) Sasaki, E., Miki, C., Tohmori, M., Ishikawa, Y. and Miyazaki, S.: Proposal of a Remote Bridge Monitoring System for Damage Detection, *Third International Conference on Urban Earthquake Engineering*, 2006, 423-430.

33) Koh, H. M., Kim, S. and Choo, J. F.: Recent Development of Bridge Health Monitoring System in Korea, *Sensing Issues in Civil Structural Health Monitoring Springer Netherlands*, 2005, 33-42.

34) Miyazaki, S., Ishikawa, Y., Okubo, T., Izumi, K., Sasaki, E. and Miki, C.: Automatic and real-time bridge health monitoring for heavy traffic routes, *New Technologies for Urban Safety of Mega Cities in Asia*, December 2007

35) 東森美和子,石川裕治,佐々木栄一,三木千壽；異常検知を目的とした橋梁のインテリジェント化：土木学会第61回年次学術講演会概要集第1部,**60**(1-055),107-108,2005

36) 清水善久,石田栄介,磯山龍二,山崎文雄,小金丸健一,中山 渉：都市ガス供給網のリアルタイム地震防災システム構築及び,広域地盤情報の整備と分析・活用：土木学会論文集,**738**/I-64,283-296,2003.

37) 土木学会：阪神・淡路大震災における鋼構造物の震災の実態と分析,土木学会,1999.

38) 建設省土木研究所：釧路沖地震災害調査報告,土木研究所報告,1993.

39) 建設省土木研究所：北海道南西沖地震災害調査報告,土木研究所報告,1993.

40) 中野雅弘,山崎弘,奥野正富：光ファイバ技術を用いた地震防災モニタリングシステム,土木学会地震工学論文集,**27**(1-4),2003.

索　　引

欧　文

ABS　47

FBG センサ　110
Friction Pendulum　40

Is 値　62

OTDR センサ　110

S_A-S_D 曲線　8
Soft-first Story　69
SRSS　47

δ ゾーン　85

ア　行

アクティブ制振　45

板組み　84
1 質点系モデル　1

打ち込み式高力ボルト　85

エネルギースペクトル　17
円形断面鋼製橋脚　95

オイルダンパー　21, 50
応答スペクトル　5
応力集中　85

カ　行

開口合成　103
角補強　96

機械的性質　78
局部座屈　75
許容応力度設計法　90

空間制振構造　68
矩形断面鋼製橋脚　94

減衰エネルギー　17
減衰係数　3
減衰定数　3

高減衰ゴム系積層ゴム支承　19
鋼構造物　75
鋼材ダンパー　20, 48
鋼材の化学成分　78
鋼製橋脚　83
剛性比例型減衰　48
鋼製履歴ダンパー　97
構造用鋼材　77
固有周期　2
固有振動モード　46
固有ベクトル　46
転がり支承　20

サ　行

座屈拘束ブレース　49

質量比例型減衰　48
シャルピー　79

すべり支承　20

制振部材　45
脆性破壊　75
性能曲線　57
積層ゴム支承　19
せん断パネル　49
速度依存型ダンパー　50
損傷制御設計　46

タ　行

耐震改修　61
耐震補強法　95
耐震メンテナンス　75
耐震レトロフィット　75
弾性振動エネルギー　17
弾塑性ダンパー　11
タンデムアレイ探触　103

中間層免震　23, 38

柱頭免震　23
超音波探傷法　99

低サイクル疲労　75
デュアメル積分　6
天然ゴム系積層ゴム支承　19

等価減衰　13
等価減衰定数　52
等価剛性　13
等価質量　47
等価周期　52
等価線形化法　10
等価高さ　47
土木構造物の寿命　76

ナ　行

鉛ダンパー　21, 48, 49
鉛プラグ入り積層ゴム支承　19

粘性ダンパー　10, 51
粘弾性ダンパー　12, 51

ハ　行

パッシブ制振　45

光ファイバ系　109
歪硬化　61
非破壊検査　97
疲労亀裂　83

フェーズドアレイ超音波探傷　105
付加系　53
プラナーアレイ探触子　103

変位依存型ダンパー　48

補修溶接　80

マ　行

摩擦ダンパー　48, 49

免震構造　1

免震・制震技術　96

ヤ　行

屋根免震　23

床下免震　97

ラ　行

ラメラティア　80

履歴吸収エネルギー　18

レトロフィット　75

編集者略歴

竹内　徹（たけうち　とおる）
1960年　大阪府に生まれる
1984年　東京工業大学大学院修士課程修了
現　在　東京工業大学大学院理工学研究科建築学専攻・教授
　　　　工学博士

シリーズ〈都市地震工学〉6
都市構造物の損害低減技術　　　　定価はカバーに表示

2011年3月30日　初版第1刷

編集者　竹　内　　　徹
発行者　朝　倉　邦　造
発行所　株式会社　朝　倉　書　店
　　　　東京都新宿区新小川町 6-29
　　　　郵便番号　162-8707
　　　　電　話　03 (3260) 0141
　　　　ＦＡＸ　03 (3260) 0180
　　　　http://www.asakura.co.jp

〈検印省略〉

© 2011〈無断複写・転載を禁ず〉　　印刷・製本　東国文化

ISBN 978-4-254-26526-2　C 3351　　Printed in Korea

東工大 山中浩明編
シリーズ〈都市地震工学〉2
地震・津波ハザードの評価
26522-4 C3351　　B 5 判 144頁 本体3200円

地震災害として顕著な地盤の液状化と津波を中心に解説。〔内容〕地震の液状化予測と対策（形態，メカニズム，発生予測）／津波ハザード（被害と対策，メカニズム，シミュレーション）／設計用ハザード評価（土木構造物の設計用入力地震動）

東工大 大野隆造編
シリーズ〈都市地震工学〉7
地 震 と 人 間
26527-9 C3351　　B 5 判 128頁 本体3200円

都市の震災時に現れる様々な人間行動を分析し，被害を最小化するための予防対策を考察。〔内容〕震災の歴史的・地理的考察／特性と要因／情報とシステム／人間行動／リスク認知とコミュニケーション／安全対策／報道／地震時火災と避難行動

東工大 翠川三郎編
シリーズ〈都市地震工学〉8
都 市 震 災 マ ネ ジ メ ン ト
26528-6 C3351　　B 5 判 160頁 本体3800円

都市の震災による損失を最小限に防ぐために必要な方策をハード，ソフトの両面から具体的に解説〔内容〕費用便益分析にもとづく防災投資評価／構造物の耐震設計戦略／リアルタイム地震防災情報システム／地震防災教育の現状・課題・実践例

西川孝夫・荒川利治・久田嘉章・曽田五月也・藤堂正喜・山村一繁著
シリーズ〈建築工学〉4
建 築 の 振 動 ―応用編―
26874-4 C3352　　B 5 判 164頁 本体3500円

耐震設計に必須の振動理論を，構造分野を学んだ方を対象に，原理がわかるように丁寧に解説。〔内容〕振動測定とその解析／運動方程式の数値計算法／動的耐震計算／地盤と建物の相互作用／環境振動／地震と地震動／巻末にプログラムを掲載

芝浦工大 魚本健人著
コンクリート診断学入門
―建造物の劣化対策―
26147-9 C3051　　B 5 判 152頁 本体3600円

「危ない」と叫ばれ続けているコンクリート構造物の劣化診断・維持補修を具体的に解説。診断ソフトの事例付。〔内容〕コンクリート材料と地域性／配合の変化／非破壊検査／鋼材腐食／補強工法の選定と問題点／劣化診断ソフトの概要と事例／他

前東大 岡田恒男・前京大 土岐憲三編
地 震 防 災 の は な し
―都市直下地震に備える―
16047-5 C3044　　A 5 判 192頁 本体2900円

阪神淡路・新潟中越などを経て都市直下型地震は国民的関心事でもある。本書はそれらへの対策・対応を専門家が数式を一切使わず正確に伝える。〔内容〕地震が来る／どんな建物が地震に対して安全か／街と暮らしを守るために／防災の最前線

エンジニアリング振興協会 奥村忠彦編
土木工学選書
社会インフラ新建設技術
26531-6 C3351　　A 5 判 288頁 本体5500円

従来の建設技術は品質，コスト，工期，安全を達成する事を目的としていたが，近年はこれに環境を加えることが要求されている。本書は従来の土木，機械，電気といった枠をこえ，情報，化学工学，バイオなど異分野を融合した新技術を詳述。

東大 西村幸夫編著
ま ち づ く り 学
―アイディアから実現までのプロセス―
26632-0 C3052　　B 5 判 128頁 本体2900円

単なる概念・事例の紹介ではなく，住民の視点に立ったモデルやプロセスを提示。〔内容〕まちづくりとは何か／枠組みと技法／まちづくり諸活動／まちづくり支援／公平性と透明性／行政・住民・専門家／マネジメント技法／サポートシステム

前東大 岡田恒男・前京大 土岐憲三編
地 震 防 災 の 事 典
16035-2 C3544　　A 5 判 688頁 本体25000円

〔内容〕過去の地震に学ぶ／地震の起こり方（現代の地震観，プレート間・内陸地震，地震の予測）／地震災害の特徴（地震の揺れ方，地震と地盤・建築・土木構造物・ライフライン・火災・津波・人間行動）／都市の震災（都市化の進展と災害危険度，地震危険度の評価，発災直後の対応，都市の復旧と復興，社会・経済的影響）／地震災害の軽減に向けて（被害想定と震災シナリオ，地震情報と災害情報，構造物の耐震性向上，構造物の地震応答制御，地震に強い地域づくり）／付録

京大防災研究所編
防 災 学 ハ ン ド ブ ッ ク
26012-0 C3051　　B 5 判 740頁 本体32000円

災害の現象と対策について，理工学から人文科学までの幅広い視点から解説した防災学の決定版。〔内容〕総論（災害と防災，自然災害の変遷，総合防災的視点）／自然災害誘因と予知・予測（異常気象，地震，火山噴火，地表変動）／災害の制御と軽減（洪水・海象・渇水・土砂・地震動・強風災害，市街地火災，環境災害）／防災の計画と管理（地域防災計画，都市の災害リスクマネジメント，都市基盤施設・構造物の防災診断，災害情報と伝達，復興と心のケア）／災害史年表

上記価格（税別）は 2011 年 2 月現在